Baedekers
Allianz-Reiseführer
Toskana

Baedekers
Allianz 🏛 Reiseführer

Städte in aller Welt

Amsterdam	Hamburg	New York
Athen	Hongkong	Paris
Bangkok	Istanbul	Prag
Berlin	Jerusalem	Rom
Brüssel	Köln	San
Budapest	Kopenhagen	Francisco
Dresden	Leningrad	Singapur
Düsseldorf	London	Stuttgart
Florenz	Madrid	Tokio
Frankfurt	Moskau	Venedig
am Main	München	Wien

Reiseländer · Großräume

Ägypten	Großbritannien	Mexiko
Asien	Irland	Mittelmeer
Belgien	Israel	Niederlande
Dänemark	Italien	Österreich
Deutschland	Japan	Portugal
(Ost + West)	Jugoslawien	Schweiz
Deutschland · Ost	Kanada	Skandinavien
Deutschland · West	Karibik	Spanien
Frankreich	Luxemburg	Tunesien
Griechenland	Marokko	USA

Regionen · Inseln · Flüsse

Bodensee	Mallorca	Sizilien
Costa Brava	Provence/	Südtirol
Gran Canaria	Côte d'Azur	Teneriffa
Griechische Inseln	Rhein	Tessin
Ibiza	Ruhrgebiet	Toskana
Kalifornien	Schwäbische	Türkische
Loire	Alb	Küsten

Städte in Deutschland und der Schweiz

Augsburg	Freiburg	Mainz
Bamberg	Hannover	Mannheim
Basel	Heidelberg	Nürnberg
Berlin (gr. + kl.)	Kiel	Passau
Bonn	Konstanz	Regensburg
Bremen	Leipzig	Trier
Darmstadt	Lübeck	Wiesbaden

Baedekers

Allianz Reiseführer

Toskana

VERLAG KARL BAEDEKER

Hinweise zur Benutzung dieses Reiseführers

Sternchen (Asterisken) als typographisches Mittel zur Hervorhebung bedeutender Bau- und Kunstwerke, Naturschönheiten und Aussichten, aber auch guter Unterkunfts- und Gaststätten hat Karl Baedeker im Jahre 1844 eingeführt; sie werden auch in diesem Reiseführer verwendet. Besonders Beachtenswertes ist durch * einen vorangestellten ‚Baedeker-Stern‘, einzigartige Sehenswürdigkeiten sind durch ** zwei Sternchen gekennzeichnet.
Zur raschen Lokalisierung der Reiseziele von A bis Z auf der beigegebenen Reisekarte sind die entsprechenden Koordinaten der Kartennetzmaschen jeweils neben der Überschrift in Rotdruck hervorgehoben: Pisa C 2.
Wenn aus der Fülle von Unterkunfts-, Gast- und Einkaufsstätten nur eine wohlüberlegte Auswahl getroffen ist, so sei damit gegen andere Häuser kein Vorurteil erweckt.
Da die Angaben eines solchen Reiseführers in der heute so schnellebigen Zeit fast ständig Veränderungen unterworfen sind, kann für die Richtigkeit keine absolute Gewähr übernommen werden. Auch lehrt die Erfahrung, daß sich Irrtümer nie gänzlich vermeiden lassen. Für Berichtigungen und Verbesserungsvorschläge ist die Redaktion (Zeppelinstr. 44/1, D-(W)7302 Ostfildern 4) stets dankbar.

Impressum

Ausstattung:
100 Abbildungen
15 Stadtpläne, 4 Übersichtskarten, 4 Sonderpläne, 3 Grundrisse, 1 graphische Darstellung, 1 Reisekarte

Redaktion und Fortführung: Peter M. Nahm, Ostfildern
Beratung: Dr. Heinz-Joachim Fischer, Rom
Umbruchlayout: Creativ GmbH, Ulrich Kolb, Stuttgart
Gesamtleitung: Dr. Peter Baumgarten, Baedeker Stuttgart

Kartographie:
Gert Oberländer, München; Franz Kaiser, Sindelfingen
Mairs Geographischer Verlag GmbH & Co., Ostfildern-Kemnat (Reisekarte)

Bildnachweis:
Baedeker (2), Campeggi (1), dpa (1), ENIT Rom / Frankfurt am Main (19), EPT Arezzo (5), EPT Florenz (4), EPT Pisa (4), EPT Pistoia (5), Fischer (26), Giovannini (1), Historia-Photo (6), Kolb (1), Kranawetter (4), Merisio (2), Nahm (10), Pfänder (4), Prenzel (1), Rogge (2), Romboni (1)

3. Auflage 1989

Urheberschaft:
Karl Baedeker GmbH, Ostfildern-Kemnat bei Stuttgart
Nutzungsrecht:
Mairs Geographischer Verlag GmbH & Co., Ostfildern-Kemnat bei Stuttgart

Satz: Setzerei Lihs, Ludwigsburg
Reproduktionen: Gölz Repro-Service GmbH und Co. KG, Ludwigsburg
Herstellung: Wolfgang Stetter
Druck: Kohlhammer + Wallishauser GmbH, Hechingen
Buchbinderarbeiten: Sigloch GmbH + Co. KG, Leonberg-Ramtel

Inhalt

Liebe Leserin, lieber Leser,

Baedeker ist ständig bemüht, die Qualität seiner Reiseführer noch zu steigern und ihren Inhalt weiter zu vervollkommnen. Hierbei können ganz besonders die Erfahrungen und Urteile aus dem Benutzerkreis als wertvolle Hilfe gar nicht hoch genug eingeschätzt werden. Vor allem **Ihre Kritik, Berichtigungen und Verbesserungsvorschläge sind uns stets willkommen.** Sie helfen damit, die nächste Auflage noch aktueller zu gestalten.
Bitte schreiben Sie in jedem Falle an die

> Baedeker-Redaktion
> Karl Baedeker GmbH
> Marco-Polo-Zentrum
> Zeppelinstraße 44/1
> Postfach 31 62
> D-7302 Ostfildern 4 (Kemnat).

Der Verlag dankt Ihnen im voraus bestens für Ihre Mitteilungen. Jede Einsenderin und jeder Einsender nimmt an einer jeweils zum Jahresende unter Ausschluß des Rechtsweges stattfindenden Verlosung von drei JRO-LEUCHTGLOBEN teil. Falls Sie gewonnen haben, werden Sie benachrichtigt. Ihre Zuschrift sollte also neben der Angabe des Buchtitels und der Auflage, auf welche Sie sich beziehen, auch Ihren Namen und Ihre Anschrift enthalten. Die Informationen werden selbstredend vertraulich behandelt und die persönlichen Daten nicht gespeichert.

Vorwort

Dieser Reiseführer gehört zur neuen Baedeker-Generation.

In Zusammenarbeit mit der Allianz Versicherungs-AG erscheinen bei Baedeker durchgehend farbig illustrierte Reiseführer in handlichem Format. Die Gestaltung entspricht den Gewohnheiten modernen Reisens: Nützliche Hinweise werden in der Marginalienspalte neben den Beschreibungen herausgestellt. Diese Anordnung gestattet eine einfache und rasche Handhabung.

Der vorliegende Landschaftsführer ist in drei Hauptteile gegliedert: Im ersten Teil wird über die Toskana im allgemeinen, Klima, Wirtschaft, berühmte Persönlichkeiten, Geschichte, Kunstgeschichte u. a. berichtet. Einige Routenvorschläge leiten über zum zweiten Teil, in dem die touristisch interessanten Reiseziele – Städte, Orte, Klöster und Landschaften – mit ihren Sehenswürdigkeiten beschrieben werden. Daran schließt ein dritter Teil mit praktischen Informationen. Sowohl die Reiseziele als auch die Informationen sind in sich alphabetisch geordnet.

Baedekers Allianz-Reiseführer zeichnen sich durch Konzentration auf das Wesentliche sowie Benutzerfreundlichkeit aus. Sie enthalten eine Vielzahl eigens entwickelter Pläne und zahlreiche farbige Abbildungen. Zu diesem Reiseführer gehört als integrierender Bestandteil eine ausführliche Reisekarte, auf der die im Text behandelten Orte anhand der jeweils angegebenen Kartenkoordinaten zu lokalisieren sind.

Wir wünschen Ihnen mit Baedekers Allianz-Reiseführer viel Freude und einen lohnenden Aufenthalt ‚vor Ort‘.

Baedeker

Verlag Karl Baedeker

Zahlen und Fakten

Allgemeines

Die Toskana gehört geographisch und politisch zu Mittelitalien, dessen nordwestlichen Teil sie bildet. Im Westen wird sie vom Tyrrhenischen Meer begrenzt, im Norden und Osten von den Einbruchsbecken an Arno und Tiber, hinter denen sich der Kamm der Apenninen erhebt. Im Süden, jenseits des 1738 m hohen Monte Amiata, geht die Toskana in die Hügellandschaften von Umbrien und Latium über.

Die Toskana (Toscana) ist eine der zwanzig Regionen Italiens; ihre Hauptstadt ist Florenz. Die Regione Toscana ist unterteilt in die neun Provinzen (Province) Arezzo, Firenze (Florenz), Grosseto, Livorno, Lucca, Massa-Carrara, Pisa, Pistoia und Siena.
Die Region umfaßt 22 992 km^2 und hat rund 3,6 Millionen Bewohner.
Die angrenzenden Regionen sind (im Uhrzeigersinn) Liguria, Emilia-Romagna, Marche, Umbria und Lazio.

Der große, nach Westen geöffnete Gebirgsbogen des Apennin umschließt die alten italienischen Kernlandschaften Toskana, Latium und Umbrien. Die Apuanischen Alpen, die mit ihren schroffen Formen eine Art Anti-Apennin bilden, stellen mit ihrem blendendweißen Marmor, einem durch Faltungsdruck umkristallisierten Trias-Kalk, ein ‚geologisches Fenster' nahe der Wurzelzone der tertiären toskanischen Decken dar.
Das Ergebnis der nach der Faltung zugleich mit der beginnenden Heraushebung des Apennin einsetzenden Bruchtektonik in seinem Rücken sind die für das Land so charakteristischen Beckenlandschaften, die tief in den Gebirgskörper eingreifen. Sie waren im Pliozän und auch noch im frühen Quartär von Seen erfüllt, deren Ablagerungen man gelegentlich noch erkennen kann, so in der Hügeltafel der Cerbaie im Becken von Lucca oder in den bizarr zerschnittenen Spornen einer Terrasse, die das Becken des Valdarno begleitet. Arno und Tiber haben diese Becken durch rückschreitende Erosion nacheinander erobert; aber der Arno, der bei kürzerem Lauf ein stärkeres Gefälle hat, ist dabei in das Flußgebiet seines ehemaligen Rivalen eingedrungen, indem er einen durch das Casentino und die Chiana-Senke zum Tiber gerichteten Fluß anzapfte und zu seinem Oberlauf machte.

Übersät mit stattlichen Dörfern und Einzelgehöften, bilden die fruchtbaren Becken der Toskana eine dichtbesiedelte, verkehrsgünstige Zone unmittelbar unterhalb der Apenninenpässe. Mit ihrer üppigen ‚cultura mista' (Mischkultur; Wein, Getreide, Obst) und ihrem silbergrauen Rand von Ölbäumen bilden sie einen eindrucksvollen landschaftlichen Gegensatz zu den meist kahlen Höhen der Apenninen. Die alten Städte, die wie Arezzo, Perugia, Chiusi und Fiesole (die Vorgängerin von Florenz) überwiegend auf etruskische Gründungen zurückgehen,

Landesteil und geographische Lage

Politische Gliederung

Landschaftsbild

◀ *In den Hügeln bei Volterra*

Italien

Die Toskana ist die größte Region Mittelitaliens.

VALLE D'
AOSTA

TRENTINO-
ALTO
ADIGE

FRIULI-
VENEZIA
GIULIA

VENETO

Milano

LOMBARDIA

Venezia

Torino

PIEMONTE

EMILIA-
ROMAGNA

Genova

Bologna

LIGURIA

Firenze

SAN
MARINO

Ancona

TOSCANA

MARCHE

UMBRIA

KORSIKA
(F)

Pescara

ABRUZZI

ROMA

LAZIO

MOLISE

PUGLIA

Bari

Napoli

Sassari

BASILICATA

Taranto

SARDEGNA

CAMPANIA

© Baedeker

Cagliari

CALABRIA

Reggio di Calabria

Messina

Palermo

Catania

SICILIA

—— **Grenzen der Regionen**

Landschaftsbild
(Fortsetzung)

haben die sicheren und malariafreien, zudem auch für den Fall einer Verteidigung günstiger gelegenen Höhen über den Beckenböden zum Standort gewählt.

Völlig anders gestaltet sich das Landschaftsbild südlich des unteren Arno. Im Toskanischen Hügelland, das in den Colline Metallifere ('Erzgebirge') bis zu 1059 m ansteigt, schweift der Blick über ein scheinbar richtungsloses Gewoge von teilweise recht steilen, aber nirgends eigentlich gebirgsartig wirkenden Anhöhen. Sie bilden keine zusammenhängenden Ketten, sind vielmehr inselartig zerstückelt. Der rasche Wechsel des Gesteins und der Höhenlage bedingt einen höchst reizvollen Wechsel des Landschaftsbildes. Auf fruchtbaren Böden

Die Region Toskana umfaßt neun Provinzen.

MASSA-CAR-RARA
Carrara
Massa
LUCCA
PISTOIA
Pistoia
FIRENZE
Lucca
Firenze
Pisa
AREZZO
Livorno
Arezzo
© Baedeker
Gorgona
PISA
Siena
Arcipelago
LIVORNO
SIENA
Capraia
GROSSETO
Elba
Grosseto
Pianosa
Toscano
Montecristo
Giglio
Giannutri

Grenzen der Provinzen ———

herrscht gleichfalls die Mischkultur mit Olivenbäumen, Wein und Getreide vor. Hier liegt das Kerngebiet der in Jahrhunderten gewachsenen ,Mezzadria', der Halbpacht, bei welcher der Gutsherr Ackerland, Gehöfte, Geräte und Tiere dem bewirtschaftenden Bauern stellt. Doch die Halbpacht wirft immer weniger Erträge ab, und die Landflucht ist groß.

Überall, vor allem aber in der näheren Umgebung der meist weithin sichtbar gelegenen Bergstädte, liegen verstreut in dem silbrig gebrochenen Grün, in das die schlanken Säulenzypressen dunkle Akzente setzen, altersgraue Gehöfte, stattliche Gutshäuser und Kirchen mit ihren schlanken Glockentürmen. Die Toskana ist eine durch und durch vom Menschen geprägte Kulturlandschaft.

11

Zypresse

Die höher aufragenden Rücken tragen auf ihrem steinigen Boden lichte Bestände von Eichen oder Pinien mit der aromatisch duftenden mediterranen Heide (Baumerika, Erdbeerbaum, Zistrose u. dergl.). In den Colline Metallifere und in den Chianti-Bergen verdichtet sich diese Vegetation zum immergrünen mediterranen Buschwald der Macchia. In der Gegend um Volterra oder südlich von Siena bietet sich wieder ein anderes Bild. Die Landschaft wird baumarm; Getreidefelder, in die eine noch immer anhaltende Bodenerosion fahlgraue, bizarre Schluchten gerissen hat, beherrschen allenthalben die Landschaft. Tiefe Erosionsrinnen (die sogenannten ‚balze') bedrohen selbst die auf Anhöhen gelegenen Einzelhöfe oder Städte.

Der Küstenstrich der Maremma (von ‚marittima' = am Meer gelegen) zwischen der Mündung der Cecina (beim gleichnamigen Ort) und der bereits in der Region Lazio gelegenen Stadt Civitavecchia bildet eine Landschaft für sich. Jahrhundertelang war hier die Malaria gefürchtet, die durch die in den versumpften Küstenstrichen in Massen auftretenden Fiebermücken übertragen wurde. Aber in etruskischer Zeit war die Maremma dicht besiedelt und Kern eines sich über halb Italien erstreckenden Reiches. Die Ruinen von Rusellae und Populonia sowie die zahlreichen Funde aus Orbetello, Massa Marittima u. a. bezeugen für die Zeit vom 8. bis zum 4. Jh. v. Chr. eine hohe Blüte. Doch die Latifundienwirtschaft der Römer, der Verfall der Entwässerungsbauten und damit das Umsichgreifen des Sumpffiebers ließen den Küstenstrich für zweitausend Jahre veröden. Erst um die Mitte des 19. Jh.s begann man mit der erneuten Trockenlegung und der landwirtschaftlichen Melioration, die inzwischen zu höchst eindrucksvollen Erfolgen geführt hat.

Beckenlandschaften

In die Hügel sind weite Beckenlandschaften eingesenkt, in denen sich die Besiedlung stärker konzentriert. Von Norden nach Süden sind die wichtigsten Talschaften Lunigiana, Garfagnana, Mugello, Casentino, Valdarno, Valdelsa und Valdichiana (auch Val di Chiana). Zwischen dem Chiana-Tal und der Maremma liegen die schon seit dem Altertum wirtschaftlich wichtigen erzführenden Colline Metallifere.

Flüsse

Die Toskana ist von mehreren Flüssen durchzogen, die ausnahmslos der Westküste, also dem Tyrrhenischen Meer, zuströmen. Neben dem Arno, dem größten Fluß der Toskana, sind dies (von Norden nach Süden) Serchio, Cecina, Ombrone und Albegna.

Klima

Mittelmeerklima

Die Toskana liegt im nördlichen Randbereich des eigentlichen Mittelmeerklimas. Ein Indiz für den mediterranen Klimacharakter ist das Vorkommen des Ölbaumes (Oliven), der weiter nördlich nur noch in besonders begünstigten Zonen gedeiht.

Wenngleich bei den meteorologischen Erscheinungen in der Toskana gewisse Unterschiede zwischen dem Küstenbereich und dem Landesinneren zu beobachten sind, so kann man dennoch insgesamt von einem etwa gleichmäßigen Wetterverlauf in den einzelnen Jahreszeiten sprechen.

Toskanisches Bauerngut

Die Winter sind mild; Schnee fällt regelmäßig, bleibt jedoch mit Ausnahme der Bergregionen nur selten länger liegen.
Im Frühjahr ist das Wetter eher veränderlich mit mäßigen Niederschlägen, die im Juni deutlich abnehmen.
Die Sommer zeigen sich recht warm und im großen und ganzen trocken; doch kommt es hin und wieder zu Regenschauern.
Im Herbst nehmen die Niederschläge wieder zu, es überwiegen aber die Schönwetterlagen.

Jahreszeiten

Die mittleren Jahrestemperaturen nehmen von Südwesten nach Nordosten ab: von ca. 16°C an der südlichen Küste bis ca. 12°C in den Gebirgstälern. Die tiefsten Temperaturen werden im Monat Januar gemessen: Livorno 7°C, Pisa 6°C, Florenz 4,7°C, Arezzo 4,4°C; die Null-Grad-Grenze wird jedoch nur in Gebirgslagen über 1000 m ü.d.M. unterschritten. Besonders mild ist der Winter auf den Inseln des Toskanischen Archipels (Portoferraio im Januar: 9°C).
Der wärmste Monat in der Toskana ist der Juli: Livorno 24,4°C, Pisa 23,5°C, Florenz 24,6°C, Arezzo 24,2°C, Camaldoli (816 m ü.d.M.) 17,9°C.

Temperaturen

Bei den Niederschlägen sind deutliche regionale Unterschiede zu verzeichnen: Während an der mittleren Küste im Jahresdurchschnitt nur knapp 500 mm erreicht werden, steigen die Niederschlagsmengen im Apennin und in den Apuanischen Alpen bis 2000–3000 mm an. Einige lokale Werte mögen die Verhältnisse verdeutlichen: Viareggio 965 mm, Florenz 840 mm, Siena 860 mm, Monte Amiata 1170 mm.
Die meisten Niederschläge fallen in den Monaten April/Mai und Oktober/November. Niederschlagsärmster Monat ist der Juli;

Niederschläge

Klima, Niederschläge
(Fortsetzung)

ein zweites Minimum liegt in den Monaten Januar/Februar. Praktisch ganz trocken ist der Sommer lediglich auf den Inseln des Toskanischen Archipels und an einigen Küstenorten.

Schnee ist in allen tief gelegenen Gebieten selten. In Florenz beispielsweise fällt jedoch praktisch in jedem Winter ein wenig Schnee, der freilich nicht liegen bleibt. Der Apennin und die Apuanischen Alpen tragen hingegen von Dezember bis April eine permanente Schneedecke.

Wind

Wind weht in der Toskana vorwiegend aus westlichen und südlichen Richtungen. Genannt seien hier der feuchtigkeitsbringende ‚Scirocco' und der heftige ‚Libeccio'.
Von Norden oder Nordosten bringt die ‚Tramontana' im Winter und zu Beginn des Frühjahres überraschend kalte Luft ins Land.

Wirtschaft

Landwirtschaft

Die umfangreiche toskanische Landwirtschaft hat ihre Schwerpunkte im Anbau von Oliven, Wein (Chianti), Gemüse und Getreide. Weniger bedeutend ist die Viehzucht. Im Küstenbereich wird Fischfang betrieben, dessen Erträge jedoch auch für den Eigenbedarf kaum ausreichen; der wichtigste Hafen ist Livorno.

Marmorindustrie

Von weltweiter Bedeutung ist der Abbau von Marmor in den Apuanischen Alpen, vor allem bei Carrara. Gleichermaßen traditionsreich ist die Verhüttung der Erze von Elba (Eisen) und aus den Colline Metallifere (Kupfer, Blei, Quecksilber u. a.). Bei dem Ort Larderello wird geothermische Energie genutzt.

Textilindustrie

Bedeutende Zentren der Textilindustrie sind Florenz und Prato. Weltruf hat auch die florentinische Haute Couture (Alta Moda).

Tourismus

Eine sehr wichtige Einnahmequelle ist der Tourismus. Außer der Regionshauptstadt Florenz mit ihren überreichen Kunstschätzen ziehen andere historische Stätten, allen voran Pisa, Siena, Arezzo und Lucca, sowie die beiden bedeutendsten Thermalbäder Italiens, Montecatini Terme und Chianciano Terme, zahlreiche Besucher an, und dazu gibt es eine Reihe beliebter Seebäder.

Berühmte Persönlichkeiten

In der Stadt Arezzo geboren, nach der er sich auch nannte, kam Pietro Aretino schon in jungen Jahren nach Rom, wo er sich am päpstlichen Hof aufhielt. Der große Spötter war wegen seiner Schmähschriften gefürchtet und mußte unter Papst Hadrian VI. ihretwegen die Heilige Stadt verlassen. Später schloß er sich dem Condottiere Giovanni de' Medici (aus der jüngeren Linie des Hauses), genannt Giovanni delle Bande Nere, an. Nach dessen Tod ging Aretino nach Venedig. Heute sind von seinem umfangreichen Werk vor allem die „Ragionamenti" (deutsch „Kurtisanengespräche") bekannt, ein breit angelegtes Sittengemälde.

Pietro Aretino
(20.4.1492 – 21.10.1556)

Der Geburtsort des bedeutenden Humanisten und Dichters Giovanni Boccaccio steht nicht zweifelsfrei fest. Sowohl Florenz als auch Certaldo, wo er gestorben ist, kommen als Geburtsort des Novellisten in Frage. Ursprünglich wollte er Kaufmann werden, aber bald trat seine Vorliebe für die Geisteswissenschaften zutage. Seine Hinwendung zur klassischen Antike läßt bereits die Grundidee der Renaissance anklingen. Auf seine Initiative geht die erste Übersetzung der Werke Homers ins Lateinische zurück. Gemeinsam mit Francesco Petrarca bemühte er sich darum, das Interesse an Hellas und Rom zu fördern. Boccaccio war ein großer Verehrer Dantes, und zur Erläuterung von dessen „Divina Commedia" („Göttliche Komödie") erhielt er 1373 in Florenz einen Lehrstuhl. Sein bekanntestes Werk indessen ist das „Decamerone", ein Novellenkranz, dessen Rahmenhandlung im Pestjahr 1348 auf einem florentinischen Landgut spielt. In den einzelnen Novellen finden sich bekannte Schwankmotive genauso wie altes Bildungsgut. Die Sprache Boccaccios war von bedeutender Wirkung auf die italienische Literatur.

Giovanni Boccaccio
(1313 – 21.12.1375)

Der aus Lucca gebürtige Komponist und Cellovirtuose Luigi Boccherini war ab 1769 am spanischen Hof tätig. In seinen Werken, deren überwiegender Teil für kleinere Besetzung (Trio, Quartett, Quintett) geschrieben ist, knüpft er formal an die Wiener Vorklassik an. Weitbekannt ist das „Menuet célèbre" aus dem Streichquintett op. 13 Nr. 5.

Luigi Boccherini
(19.2.1743 – 28.5.1805)

Der gebürtige Florentiner Carlo Lorenzini ist unter seinem Pseudonym Carlo Collodi bekannt geworden. Den Künstlernamen wählte er nach dem Heimatort seiner Mutter, Collodi bei Pescia. Er war als Theaterkritiker tätig und begründete die satirische Zeitschrift „Il Lampione". Im Jahre 1878 wurde sein heute längst weltberühmtes Kinderbuch „Pinocchio" erstmals veröffentlicht. In ihm schildert Collodi die Abenteuer der geschnitzten Holzfigur, die endlich ein richtiger Junge werden will. Neu an diesem Werk ist der Realismus in der Darstellung der Charaktere und ihrer (auch negativen) Eigenschaften.

Carlo Collodi
(Carlo Lorenzini;
24.11.1826 – 26.10.1890)

Als Sohn angesehener Patrizier erhielt Dante (Kurzform des Vornamens Durante) Alighieri eine standesgemäße Erziehung, widmete sich dem Studium der Philosophie, der klassischen Sprachen und der Poesie. Ein Schlüsselerlebnis des Neunjährigen war die Begegnung mit Beatrice, wohl einer Tochter des

Dante Alighieri
(Mai 1265 – 14.9.1321)

Dante Alighieri
(Fortsetzung)

Patriziers Folco dei Portinari, die er nach ihrem frühen Tod in Gedichten verklärte.

In den Kämpfen der papsttreuen Guelfen gegen die kaiserlich gesinnten Ghibellinen schlug sich Dante zunächst auf die Seite der ersteren, war auch als Gesandter der Weißen Guelfen in Rom.

Im Jahre 1302 wurde er wegen angeblich betrügerischer Amtsführung während seiner Mitgliedschaft im Florentiner Rat der Hundert und als Prior der Stadtverwaltung angeklagt und wegen seines Nichterscheinens vor dem Tribunal zum Tode verurteilt. Für Dante brach ein unstetes Wanderleben an, und nach dem Tode Kaiser Heinrichs VII. war für ihn jede Hoffnung, nach Florenz zurückkehren zu können, geschwunden. Er starb in Ravenna.

Dante ist der größte Dichter italienischer Zunge, sein Werk von enzyklopädischer Spannweite. Maßgebend ist sein Einfluß auf die Entwicklung der italienischen Hochsprache, die letztlich im Toskanischen wurzelt. Sein Hauptwerk, die „Divina Commedia" („Göttliche Komödie"), schildert in 100 Gesängen gleichnishaft den Weg des Menschen durch Hölle (inferno), Fegefeuer (purgatorio) und Paradies (paradiso). Ihn leitet Vergil als Verkörperung der Vernunft und Wissenschaft, dann Beatrice als Inbegriff der Liebe und göttlichen Gnade.

Franziskus von Assisi
(Giovanni Bernardone;
1181/1182 – 3.10.1226)

Franziskus stammte aus wohlhabendem großbürgerlichem Hause. Nach sorglos verbrachter Jugend hatte der Vierundzwanzigjährige ein tiefgreifendes Bekehrungserlebnis und lebte fortan in äußerster Demut und Bedürfnislosigkeit.

Die Maxime seines Handelns war der Aussendungsauftrag an die Jünger (Matthäus 10, 6–14). Aus ihr heraus gründete er 1210 den Orden der Minoriten, und bald formierten sich, auch außerhalb Italiens, Franziskanerbruderschaften. Mit Klara von Assisi rief er 1212 den Klarissenorden ins Leben, und 1221 folgte schließlich der Laienorden der Tertiarier.

Nachdem Franziskus die Ordensleitung abgelegt hatte, zog er sich nach La Verna zurück, und hier erhielt er am 17. September 1224 die Stigmata (Wundmale Christi). Im gleichen Jahr entstand sein berühmter „Sonnengesang", der die Schöpfung verherrlicht und das erste Kunstwerk der italienischen Sprache ist.

Galileo Galilei
(15.2.1564 – 8.1.1642)

Galileo Galilei kam als Sohn eines Architekten in Pisa zur Welt. Schon im Alter von 25 Jahren erhielt er in seiner Vaterstadt einen Lehrstuhl für Mathematik. Hier soll er auch Beobachtungen gemacht und Experimente durchgeführt haben, die ihn zu seinen epochemachenden Erkenntnissen führten: Der Kandelaber im Dom brachte ihn zur Erforschung der Pendelbewegung, und der Schiefe Turm diente ihm bei der Untersuchung des freien Falles. 1609 konstruierte er ein Fernrohr und erforschte mit ihm den Sternenhimmel. Er verfeinerte das bereits von Kopernikus begründete heliozentrische Weltbild, was ihn in Widerstreit zur herrschenden Meinung der Kirche brachte und ihm einen Prozeß eintrug, der 1633 mit seiner Verurteilung zu unbefristetem Gewahrsam endete. Galilei soll den Satz geprägt haben: „Und sie (die Erde) bewegt sich doch".

Leo I.
(Leo der Große;
Pontifikat 440 – 461)

Leo I., wohl aus etruskischem Geschlecht, war der bedeutendste Papst des Frühchristentums. Er begründete den päpstlichen Primat (oberste Gewalt in der Kirche), der von Kaiser Valentinian anerkannt wurde. Der entschlossene Mann trat zwei-

Ein Dankeschön für unsere Auto-Kunden:

Falls verzogen, bitte mit neuer Anschrift zurück

10

FIRMA
OPTIKER FELBER
SALZSTR. 23

8952 MARKTOBERDORF

Dies ist der von Ihnen
ausgewählte Baedeker-Band.

Wir wünschen Ihnen
gute Reise.

Mit freundlichen Grüßen
Ihre Allianz Versicherungs-AG

Allianz

Giovanni Boccaccio   *Dante Alighieri*   *Galileo Galilei*

mal als Retter Roms in höchster Gefahr auf: 452 stellte er sich
dem Hunnenkönig Attila entgegen und erreichte dessen Rück-
zug von der Heiligen Stadt; drei Jahre später gebot er den plün-
dernden Vandalen Geiserichs Einhalt.
Leo I. wurde heiliggesprochen (Tag: 10. November); in der Malerei wird er häufig von Paulus und Petrus begleitet dargestellt,
die ihm vor Attila beigestanden haben sollen.

Die Renaissance hat zahlreiche vielseitige Persönlichkeiten
hervorgebracht, doch nur das Genie Leonardos vereint höchste
Begabung als Maler, Bildhauer, Baumeister, Ingenieur und Na-
turforscher.

Leonardo da Vinci
(15.4.1452 – 2.5.1519)

Leonardo da Vinci war Schüler Verrocchios und wurde bereits
1472, als Zwanzigjähriger, in die Florentiner Malergilde aufgenommen. Von 1482 bis 1498 wirkte er am Hofe des Herzogs
Lodovico Sforza in Mailand, dann wieder in Florenz und in
Rom. 1517 schließlich folgte er einer Einladung von König
Franz I. nach Frankreich.
Die Werke, die Leonardo in seinen beiden letzten Lebensjahr-
zehnten geschaffen hat, sind fast alle gänzlich verlorengegan-
gen oder nur in Kopien seiner Schüler erhalten geblieben. Für
den Palazzo Vecchio in Florenz entwarf er das Wandgemälde
„Die Schlacht von Anghiari", doch ist die Malerei nicht ausgeführt worden und auch die Vorzeichnung, der sogenannte Kar-
ton, verschollen. Leonardo war als Festungsbaumeister tätig,
untersuchte die menschliche Anatomie, führte Flugversuche
durch und betrieb botanische und geologische Studien. Seine
zahlreichen Zeichnungen und Notizen (meist in Spiegelschrift)
beweisen die Universalität dieses großen Geistes.

Niccolò Machiavelli, Sohn eines Florentiner Rechtsgelehrten,
widmete sich humanistischen Studien, ehe er zum Sekretär des
die Stadt regierenden Zehnerrates wurde. In dieser Eigenschaft
reiste er u. a. nach Frankreich, an den Hof Kaiser Maximilians
und zum Papst nach Rom. Als die Medici wieder in Florenz
einzogen (1512), wurde Machiavelli abgesetzt und wegen seiner angeblichen Teilnahme an einer Verschwörung vorübergehend in Haft genommen. Danach zog er sich auf sein Landgut
zurück und widmete sich seinen schriftstellerischen Neigungen
(er verfaßte u. a. die Komödie „Mandragola", wohl das originell-
ste Lustspiel der Renaissance).

Niccolò Machiavelli
(3.5.1469 – 22.6.1527)

Berühmte Persönlichkeiten

N. Machiavelli
(Fortsetzung)

Weit bekannter sind Machiavellis politische Schriften. In den „Discorsi" legt er an Beispielen aus der römischen Geschichte seine Ideen über Staatsgewalt und die Wechselfälle der Geschichte dar; und in „Il Principe" („Der Fürst") entwickelt er seine Lehre von der alles rechtfertigenden Staatsräson („Der Zweck heiligt die Mittel").

Gaius Maecenas
(um 70 v. Chr. – 8 v. Chr.)

Gaius Maecenas, römischer Adliger etruskischer Abstammung, war Freund und Berater des Augustus. Er förderte Künstler und Dichter, war auch selbst literarisch tätig. In seinem Haus trafen sich neben vielen anderen Horaz, Vergil und Properz. Noch heute bezeichnet man einen freigebigen Gönner und Förderer der Künste als Mäzen.

Curzio Malaparte
(Kurt Erich Suckert;
9.6.1898 – 19.7.1957)

Der deutschstämmige Journalist und Schriftsteller kam in Prato zur Welt. Er war für verschiedene Zeitschriften tätig, leitete 1928–1931 die renommierte „Stampa" und gründete gegen Ende der dreißiger Jahre das Literaturblatt „Prospettive". Wegen seiner politischen Ansichten 1933 aus der Faschistischen Partei ausgeschlossen und auf die Liparischen Inseln verbannt, wurde er nach dem Ende der Ära Mussolini Verbindungsoffizier bei der US-amerikanischen Armee. Der Roman „Kaputt", eine realistische Schilderung des Kriegsgeschehens, entstand 1944, das zweite Erfolgswerk „La Peau" (ital. „La Pelle", dt. „Die Haut") 1948.

Marino Marini
(27.2.1901 – 7.8.1980)

Der aus Pistoia stammende Maler und Plastiker Marino Marini gilt als Hauptmeister der italienischen Kunst des 20. Jahrhunderts. In seinem gegenständlichen Werk taucht ein Motiv besonders häufig und in vielerlei Varianten auf: Pferd und Reiter, oft an antike, vor allem etruskische Vorbilder erinnernd.

Lorenzo de' Medici
(genannt ‚il Magnifico';
1.1.1449 – 8.4.1492)

Der klassische Renaissancefürst in Regierungsstil, Lebensführung, Bildung und Mäzenatentum – das war Lorenzo de' Medici, seit dem 19. Jh. ‚il Magnifico' (‚der Prächtige') genannt. Mit seinen reichen finanziellen Mitteln und unter Ausnutzung des Rückhaltes, den er in der Bevölkerung genoß, verschaffte er seiner Vaterstadt Florenz die kulturelle und politische Vorrangstellung in Italien. Sein Bruder Giuliano fiel 1478 im Dom Santa Maria del Fiore der Pazzi-Verschwörung zum Opfer. Lorenzo konnte sich verletzt in die Sakristei retten. Durch eine Verfassungsänderung sicherte er sich nach dem Attentat eine monarchische Stellung. Er förderte die Platonische Akademie (eine Gründung von Cosimo de' Medici) und war selbst literarisch tätig. Daneben sammelte er antike Skulpturen und förderte junge Künstler. Michelangelo verdankt ihm seine Ausbildung; Verrocchio, Ghirlandaio und Botticelli arbeiteten für ihn.

Michelangelo Buonarroti
(6.3.1475 – 18.2.1564)

Der im toskanischen Caprese (Casentino) geborene geniale Universalkünstler – Bildhauer, Maler, Architekt und Dichter – Michelangelo Buonarroti hat die Kunst der Renaissance zur höchsten Vollendung geführt. Im Jahre 1488 begann er als Dreizehnjähriger eine Lehre in der Werkstatt des Florentiner Malers Domenico Ghirlandaio. Neben der Neigung zur Malerei entwickelte sich bei Michelangelo zunehmend die Leidenschaft für die Bildhauerei; 1489 wurde er in die Bildhauerakademie der Mediceischen Gärten aufgenommen, verließ aber 1494 Florenz vorübergehend, um in Venedig und Bologna zu arbeiten. Die Jahre von 1496 bis 1501 hielt sich Michelangelo in Rom auf, wo u.a. der „Bacchus" (heute im Florentiner Museo Nazionale

Leonardo da Vinci *Michelangelo Buonarroti* *Francesco Petrarca*

del Bargello) und die „Pietà" für den Petersdom entstanden. Von 1501 bis 1505 wirkte er erneut in Florenz und schuf hier vor allem die Kolossalskulptur „David" für die Piazza della Signoria (das Original heute in der Galleria dell' Accademia).

Sein unruhiger Geist sowie Auftragsarbeiten ließen Michelangelo von 1505 bis 1534 ein unstetes Wanderleben zwischen Florenz, Rom und Bologna führen. In diesen Jahren schuf er u. v. a. die Deckenfresken in der Sixtinischen Kapelle des Vatikans, die Grabkapelle der Medici bei San Lorenzo in Florenz und die Figur des „Moses" für das Grabmal des Papstes Julius II. in der römischen Kirche San Pietro in Vincoli. Mit kurzen Unterbrechungen blieb Michelangelo von 1534 bis zu seinem Tode im Jahre 1564 in Rom, wo er u. a. das Fresko „Jüngstes Gericht" an der Altarwand der Sixtinischen Kapelle im Vatikan malte. Zu seinen Spätwerken gehört die „Pietà" für den Florentiner Dom (heute im dortigen Dommuseum).

In den beiden letzten Jahrzehnten seines Lebens befaßte sich Michelangelo vermehrt mit architektonischen Vorhaben, so mit der Fortführung des Palazzo Farnese (ab 1546), mit Entwürfen für die Neugestaltung des Kapitolsplatzes und mit der Gestaltung der Kuppel der Peterskirche (ab 1547).

Als Dichter schrieb er Sonette und Madrigale in der Tradition Petrarcas.

Der Leichnam Michelangelos wurde von Rom nach Florenz übergeführt und in der Kirche Santa Croce bestattet.

An der Schwelle vom Mittelalter zur Renaissance tritt uns eine Gestalt von überragender Bedeutung entgegen: Francesco Petrarca, Dichter und Gelehrter, Freund und Erforscher der klassischen Antike und damit einer der Begründer des Humanismus. Als Sohn des Notars Petracco in Arezzo geboren, latinisierte Petrarca später seinen Namen, auch darin seine Verehrung für die Antike manifestierend. Der Beruf des Vaters bestimmte den Aufenthaltsort der Familie in Avignon, der damaligen Papstresidenz. Francesco studierte die Rechte, zuerst in Montpellier, dann in Bologna. An die päpstliche Kurie in Avignon zurückgekehrt, lernte er in der Kirche die Frau kennen, der zeitlebens seine – freilich nie erfüllte – Liebe gelten sollte und die er als Laura in seinen Werken verewigt hat.

Petrarca wurde bald berühmt und gewann als Freund des Kardinals Colonna auch an Einfluß. Er unternahm weite Reisen,

Francesco Petrarca
(20.7.1304 – 18.7.1374)

19

Berühmte Persönlichkeiten

F. Petrarca
(Fortsetzung)

und ein Schlüsselerlebnis nicht nur für ihn, sondern für das Lebensgefühl einer ganzen Epoche war seine Ersteigung des Mont Ventoux in Südfrankreich (1336), die erste Bergbesteigung um ihrer selbst willen in der Neuzeit.

Später zog sich Petrarca auf sein Landgut in der Vaucluse bei Avignon zurück und lebte seinem literarischen Schaffen, selbst dichtend und die Werke der lateinischen Schriftsteller erforschend. 1341 wurde er in Rom zum Dichter (poeta laureatus) gekrönt. Seit 1362 lebte er wieder in Italien (u.a. in Venedig und in Arquà bei Parma). Giovanni Boccaccio, den er auf seinen Reisen kennengelernt hatte, stand ihm kongenial zur Seite.

Girolamo Savonarola
(21.9.1452 – 23.5.1498)

Der Dominikanermönch Girolamo Savonarola, seit 1491 Prior des Klosters San Marco in Florenz, war ein sittenstrenger Mann. Er sah die Zeit für ein göttliches Strafgericht gekommen und predigte Buße und geistig-moralische Erneuerung im Sinne des Alten Testamentes. Das Ende der Medici-Herrschaft in Florenz und die militärischen Erfolge Karls VIII. von Frankreich, der 1495 das Königreich Neapel unter seine Herrschaft brachte, schienen seine Voraussagen zu bestätigen. Nun rief Savonarola Christus zum König von Florenz aus und errichtete einen theokratischen Staat, dessen Gesetze sich an den Evangelien orientierten. Seine Kritik am päpstlichen Hof in Rom brachte ein schweres Zerwürfnis mit der Kirche, das zur Exkommunikation des Ordensmannes führte. 1498 wurde Savonarola auf der Folter zum Widerruf seiner Äußerungen gezwungen, der Ketzerei für schuldig befunden und gehängt, seine Leiche öffentlich verbrannt.

Giacomo Puccini
(22.12.1858 – 29.11.1924)

Giacomo Puccini wurde als Sproß einer Musikerfamilie in Lucca geboren. Seine Studienzeit verbrachte er vor allem in Mailand; die aufkommende Stilrichtung des ‚Verismo‘, einer eigentlich literarischen Strömung, die sich aber auch in der Stoffwahl der Oper manifestiert, beeindruckte ihn sehr, desgleichen die zeitgenössische Musik Frankreichs. Nächst Giuseppe Verdi gilt Puccini als bedeutendster italienischer Opernkomponist; seine Werke (u.a. „La Bohème“, „Tosca“ und „Madame Butterfly“) sind Welterfolge geworden.

Geschichte

Der von den Griechen geprägte Name ‚Italia' bezieht sich ursprünglich nur auf die Südwestspitze der Apenninenhalbinsel. Erst in der römischen Kaiserzeit wird er auf das ganze Gebiet bis zu den Alpen angewandt. In den Landschaftsnamen haben sich die Namen der dort einst ansässigen Völker z.T. bis heute erhalten. Dies gilt auch für die Toskana, deren Name sich von den Etruskern (lateinisch ‚tusci' oder ‚etrusci') ableitet, und für das vor dieser Landschaft liegende Tyrrhenische Meer, bei dessen Bezeichnung von deren griechischem Namen (‚tyrrhenoi') ausgegangen wurde.
Schon in der Altsteinzeit ist Italien besiedelt.

Vor- und
Frühgeschichte

Frühe Metallzeit in Oberitalien: Remedello-Kultur (Kupferdolche), benannt nach dem bei Brescia gelegenen Fundort.

1800–1600

Bronzezeit: Terramare-Kultur (ital. ‚terramara' = Erdhügel) mit befestigten Pfahlbaudörfern im Norden Italiens.

1600–1200

Beginn der indogermanischen Wanderungen von Norden aus. Die Italiker scheiden sich in die latinische Gruppe, aus der die Römer hervorgehen, und die umbrisch-sabellische Gruppe, zu deren Hauptzweig, den Oskern, die Samniten in Kampanien gehören.

seit 1200

Von den Indogermanen getragene eisenzeitliche Villanova-Kultur, benannt nach dem nahe Bologna gelegenen Fundort.

1000–500

Die vermutlich aus Kleinasien stammenden Etrusker dringen nach Etrurien (Tuscien, Toskana), nach Kampanien und in die Po-Ebene ein. Nach ionischem Vorbild gründen sie hier einen Zwölf-Städte-Bund; lebhafter Handel mit Mittel- und Nordeuropa; hochentwickelter Totenkult (Nekropolen). Die Etrusker bringen griechisch-kleinasiatische Kunst und Kultur sowie Technik und Verwaltung nach Italien. Sie entwickeln sich in späterer Zeit zu den bedeutenden Lehrmeistern der Römer.

900–500

Errichtung von Seestützpunkten in Westsizilien und Sardinien durch die Phöniker (lat. ‚Punii') zur Sicherung ihrer Seehandelswege im westlichen Mittelmeer.

nach 800

Die Griechen kolonisieren Unteritalien und Sizilien (Megale Hellas; lat. Magna Graecia). Mehrere durch Gegensätze der Handelsinteressen verursachte Kriege mit Karthagern und Etruskern. Aus der griechischen Schrift entwickelt sich das lateinische Alphabet.

750–550

Rom, zunächst Stadtstaat, gewinnt gegen den Widerstand der Italiker die Herrschaft über das italienische Festland, die Inseln, schließlich über Westeuropa und den Orient. Unter den Reichsfeldherren und später unter den absolut herrschenden Kaisern (Caesaren) gelingt es, das Römische Reich (Imperium Romanum) zusammenzuhalten und jahrhundertelang gegen die Angriffe der Randvölker zu verteidigen. Die Ausbreitung des Christentums und der Stadtkultur schafft die Basis für die kulturelle und zivilisatorische Entwicklung Westeuropas.

Italien unter der
Herrschaft Roms

Die Toskana im Altertum

Mitglied im etruskischen Zwölf-Städte-Bund [1] ■
Weitere etruskische Zentren ●
Römische Städte und Orte ●
Heutige Städte und Orte ●

© Baedeker

ORTSNAMEN

Etruskisch: Velathri
Lateinisch: Volaterrae
Italienisch: Volterra

RÖMERSTRASSEN

Hauptstraßen ▬▬▬
Nebenstraßen ▬▬▬

[1] Zum etruskischen Zwölf-Städte-Bund gehörten neben den sechs in der obigen Karte der heutigen Region Toskana (Toscana) verzeichneten Zentren in der östlich angrenzenden Region Umbrien (Umbria) PERUSIA (Perugia) und VOLSINII (Orvieto) sowie in der südöstlich benachbarten Region Latium (Lazio) TARCHUNA (Tarquinia), CAERE (Cerveteri) und VEJI (Veio).

753	Sagenhafte Gründung Roms (wohl von etrusk. ‚Rumlua') durch Romulus, einen Nachkommen des Trojaners Aeneas. Im 8. Jh. erlangen die Etrusker die Vorherrschaft in Italien.
600–510	Fremdherrschaft der etruskischen Tarquinier bis zur Einführung der Republik (510).
um 400	Einfall der Kelten in Oberitalien; 387/386 Niederlage der Römer an der Allia.

Rom unterwirft Mittelitalien und sichert die Gebiete durch Anlage von Heerstraßen und Militärkolonien. Latinisierung der Italiker.	396–280
Ausdehnung des römischen Machtbereiches auf Oberitalien, Unteritalien und Sizilien. In den drei Punischen Kriegen wird Karthago besiegt und dessen beherrschende Rolle im westlichen Mittelmeer von Rom übernommen.	um 300 bis 146
Bürgerkriege, verursacht durch die zunehmende Verarmung des Bauernstandes, und Sklavenaufstände weisen auf gravierende Mißstände im Staat hin.	133–130
Kriege gegen die Kimbern und Teutonen.	113–101
Iulius Caesar wird Alleinherrscher (am 14. 3. 44 ermordet). Ende der Republik.	45 v. Chr.
Augustus begründet das Kaisertum (Prinzipat) und sichert den inneren und äußeren Frieden (Pax Augusta). Erneuter kultureller Aufschwung (Vergil, Ovid, Horaz; Förderung der Künste durch Männer wie Gaius Maecenas); rege Bautätigkeit in Rom.	30 v. Chr. – 14 n. Chr.
Das Römische Reich besitzt seine größte Ausdehnung.	14–395
Araber, Germanen, Neuperser und andere greifen die Grenzen des Römischen Reiches an.	nach 220
Konstantin der Große gewährt den Christen Religionsfreiheit (Mailänder Toleranzedikt).	313
Einbruch der Hunnen in Europa; Beginn der Völkerwanderung.	um 375
Reichsteilung durch Theodosius in das Weströmische Reich (Residenz Ravenna) und das Oströmische Reich.	395
Die Westgoten unter Alarich erobern Rom.	410
Verwüstungen in der Po-Ebene durch die Hunnen.	452
Plünderung Roms durch die Vandalen unter Geiserich.	455
Folgenreich für den europäischen Westen und Süden ist die germanische Völkerwanderung. Die Versuche der deutschen Könige und Kaiser, die Einheit Italiens wiederherzustellen, scheitern hauptsächlich am Widerstand des Papsttums: Investiturstreit.	Italien im frühen Mittelalter
Theoderich der Große gründet im Auftrag Ostroms in Italien das Ostgotenreich; Residenzen sind Ravenna, Pavia und Verona ('Dietrich von Bern').	493–526
Justinian macht Italien zur oströmischen Provinz (Exarchat).	535–553
Langobardenreich in Oberitalien; Tuscien, Spoleto und Benevent werden langobardische Herzogtümer.	568–774
Karl der Große erobert das Langobardenreich und vereinigt es mit dem Frankenreich; die Herzogtümer (mit Ausnahme von Benevent) werden zu fränkischen Markgrafschaften.	773–774

Geschichte

<table>
<tr><td>899</td><td>Die Ungarn plündern Oberitalien.</td></tr>
<tr><td>951</td><td>Otto der Große wird von der langobardischen Königswitwe Adelheid zu Hilfe gerufen und gewinnt die Herrschaft in Oberitalien. Beginn der deutschen Italienpolitik.</td></tr>
<tr><td>951–1268</td><td>Die deutschen Kaiser herrschen in Italien. Ständige Auseinandersetzung mit den Päpsten, einheimischen Machthabern und Städten. Bildung zweier Parteien: Ghibellinen (benannt nach der Stauferburg Waiblingen), Anhänger der deutschen Herrscher, und Guelfen (Welfen), die Päpstlichen.</td></tr>
<tr><td>1076–1122</td><td>Im Investiturstreit, der entscheidenden Auseinandersetzung zwischen Kaisermacht und Papsttum, befreit sich dieses vom kaiserlichen Einfluß und wendet sich verstärkt den aufsteigenden romanischen Staaten zu.</td></tr>
<tr><td>1115</td><td>Markgräfin Mathilde von Tuscien stirbt. Um die der Kirche vermachten großen Liegenschaften (Mathildische Güter) entbrennt ein Streit zwischen Päpsten und Kaisern, der erst nach formellem Verzicht Friedrichs II. (1213) beigelegt wid.</td></tr>
<tr><td>1186</td><td>Heinrich IV. vermählt sich mit Konstanze, der Erbin des Normannenreiches. Der Kampf zwischen Kaiser und Papst wird durch die staufische Umklammerung des Kirchenstaates verschärft.</td></tr>
<tr><td>1212–1250</td><td>Friedrich II., der 1220 in Rom zum Kaiser gekrönt wird, macht das Normannenreich zum straff organisierten absolutistischen Staat und Zentrum der Kaisermacht; Kämpfe gegen die päpstlich-lombardische Gegenpartei.
Künste und Wissenschaften werden gefördert.</td></tr>
<tr><td>Von der Renaissance bis zur spanischen, österreichischen und französischen Fremdherrschaft</td><td>In dem politisch zerrissenen Italien bilden sich Stadtstaaten, später auch Fürstenstaaten, die in geistiger, kultureller und wirtschaftlicher Hinsicht in Europa zu großer Bedeutung gelangen und von den benachbarten Großmächten umkämpft werden.</td></tr>
<tr><td>seit 1250</td><td>Aufstieg selbständiger Einzelstaaten: In den Kommunen wird die republikanische Verfassung infolge der inneren Parteikämpfe durch die Signorie (Stadtherrschaft) abgelöst; durch Unterwerfung der Nachbargemeinden entstehen größere Herrschaftsgebiete. Florenz, wichtige Handelsstadt und Sitz großer Bankhäuser, besitzt seit 1282 eine demokratische Verfassung. Um 1400 gelangen die Medici zu hohem Ansehen und als Fürsten zu größtem politischem Einfluß.</td></tr>
<tr><td>um 1250 bis 1600</td><td>Humanismus und Renaissance. Italienische Humanisten (Dante, Petrarca, Boccaccio u.a.) entdecken die antike Literatur wieder, die ihnen zum Vorbild für Dichtung und Wissenschaft wird.
Die dem Diesseits zugewandte Renaissance wirkt vor allem in der Malerei und Architektur schöpferisch, aber auch in den Wissenschaften, die sich von der Theologie lösen und einer selbständigen Entwicklung zustreben.
Wachsender Reichtum der Städte und Höfe; prunkvolles, oft auch skrupelloses Leben der geistlichen und weltlichen Fürsten; Förderung der Künste durch Mäzenatentum (u.a. in Florenz).</td></tr>
</table>

Seit dem Ende des 16. Jh.s breitet sich die Renaissance (ital. ‚Rinascità') über Fürstenhöfe und große Handelsstädte in ganz Europa aus (ital. Maler, Bildhauer und Baumeister wie Giotto, Raffael, Michelangelo, Leonardo da Vinci u.a.).

Die letzten Italienzüge deutscher Kaiser.
1310–1452

Erfolgloser Versuch von Cola di Rienzo zur Wiedererrichtung der römischen Republik.
1347

In Florenz errichtet der Dominikanerprior Savonarola nach der vorübergehenden Vertreibung der Medici eine religiös orientierte Republik; 1498 wird er als Ketzer hingerichtet.
1494

Die Franzosen versuchen vergeblich, in Italien die Vorherrschaft zu gewinnen.
1494–1556

Kaiser Karl V. führt vier Kriege gegen Franz I. von Frankreich, der 1525 in der Schlacht bei Pavia gefangengenommen wird.
1521–1544

Cosimo de' Medici, Herzog von Florenz, wird Großherzog der Toskana.
1569

Galileo Galilei wird von der römischen Inquisition gezwungen, seinem Bekenntnis zum kopernikanischen Weltbild abzuschwören.
1633

Die Toskana fällt als Kompensation für Lothringen an Kaiser Franz I. von Österreich. Er verwaltet das Großherzogtum durch eine Regentschaft.
1737

In Italien entsteht ein neues Nationalbewußtsein, das den Boden für die Freiheits- und Einigungsbewegung des 19. Jh.s vorbereitet.
um 1750

Genua verkauft Korsika an Frankreich.
1768

Italienfeldzug Bonapartes.
1796

Im Frieden von Lunéville fällt die Toskana an das mit Napoleon I. verbundene Haus Bourbon-Parma.
1801

Napoleon wird König von Italien. Für seine Schwester Elisa (Fürstin von Piombino) wandelt er Lucca aus einer Republik wieder in ein Herzogtum um. Nach dessen Vereinigung mit der Toskana wird Elisa Großherzogin.
1805

Wiener Kongreß zur Neuordnung Europas nach dem Sturz Napoleons. Die früheren Kleinstaaten werden wiederhergestellt.
1814–1815

Die Ära Napoleons hat in Italien das neuerwachte Nationalbewußtsein gestärkt; jedoch gelingt es erst Cavour, die Idee eines freien Nationalstaates ihrer Verwirklichung näherzubringen. Nach der nationalen Einigung versucht auch Italien seine imperialistischen Interessen durchzusetzen.
Vom Risorgimento bis zum Ende des Ersten Weltkrieges

In Turin erscheint die Zeitung „Il Risorgimento", nach der die gesamte Einigungsbewegung benannt wird.
Unter Großherzog Leopold setzt in der Toskana eine gewisse Liberalisierung ein.
1847

Geschichte

1848	Revolution in Italien und auf Sizilien. Leopold von Toskana erläßt eine Verfassung. Nach seiner Flucht ins Königreich Neapel wird die Republik Toskana ausgerufen.
1859/1860	Mit der politischen Annäherung an Frankreich unter dem Grafen Cavour beginnt die nationale Einigung Italiens.
1860	Vertreibung der Fürsten aus den Staaten Mittel- und Oberitaliens. Der Freischarenführer Garibaldi besiegt die Bourbonen und besetzt den Kirchenstaat. Volksabstimmungen führen überall zum Anschluß an Sardinien.
1861	Viktor Emanuel II. wird König von Italien.
1865–1871	Florenz ist erste Hauptstadt des geeinten Italien.
1914	Nach Ausbruch des Ersten Weltkrieges Neutralitätserklärung Italiens (3. 8.).
1915–1918	Italien im Ersten Weltkrieg.
Vom Ende des Ersten Weltkrieges bis zur heutigen Zeit	Nach dem Ersten Weltkrieg sucht Italien durch seine Expansionspolitik größeren Raum zu gewinnen und die ‚Krise der Demokratie' durch eine neue politische Ideologie, den Faschismus, zu überwinden. Nach dem Zweiten Weltkrieg ist die Republik von ideologischen Gegensätzen zerrissen, wirtschaftlich und sozial aus dem Gleichgewicht gebracht. Die Vielzahl der Parteien mit ihren Interessen- und Zweckverbänden bestimmt zunächst nachhaltig die innere Entwicklung Italiens.
1922	‚Marsch auf Rom'. Benito Mussolini erhält vom Parlament diktatorische Vollmachten; allmähliche Übernahme der Staatsgewalt durch die Faschisten.
1937	Italien, 1919 Gründungsmitglied, tritt aus dem Völkerbund aus.
1939–1945	Zweiter Weltkrieg. Mussolini sucht vergeblich zu vermitteln; Italien bleibt zunächst ‚nichtkriegführend'.
1940	Italien erklärt Großbritannien und Frankreich den Krieg. Dreimächtepakt mit Deutschland und Japan.
1943	Sturz des faschistischen Systems; Bildung einer neuen Regierung unter Badoglio, der mit den Alliierten einen Waffenstillstand schließt und Deutschland den Krieg erklärt.
1946	Viktor Emanuel III. dankt ab. Volksabstimmung zugunsten der Republik.
1948	Inkrafttreten der demokratischen Verfassung. Wirtschaftliches und soziales Gefälle zwischen dem gut entwickelten Norditalien und dem unterentwickelten Süden. Nach Überwindung der wirtschaftlichen Schwierigkeiten (Marshallplanhilfe) setzt der Aufschwung ein.
1950	Teilweise Enteignung der Großgrundbesitzer durch das Sila-Gesetz.
1966	Überschwemmungskatastrophe in Ober- und Mittelitalien. Dem Hochwasser des Arno fallen zahlreiche Kunstwerke zum Opfer.

‚Jahrhundertwinter' in Italien. In Florenz wird am 11. 1. 1985 mit 21,4 °C unter dem Gefrierpunkt die tiefste Temperatur seit 1850 gemessen.

„Jahr der Etrusker": In Florenz, Siena, Volterra, Arezzo, Orbetello und Piombino werden Kongresse, Vorträge und Ausstellungen veranstaltet, die der Geschichte jenes noch immer geheimnisumwitterten Volkes gewidmet sind und breiteres Verständnis für das kulturelle Erbe der Etrusker wecken sollen.

Florenz ist ‚Europäische Kulturhauptstadt 1986'.

Das seit einiger Zeit erwachte Umweltbewußtsein hat zur Folge, daß die Zentren der großen Städte zunehmend für den privaten Kfz-Verkehr gesperrt werden (Florenz).

Kunstgeschichte

Kulturland Toskana

Die italienische Halbinsel ist, wie der gesamte Mittelmeerraum, seit ältester Zeit besiedelt. Das alte Kulturland der Toskana ist überaus reich an Kunstschätzen aus etruskischer, römischer und staufischer Zeit, aus der Ära der Stadtstaaten und des Großherzogtums.

Spuren aus der Steinzeit trifft man vor allem in Norditalien. In den Museen von Florenz, aber auch von kleineren Städten sind bedeutende Funde zu besichtigen, so z. B. Hausgerät und Waffen sowie Grabbeigaben.

Während der Bronzezeit scheinen u. a. Verbindungen mit dem kretisch-mykenischen Kulturkreis bestanden zu haben, was sich in Siedlungsfunden nachweisen läßt. Die von Illyrien auf Italien wirkende Terramare-Kultur darf mit ziemlicher Sicherheit den Uritalikern zugeordnet werden.

Etrusker

Vom 8. bis zum 5. vorchristlichen Jahrhundert sichern sich die Etrusker (lateinisch Etrusci oder Tusci, griechisch Tyrrhenoi oder Tyrsenoi, in ihrer eigenen Sprache Rasenna) in Mittel- und Norditalien eine Vormachtstellung (Cato schreibt: „... fast ganz Italien stand unter der Herrschaft der Etrusker ..."). Über ihre Herkunft herrscht noch keine völlige Klarheit; höchstwahrscheinlich spielt eine Einwanderung aus dem hellenisch-kleinasiatischen Raum eine Rolle. Was an Zeugnissen etruskischer Kunst erhalten ist, zeigt deutliche Einflüsse aus Griechenland, so z. B. in Malerei, Plastik und Mythologie. Die Sprache bzw. Schrift der Etrusker gibt noch immer Rätsel auf. Zwar ist die Schrift, gleichfalls auf griechischen Anfängen aufbauend, lesbar, aber die fast in allen Fällen nur kurzen und formelhaften Inschriften bieten keinen Schlüssel zum Verständnis der Bedeutung. Erschwerend kommt hinzu, daß das Etruskische keine indogermanische Sprache ist, ja nicht einmal Ähnlichkeit mit anderen Idiomen hat, die man zum Vergleich heranziehen könnte.

Neben lokalen Zentren bilden Velathri (Volterra), Arretium (Arezzo), Curtuns (Cortona), Chamars/Clevsin/Clusium (Chiusi), Rusellae (Roselle), Vatluna (Vetulonia) zusammen mit weiter südlich, in der Region Lazio (Latium) gelegenen Orten den etruskischen Zwölf-Städte-Bund (vgl. S. 22). Die Etrusker stehen auf einer hohen Kulturstufe; ihre prächtigen Kunstwerke sind vor allem durch Gräberfunde überliefert. Auch die berühmte Plastik der kapitolinischen Wölfin ist eine etruskische Arbeit. In architektonischer Hinsicht sind die Etrusker Meister des ,echten', d. h. des aus keilförmig zugehauenen Steinen aufgemauerten Bogens; ebenso kennen sie die Technik des Tonnengewölbes. Beachtlich sind Qualität und Menge der kunsthandwerklichen Arbeiten (Archäolog. Museum in Florenz; Museen von Cortona, Chiusi, Volterra u. a.). Von den Profanbauten der Etrusker ist nur sehr wenig erhalten geblieben.

Rom

Die Einflüsse der griechischen Kolonisierung auf das Kernland der Etrusker bleiben sehr gering. Doch als die Römer zwischen 400 und 200 v. Chr. Italien ihrer Herrschaft unterwerfen, übernehmen sie Kunst und Kultur der eroberten Gebiete. Den Etrus-

Etruskische Aschenziste

Robbia-Schule: Anbetung

kern verdanken sie einen bedeutenden Teil ihrer zivilisatorischen Techniken. Roms wichtigster Beitrag zur abendländischen Architektur liegt wohl in der Weiterführung des von diesen übernommenen Wölbungsbaues. Die römische Plastik ist im wesentlichen von der griechischen abhängig, erlangt aber vor allem in der Porträtplastik der republikanischen Bildniskunst höchste Realistik. Die Malerei ist von hellenistischem Einfluß geprägt. Als Wand- und Fußbodenschmuck wird auch das Mosaik herangezogen.

Die christliche Antike führt in der Baukunst zur Herausbildung der christlichen Basilika aus der römischen Gerichtshalle. Das wahrscheinlich flachgedeckte Langhaus wird nun in meist drei oder fünf Schiffe gegliedert (Mittelschiff überhöht), steht mit der Schmalseite zur Straße und weist im Osten eine halbrunde Apsis auf. Außen einfache Ziegelbauten, waren die Basiliken innen meist von großer Pracht (byzantinischer Einfluß); seit dem 7. Jh. kommt ein freistehender Glockenturm (ital. Campanile) hinzu. Ein kleiner Rundbau dient als Taufkapelle (Baptisterium) für die Erwachsenentaufe. Unter Kaiser Justinian (527–565) tritt neben die Basilika der Zentralbau. Vorbild für diese neue Art des Kirchenbaues ist die Hagia Sophia in Konstantinopel. Kernstück wird der Kuppelraum mit kreuzförmig davon ausgehenden tonnengewölbten Seitenräumen. Die Bildhauerkunst setzt zunächst die heidnisch-antiken Gewohnheiten fort: reliefgeschmückte Sarkophage, die Gestalt Christi als römischer Jüngling oder als „Guter Hirte".

Frühchristentum

Im Zuge der Völkerwanderung kommen nach 400 verschiedene germanische Völkerschaften nach Italien: Goten, Vandalen,

Völkerwanderung

29

Kunstgeschichte

Völkerwanderung
(Fortsetzung)

Langobarden. Sie hinterlassen in der Toskana fast keine Spuren.

Hinweis

Ein Hervortreten deutlicher nationaler Eigenschaften in der Kunst Italiens gibt es erst seit dem Zeitalter Dantes, dem ausgehenden 13. Jahrhundert. Von hier an beginnt man in der italienischen Kunst die Jahrhunderte zu zählen als:

Duecento	= 1200–1299 (13. Jahrhundert)
Trecento	= 1300–1399 (14. Jahrhundert)
Quattrocento	= 1400–1499 (15. Jahrhundert)
Cinquecento	= 1500–1599 (16. Jahrhundert)
Seicento	= 1600–1699 (17. Jahrhundert)
Settecento	= 1700–1799 (18. Jahrhundert)
Ottocento	= 1800–1899 (19. Jahrhundert)
Novecento	= 1900–1999 (20. Jahrhundert)

Romanik

Aus der frühchristlichen Kunst hervorgegangen, entwickelt sich seit dem 11. Jh. in landschaftlich voneinander abweichenden Stilformen die Romanik. Rom bleibt zunächst im Kunstschaffen zurück, während in der Toskana die einzelnen Städte einander zu überflügeln versuchen. San Frediano in Lucca (1112–1147), eine Basilika mit altertümlichem Gepräge, steht am Anfang dieser Entwicklung. Um 1050 beginnt eine neue Form der Fassadengestaltung, der sogenannte Inkrustationsstil (San Miniato in Florenz; Säulenarkaden der Dome von Pisa und Lucca). Der Dom von Pisa, 1063 begonnen, ist mit seinem mächtigen Querschiff der gewaltigste Bau dieser Periode. Die Profanarchitektur darf ebenfalls nicht unterschätzt werden. Die 13 Geschlechtertürme und die Stadtbefestigung von San Gimignano bieten auch heute ein eindrucksvolles Bild.
Die Plastik der Romanik steht lange Zeit unter stärkstem byzantinischem Einfluß. Zu hoher Vollendung gelangt seit dem 11. Jh. der Guß von Bronzetüren mit Relieftafeln (Türe des Bonanus am Dom zu Pisa). In der Toskana lassen sich auch große Meister der Bildhauerei nachweisen, so die Comasken Guidetto und Guido Bigarelli (Taufbrunnen des Baptisteriums zu Pisa). Mit dem Auftreten des Nicola Pisano (1225–1278), der ersten wirklich faßbaren Künstlerpersönlichkeit des Mittelalters, der an antike Vorbilder anknüpft, findet die romanische Skulptur ihren Abschluß (Marmorkanzel im Baptisterium zu Pisa, 1260; Marmorkanzel im Dom von Siena, 1268).
Die Malerei der Romanik ist gleichfalls von byzantinischem Einfluß (‚maniera greca‘) beherrscht. Der bedeutendste Meister, der sich gegen Ende des 13. Jh.s allmählich von der starren Überlieferung zu lösen versucht und damit den Weg für Giotto bereitet, ist Giovanni Cimabue (erwähnt 1272 und 1301/1302; „Thronende Madonna mit Engeln", Uffizien in Florenz).

Gotik

In Frankreich hat die Gotik bereits ihren Höhepunkt überschritten, die Kunst in Italien gelangt nun voll in ihren Bannkreis. Allerdings gerät das antike Erbe hier nie ganz in Vergessenheit; seine äußeren Zeugnisse sind immer noch unübersehbar, östliches künstlerisches Gedankengut nimmt seinen Weg nach Europa ebenfalls über Italien. Neben all diesen Einflüssen aber beginnt nun eine originale künstlerische Gestaltungskraft eigener Prägung wirksam zu werden, die ihren Einfluß auf ganz Europa ausüben wird.

Die Kunst des späten Mittelalters, des Trecento (14. Jh.), der ‚stile gotico‘, wird vor allem durch die Bettelorden nach Italien

Filippo Lippi: Madonna mit Jesuskind

Piero della Francesca: Herzog von Urbino

Sandro Botticelli: Geburt der Venus

gebracht. Italienischer Formwille löst bald den burgundischen Einfluß ab (Santa Croce in Florenz, von Arnolfo di Cambio 1295 begonnen, noch ohne Wölbung). Dem italienischen Stilgefühl widerstrebt jedoch die allzu starke Auflösung der Mauerflächen; die Horizontalen werden (wie schon in der Romanik) betont und die Schauseiten der Dome mit dekorativen Elementen gestaltet. Die mit städtischen Mitteln errichteten Dome werden immer prunkvoller, da die Städte einander zu überflügeln trachten (Siena, Florenz). Der Dom von Florenz, eine wahrscheinlich von Arnolfo di Cambio 1296 begonnene dreischiffige Anlage mit Dreikonchenchor und erst nachträglich von Brunelleschi vollendeter Kuppel, ist die eindrucksvollste dieser Kathedralen, an Umfang und Mächtigkeit nur vom Mailänder Dom übertroffen. Die Profanarchitektur der Gotik führt die Tradition der Romanik in strenger Form fort; gewaltige gotische Stadthäuser (Palazzo Vecchio in Florenz; Palazzo Pubblico in Siena) werden errichtet, und auch die Häuser des Patriziats gewinnen zunehmend an Komfort und Luxus.

Die gotische Plastik setzt sich erst gegen Ende des 13. Jh.s durch; ihr größter Meister ist Giovanni Pisano, der Sohn des Nicola (Kanzeln in Sant'Andrea von Pistoia und im Dom zu Pisa). Andrea Pisano führt den rhythmisch-fließenden Stil des Giovanni weiter (älteste der drei Bronzetüren am Baptisterium von Florenz). Neben ihm ist Andrea di Cione (genannt Orcagna; gest. um 1368 in Florenz), der als Bildhauer, Baumeister und Maler tätig ist (Tabernakel in Orsanmichele zu Florenz, 1348–1359), zu erwähnen.

In der Malerei der Gotik bedeutet die künstlerische Persönlichkeit des Giotto di Bondone (gegen 1266 bis 1337) einen großen entwicklungsgeschichtlichen Schritt. Auf Cimabue und Duccio di Buoninsegna („Maestà", eine thronende Madonna mit Engeln, 1308–1311; heute im Dommuseum von Siena) zurückgreifend, bei denen noch Anklänge an die ‚maniera greca' zu finden sind, tut Giotto den entscheidenden Schritt zur Begründung der gesamten neueren Malerei. Die Fähigkeit zur Darstellung seelischer Vorgänge wird nun endlich, wie schon früher in der Plastik, auch in der Malerei wirksam, und unter Lösung vom Zwang byzantinischer Ikonographie verleiht Giotto seinen biblischen Szenen neue Form und neuen Sinn. Die Fresken in den beiden Chorkapellen von Santa Croce in Florenz (leider stark übermalt) stellen sein wichtigstes Werk in der Toskana dar. In Florenz hält sich die Giotto-Schule das ganze 14. Jh. hindurch (Freskenfolgen in Santa Croce, Santa Maria Novella und Capella degli Spagnoli, von Andrea da Firenze, ferner Fresken im Campo Santo von Pisa).

Das französische Wort ‚Renaissance' (ital. ‚Rinascimento', von ‚rinascità') bedeutet Wiedergeburt (des antiken Geistes). Während das Mittelalter den tiefen Sinn des Lebens in der Überwindung des Irdischen und der Vorbereitung auf das Jenseits sieht, beginnt der Mensch nun in einer Wiedergeburt antiker Einstellung sich und die Welt als eigenständige Werte zu entdecken und seine Aufgaben im Diesseits zu suchen. Die jenseitsbejahende, metaphysisch ausgerichtete Gotik kann nicht mehr genügen. Die neue Auffassung von der Schönheit der Welt, der Lebensfreude und der Freiheit des Geistes verlangt nach neuen Gestaltungsformen. Der Übergang erfolgt nun aber nicht fließend wie zwischen Romanik und Gotik, sondern umbruchhaft. Der Meister wird zum Künstler, der nicht mehr demütig hinter seinem Werk zurücktritt. Er wird zur individuellen

Künstlerpersönlichkeit, die sich einem kritischen Publikum und nicht mehr einer gläubigen Gemeinde stellt.

Die Baumeister und Architekten des Quattrocento (15. Jh.) sind die ersten, die den an die antiken Bauformen anknüpfenden Stilwandel vollziehen. Filippo Brunelleschi (1377–1446) gilt als Bahnbrecher der Frührenaissance. Er baut mit neuen technischen Mitteln in Florenz die Kuppel des Domes, die Kirchen San Lorenzo und Santo Spirito sowie die Pazzi-Kapelle. In der Plastik offenbart sich die Verbundenheit der neuen Zeit mit der Klassik ganz besonders. Der Themenkreis wird nun auf weltliche Darstellungen ausgedehnt, die Mythologie und die Gegenwartsgeschichte liefern neue Bildaufgaben. Das Studium der Anatomie ermöglicht den Künstlern eine neue Darstellung des menschlichen Körpers. Dazu kommt die Porträtplastik, die individuelle Auftraggeber realistisch darstellt. Aus dem mittelalterlichen Sinnbild wird das Abbild, aus der Welt geistiger Kräfte die sichtbare irdische Wirklichkeit. Lorenzo Ghiberti (1378–1455), Maler und Bildhauer, fertigt die zweite und die berühmte dritte Bronzetür (Porta del Paradiso) des Baptisteriums in Florenz. Weitere Hauptarbeiten Ghibertis sind die Reliefs am Taufbrunnen von San Giovanni in Siena sowie die Bronzefiguren für Orsanmichele in Florenz. Donatello (eigentlich Donato de' Barti, 1386–1466) gilt als Hauptmeister der Frührenaissance. Er ist ein Schüler Ghibertis und schafft Marmorplastiken (für den Dom von Florenz) sowie Bronzestatuen („David", um 1430; im Bargello von Florenz). Weitere Hauptwerke sind die erste freistehende Gruppenplastik der Neuzeit „Judith und Holofernes" vor dem Palazzo Vecchio und der „Hl. Georg" in Florenz.

Andrea del Verrocchio (1436–1488) arbeitet vor allem im Dienst der Medici: „David" (1465); Bronzegruppe „Christus und Thomas" für Orsanmichele in Florenz.

Luca della Robbia (1399–1482) ist der dritte der großen Meister der Florentiner Frührenaissance. Er überträgt die Technik der Fayence auf die Großplastik und schafft eine Fülle von Majolikabildwerken (Madonnenfiguren).

Die Malerei der Frührenaissance beginnt mit dem Werk des früh verstorbenen Masaccio (eigentlich Tommaso di Giovanni di Simone Guidi, 1401–1428). Von ihm stammen die Fresken in der Brancacci-Kapelle von Santa Maria del Carmine sowie das Tafelbild „Anna selbdritt" in den Uffizien zu Florenz.

Fra Angelico (eigentlich Fra Giovanni da Fiesole; 1387–1455) ist Schöpfer von Werken ausschließlich religiösen Charakters, von tiefer Gläubigkeit erfüllt und von holden Engelsgestalten bevölkert (Fresken im Kloster San Marco zu Florenz).

Piero della Francesca (um 1420 bis 1492) ist der große Meister und Lehrmeister der Perspektive im Quattrocento. Zu seinen Hauptwerken zählen das Bildnis des Federigo da Montefeltre (Uffizien in Florenz), „Auferstehung Christi" (Galerie in Urbino/Region Marche) und „Anbetung des Kindes" (National Gallery in London).

Der Florentiner Sandro Botticelli (1444–1510) arbeitet während der glanzvollsten Epoche der Medici. Über seinen herb-sanften, schwermütigen Jünglings- und Jungfrauengestalten liegt eine verträumte Melancholie, und leise Trauer scheint sogar seine heidnisch-mythologischen Bilder zu erfüllen („Der Frühling", „Geburt der Venus", beide in den Uffizien zu Florenz).

Fra Filippo Lippi (1406–1469), ein in Florenz arbeitender Karmelitermönch, verklärt in seinen Werken biblisches Geschehen durch weltlich-irdische Schönheit. Sein Werk ist erfüllt von frischer Innigkeit und Naturliebe („Marienkrönung" in den Uffizien, „Verkündigung" in San Lorenzo zu Florenz).

Die Hochrenaissance fällt in die erste Hälfte des Cinquecento (16. Jh.) Michelangelo Buonarroti (1475–1564), ein Universalgenie und eine der größten Künstlerpersönlichkeiten dieser an Genies so reichen Zeit, ist der bedeutendste Meister der Hochrenaissance. Ein Schüler Ghirlandaios, arbeitet er als Baumeister, Maler und Bildhauer. Auch als Dichter macht er sich mit seinen Sonetten einen Namen. In Florenz fertigt er u. a. den „David" (Akademie) und die Arbeiten für die Grabkapelle der Medici in San Lorenzo (Sagrestia Nuova); ferner das Treppenhaus der Biblioteca Laurenziana. Durch ‚Harmonie' und ‚Kraft' (Michelangelos Losungsworte) seiner Arbeiten wird er zum Überwinder der Hochrenaissance und Wegbereiter des Barock. Das zweite Universalgenie der Hochrenaissance ist Leonardo da Vinci (1452–1519), Bildhauer, Baumeister, Maler, Forscher und Konstrukteur. Am Hof der Sforza in Mailand, in Florenz, in Rom und schließlich für Franz I. von Frankreich arbeitend, zeigt er das universalistische Menschentum der Renaissance in seiner reichsten Verkörperung. Kunst und Wissenschaft verschmelzen in Leonardo da Vinci zu einer Einheit, und allein seine Leistungen auf naturwissenschaftlichem Gebiet würden ihm einen hervorragenden Platz in der Geschichte des menschlichen Geistes sichern. Zu seinen bedeutendsten Werken zählen die „Madonna in der Felsengrotte", die „Hl. Anna selbdritt" und „La Gioconda" (als „Mona Lisa" bekannt), die sich alle im Pariser Louvre befinden, und das (leider stark beschädigte) „Abendmahl", ein Wandgemälde im Refektorium des Klosters Santa Maria delle Grazie in Mailand. Einen einzigartigen Einblick in seine Werkstatt bieten uns die in den vielfältigsten Techniken ausgeführten Zeichnungen und Studien.

Der Stilrichtung in der zweiten Hälfte des 16. Jh.s, die unter dem Begriff ‚Manierismus' zusammengefaßt wird, ist die Freude am Absonderlichen, Merkwürdigen eigen; sie liebt Allegorie und Metapher, die Verfremdung bis hin zum Grotesken. Bedeutende Meister dieser Epoche sind die Maler Parmigianino (eigentlich Francesco Mazzola, 1503–1540) und Giuseppe Arcimboldo (1527–1593), der als Hofmaler Rudolfs II. in Prag arbeitet, sowie Giovanni da Bologna (genannt Giambologna; 1529–1608), der hervorragendste Bildhauer des Spätmanierismus. In der Parkgestaltung bringt diese Stilrichtung ihre erstaunlichsten Leistungen: Natur und Architektur sowie dämonisch-antikisierende Plastik mischen sich auf verwirrende Weise.

Barock

Das Zeitalter des Barock setzt in der Architektur mit einer neuen Kirchenbauform ein. Der Langhaustypus macht zunehmend wieder dem Zentralbau Platz, über dem sich eine bekrönende Kuppel erhebt.

Am Beginn der Malerei des Barock steht Paolo Veronese (eigentlich Paolo Caliari; 1528–1588), der Meister heiter-leichter illusionistischer Darstellungen mit durcheinanderwogenden Menschenmassen, deren lebhafte Gestik eindrucksvoll theatermäßig wirkt.

Michelangelo da Caravaggio (eigentlich Michelangelo Meristi; 1573–1610) ist der Begründer der für die gesamte europäische Malerei bedeutsam werdenden realistischen Helldunkel-Technik (‚Chiaroscuro'), mit der er eine plastische Modellierung seiner Gestalten in einem oft nur angedeuteten Raum erzielt.

Annibale Carracci (1560–1609), der Schöpfer der Fresken mit Szenen aus der antiken Mythologie im Palazzo Farnese in Rom, ist auch ein bedeutender Landschaftsmaler (,ideale' Landschaften, oft mit mythologischen Figuren belebt). Domenichino (eigentlich Domenico Zampieri; 1581–1641) zählt neben Guido Reni (1575–1642) zu den wichtigsten Meistern der Carracci-Schule. Weitere Maler dieser Zeit sind Guercino (eigentlich Giovanni Francesco Barbieri; 1591–1666), Pietro da Cortona (1596–1669), der als Hauptmeister der illusionistischen Deckenmalerei gilt (Palazzo Pitti in Florenz), und Giovanni Battista Tiepolo (1696–1770), der auch außerhalb Italiens arbeitet.

Im Settecento (18. Jh.) ist in Italien die venezianische Malerei führend. Die bedeutendsten Meister des Rokoko sind neben Tiepolo und Giovanni Battista Piazzetta (1682–1754) die beiden Canaletto, nämlich Antonio Canale (1697–1768) und Bernardo Bellotto (1720–1780). Der charakteristischen Malerei des Rokoko parallel läuft eine klassizistische Richtung, die sich der Darstellung der im frühen 18. Jh. begonnenen Ausgrabungen von Pompeji und Herkulaneum sowie der romantisch-idealen Wiedergabe der antiken Ruinen widmet.

Rokoko

Mit dem 18. Jh. kommt in Italien der Klassizismus auf. Besonders durch das Wirken des Antonio Canova (1757–1822) vermag er sich durchzusetzen.

Klassizismus

Im Ottocento (19. Jh.) zehrt die italienische Baukunst von der großen Vergangenheit (verschiedene Spielarten des Historismus). Erst mit dem Auftreten der (Architekten-)Gruppe 7 im Jahre 1927 beginnt sich die Architektur aus ihrer eklektischen Erstarrung zu lösen.
Die Malerei des 19. Jh.s ist von ausschließlich lokaler Bedeutung. Allein Giovanni Segantini (1858–1899) erlangt als Neoimpressionist und Symbolist internationale Bedeutung. Erwähnung verdient der Graphiker Alberto Martini (1876–1954).
Zu Beginn des Novecento (20. Jh.) verlangt der Futurismus (1909 proklamiert) den Bruch mit der Überlieferung. Vertreter sind Carlo Carrà (1881–1966), Umberto Boccioni (1882–1916), Gino Severini (1883–1966) und Luigi Russolo (1885–1947). Insgesamt setzt hier eine deutliche Internationalisierung der Kunst ein, die für regionale Strömungen kaum mehr Raum läßt. Großen Einfluß auf die beginnende Moderne übt die zeitgenössische französische Malerei aus. Der in Livorno geborene Amedeo Modigliani (1884–1920) wirkt hauptsächlich in Paris, wo er unter dem Einfluß von Cézanne und der Kubisten arbeitet.

19. und 20. Jahrhundert

Nach dem Ende des Zweiten Weltkrieges verlagert sich die Tätigkeit der Architekten auf den industriellen Sektor, und auch das Industriedesign gewinnt rasch an Bedeutung und weltweiter Anerkennung. Pier Luigi Nervi (1891–1979) gilt als Vertreter der rationalistischen Architektur und wirkt prägend auf eine ganze Generation von Baumeistern.
Nach Canova erreicht die italienische Plastik erst wieder Bedeutung in unseren Tagen, und zwar in den beiden Künstlerpersönlichkeiten Marino Marini (1901–1980), berühmt für seine Pferde und Reiter, sowie Giacomo Manzù (geb. 1908), der u.a. den Typus der Bronzepforte mit Reliefs wieder aufgreift.
Nach 1945 entfalten sich wie in allen westlichen Ländern die abstrakte Malerei und Plastik in ihrer ganzen vielgestaltigen Variationsbreite (Tachismus, Materialmontage u.a.).

Die Toskana in Zitaten

Otto Julius Bierbaum
Deutscher Schriftsteller
„Eine empfindsame Reise
im Automobil"
(1903)

„Dienstag, den 3. Juni, sind wir von Siena weitergefahren. Bald hinter der Stadt gab uns die Landschaft ein Rätsel auf, das zu lösen ich leider in der Geologie zu schlecht beschlagen bin. Rings um uns herum nahm die Gegend das Ansehen an, als sei das Erdreich völlig verschwunden und an seine Stelle eine unabsehbare Reihe von Sandhaufen getreten. Alles grau und trist, nur ein leiser Anflug von Grün oder Gelb darauf. Strichweise eine vollkommene Öde, das Bild der Unfruchtbarkeit. Ich stieg ab, um mir den seltsamen Boden näher anzusehen, und fand, daß er sich genau wie trockener Bildhauerton ansah und anfühlte. Der Umstand, daß er mit allerhand Muscheln übersät war, bringt mich auf die Vermutung, daß dieses Land alter Seeboden ist. Stellenweise ist es bebaut, und es nimmt sich wunderlich genug aus, wie dieser harte, rissige Boden, der von weitem wie Stein aussieht, mit dem Pflug bearbeitet ist und wie in den tiefen Furchen, die dieser gerissen hat, und auf den aufgeworfenen Furchenwällen spärlich dünn die Saat aufstrebt. Das heiße ich wirklich der Erde Frucht abtrotzen: es ist ein heroischer Ackerbau, und unsre Bauern würden weidlich dabei fluchen.
Auch die dortigen Bauern haben das Fluchen gelernt. Zum erstenmal unserer Reise begegnete es uns auf dieser Strecke, daß wir, ohne daß wir eine Veranlassung dazu geboten hätten, verwünscht wurden, und zwar in ausgiebig kollektivischer Form, bei der auch August Scherl GmbH und die Adlerfahrradwerke ihr Teil mit abbekamen. Die Verwünschung, ausgestoßen von einem alten Bauernweib, lautete in getreuer Übersetzung wie folgt: „Verdammt sollt ihr sein und euer Wagen und wer ihn gemacht und euch gegeben hat!". Für diesen bösen Gruß wurden wir kurz darauf entschädigt durch den Anblick eines aus dem Straßengraben auftauchenden wunderschönen Mädchenkopfes, der den Ausdruck maßlosesten Erstaunens in einer Weise zeigte, wie wir ihn noch nie gesehen hatten. So muß Lots Weib ausgesehen haben, ehe es zur Salzsäule wurde."

Kasimir Edschmid
Deutscher Schriftsteller
„Italien – Lorbeer, Leid
und Ruhm"
(1935)

„Das Palio-Fest in Siena, das jährlich zweimal, im Juli und August stattfindet, ist nicht nur ein Pferderennen, obwohl das Fest schließlich in diesem drei Minuten langen Wettkampf gipfelt, der Palio ist auch nicht eigentlich ein religiöses Fest, obwohl die Pferde vor dem Rennen feierlich in den Kirchen der Stadt eingesegnet werden – der Palio ist auch nicht etwa lediglich eine große Schaustellung, obwohl es etwas Ähnliches an wiedererweckter mittelalterlicher Farbenpracht kaum gibt ... der Palio ist einfach Geschichte.
...
In den Tagen des Palio-Festes kommt bei den Einwohnern von Siena in der Tat alles zum Ausbruch, was seit Jahrhunderten an Kämpfertradition, an Ehrgeiz, an alten Zerwürfnissen, an Ehren, Niederlagen und Triumphen noch im Bewußtsein der Bevölkerung dieser stolzen Stadt vorhanden ist.
Der Palio ist das Wettrennen, in dem die siebzehn Stadtviertel, die Contraden Sienas, ihre Pferde gegeneinander laufen lassen und in dem die Reiter der einzelnen Contraden, die Fantini, auf dem herrlichsten Platz der Stadt erbittert miteinander kämpfen."

„Nun fliegt das Schiff um ein braunes Vorgebirge, und nicht gering ist die plötzliche Überraschung. Denn mit einemmal zeigt sich der große schöne Golf von Porto Ferrajo, ein herrliches Halbrund, amphitheatralisch von hohen Bergen eingefaßt, deren Abhänge bis zum Meer bedeckt sind mit Gartenhainen und Villen, mit Landgütern und Kapellen, in reizender Landschaft, unter Zypressen, hohen Aloeblumen und grünschattigen Maulbeerbäumen.

…

Schon verriet der rote Boden, auf dem wir gingen, daß wir uns auf der eisernen Erde befanden – überall nichts als dieser eiserne Staub, die Hügel ringsum schwärzlichbraun oder rötlich, mit unzähligen Aloestauden überdeckt, welche mit ihren straffen, stahlbläulichen Blättern, die in lange Dornspitzen auslaufen, ebensoviel Bündel von Dolchen oder Schwertern zu sein scheinen."

Ferdinand Gregorovius
Deutscher Schriftsteller
„Wanderjahre in Italien"
(1856–1880)

„Doch interessanter noch als die symbolischen Darstellungen (auf den etruskischen Aschenurnen) sind die Szenen aus dem wirklichen Leben, wie Eberjagden, Zirkusspiele, Festzüge, Abreisen in Planwagen, fortsegelnde Schiffe, Stadttore, die erstürmt, Opfer, die dargebracht werden, Mädchen mit offenen Schriftrollen, als wenn sie in der Schule vorläsen; viele Bankette mit Mann und Frau auf dem Festmahlslager, musizierenden Sklaven und Kindern ringsumher. Weiter gibt es viele wirklich zärtliche Abschiedsszenen: so wenn der Verstorbene seinem Weibe Lebewohl sagt, als er die Reise antritt oder der Wagen ihn fortträgt oder das Pferd auf ihn wartet. Manchmal ist auch die Seele allein, und neben ihr stehen die todbringenden Geister mit ihren Hämmern, die den tödlichen Schlag versetzen. Wie Dennis sagt, erweckt einem der Hauch der Natur die Seele. Ich frage den freundlichen alten Mann, ob er über die Urnen Bescheid wüßte. Aber nein! Nein! Er wisse überhaupt nichts. Er komme gar nicht in Betracht! Er beteuerte es. Er war einer jener freundlichen scheuen Italiener: so schüchtern, daß er nicht einmal die Urnen anzusehen wagte, die er bewachte. Doch als ich ihm erzählte, was meiner Meinung nach einige der Szenen bedeuteten, war er entzückt wie ein Kind, voller Erstaunen, nahezu atemlos. Und ich dachte wieder darüber nach, daß doch der heutige Italiener so viel etruskischer ist als römisch: empfindsam, schüchtern, von echter Sehnsucht nach Mysterien und Symbolen erfüllt, fähig, sich aufrichtig über kleine Dinge zu freuen, nur heftig, wenn er verkrampft ist, und gänzlich ohne Härte, ohne angeborenen Willen zur Macht."

David Herbert Lawrence
Englischer Schriftsteller
„Landschaft und Geheimnis
der Etrusker"
(1927/1928)

„Die über das ganze Land verstreuten Bauernhäuser, Verwalterhäuser und Villen verleihen der Landschaft etwas ungemein Menschliches. Überall wird die wilde Natur zurückgedrängt, und an ihre Stelle tritt die vom Menschen gestaltete Landschaft mit ihren Terrassen, den korbförmig beschnittenen Ölbäumen, den Weinbergen.

…

Etwas Einladendes geht auch vom Landvolk aus, das nicht nur liebenswert ist, sondern bei dem man spürt, daß es einem alten Kulturvolk angehört. Während man in Umbrien einem schwereren, bäuerlichen Menschenschlag begegnet, eignet dem toskanischen Bauern etwas fast Städtisches; er ist gewandt, gescheit, witzig, das Gegenteil von derb, allerdings auch berechnend und im Gemüt wohl ärmer, nüchterner als sein umbrischer Nachbar."

Eckart Peterich
Deutscher Schriftsteller
„Italien"
(1958–1963)

Die Toskana in Zitaten

Otto Rombach
Deutscher Schriftsteller
„Italienische Reisen"
(1967)

„Immer noch werden die Marmorblöcke aus den hoch gelegenen Brüchen von Carrara wie in alter Zeit auf hölzernen Kufen bis zum nächsten Sammelplatz befördert, dem Poggio. Wenn eine solche ‚Lizzatura' auf dem weißen Marmorgeröll der steilen Steige immer schneller bergab rutscht, ungefüge und mit dem Ungestüm ihres Gewichtes, drohen die straff gespannten Halteseile mitunter zu reißen. Denn es sind meistens mächtige Brocken, mannshoch oder ungattlich lang, auch zwei aufeinandergepackt, vierkantig behauen, manche bereits mit schützenden Brettern verschalt und mit Stricken festgebunden. In jedem Fall sind es Lasten von einigen Tonnen Gewicht. Dann vollführen die Burschen, die den Block auf seiner gefährlichen Rutschfahrt begleiten, verwegene Sprünge. Denn immer wieder versuchen sie, ihre armlangen Knüttel, die sie wie seltsame Waffen schwingen, im tollkühnen Ansprung unter die primitiven Kufen zu schleudern, auf denen die kantige, weißblockige Last schwankend und rasch heranknirscht. Aber sie flüchten ebenso wendig, wenn der tückische Steinklotz die halb zerquetschten und zerfetzten Hölzer beiseite fegt. Immerhin wiegt ein Kubikmeter Marmor über zweiundeinhalbtausend Kilogramm. Schreiend und gestikulierend wiederholen die keuchenden Männer ihre Versuche bis endlich der Block zum Halten kommt.
…
Auch stehen noch altertümliche Krane in dieser seltsam zerwühlten Gebirgslandschaft, Ausleger und Hebebäume wie auf den Verladedecken von Schiffen, während sich unfern schimmernde Marmorwände über den Abraumhalden erheben, als wären dort imaginäre Bauten von mächtigen Ausmaßen stehen geblieben. Aber daneben klettern elektrische Masten und eiserne Träger mit ihren stolz ausgebreiteten Armen bis zu den gezackten Gipfeln hinauf, wo Schnee zu liegen scheint. Es ist jedoch nur hell blinkender Marmor, nackter, entkleideter Fels und jenes Geschiebe aus weißem Geröll, das die sanften Hochtäler wie mit Gletscherfeldern bedeckt. Dort schwingen sich die Drähte über die Grate."

Wilhelm Speyer
Deutscher Schriftsteller
„Sommer in Italien"
(1932)

„Die Stadt (San Gimignano) wurde von Reisegesellschaften, die aus Florenz und Siena kamen, nachmittags zwischen der vierten und der sechsten Stunde besucht. Der Morgen, der Vormittag und der Abend waren still. Dann hörte man nichts als die Rufe der Ochsentreiber, das Knarren der zweirädrigen etruskischen Wagen, die Gespräche in den Gassen, das verhallende Lärmen der Kinder, die Glocken zu ihrer Zeit und das überschwengliche Zwitschern der Schwalben unten in der Ebene, über den Weinhügeln. In dieser Stadt, die man in sieben Minuten von Tor zu Tor durchquerte, hatten die einstigen Adelsgeschlechter Turm an Turm gereiht. Stand man des Abends in der Ebene, so glich die Stadt einer Fabrikanlage unserer Epoche; drohend ragten ihre nahe beieinanderliegenden Türme wie kubische Essen in die Luft. Im Flimmern der Mittagslichter schnitten manche Türme mit ihren scharfen Kanten wie eine Schar von unmenschlichen, nie gesehenen, dicht zusammengedrängten Steinwaffen aus dem Arsenal der Cyclopen in den Himmel."

Mark Twain
(Samuel Langhorne Clemens)
US-amerikanischer
Schriftsteller
„Reise durch die Alte Welt"
(1869)

„In Pisa stiegen wir zur Spitze des seltsamsten Bauwerks empor, das die Welt kennt – des Schiefen Turmes. Wie jedermann weiß, ist er etwa fünfundfünfzig Meter hoch – und ich bitte zu beachten, daß fünfundfünfzig Meter etwa die Höhe von vier übereinandergesetzten normalen dreistöckigen Gebäuden ist. Für einen Turm mit durchweg gleichem Durchmesser ist das

eine recht bemerkenswerte Höhe, selbst wenn er aufrecht steht – aber dieser neigt sich um mehr als dreizehn Fuß aus der Lotrechten. Er ist siebenhundert Jahre alt, aber weder die Geschichte noch die Überlieferung sagen etwas darüber, ob er absichtlich so gebaut worden sei, wie er steht, oder ob sich eine Seite gesenkt habe. Es gibt keine Aufzeichnungen, die besagen, daß er jemals gerade gestanden habe. Er ist aus Marmor, ein luftiges und schönes Bauwerk, und jedes seiner Stockwerke ist ringsum von gekehlten Säulen umgeben, einige aus Marmor und einige aus Granit, mit korinthischen Kapitälen, die schön gewesen sein müssen, als sie neu waren. Es ist ein Glockenturm, und in seiner Spitze hängt ein altes Glockenspiel. Die runde Treppe innen ist dunkel, aber man weiß immer, auf welcher Seite des Turmes man sich befindet, weil man so, wie der Turm sich hebt und senkt, ganz natürlich von einer Seite der Treppe zur anderen pendelt. Einige Steinstufen sind nur an einer Seite ausgetreten, andere nur auf der anderen Seite, andere nur in der Mitte. Wenn man vom Dach in den Turm hinabschaut, ist es, als blicke man in einen schrägen Brunnen. Ein Seil, das von der Mitte des Daches herabhängt, berührt die Mauer, ehe es die Erde erreicht. Wenn man ganz oben steht und an der hohen Seite hinabschaut, ist einem nicht so ganz wohl; aber wenn man auf der anderen Seite auf dem Bauch an den Rand kriecht und versucht, den Hals weit genug auszustrecken, um den Fuß des Turmes zu sehen, bekommt man eine Gänsehaut und ist entgegen aller Einsicht einen kurzen Augenblick lang davon überzeugt, daß der Bau umstürze. Man bewegt sich die ganze Zeit über sehr vorsichtig unter dem törichten Eindruck, daß, falls er noch nicht umstürze, das eigene unbedeutende Gewicht ihn dazu bringen werde, wenn man nicht sorgfältig darauf achte, sich ‚leicht‘ zu machen.
…
Das Baptisterium, einige Jahre älter als der Schiefe Turm, (…) ist mit dem erfreulichsten Echo ausgestattet, von dem wir je gelesen haben. Der Führer ließ zwei klangvolle, etwa eine halbe Oktave auseinanderliegende Töne erklingen, das Echo antwortete mit der bezauberndsten, angenehmsten, vollsten Mischung lieblicher Töne, die man sich denken kann. Es klang wie ein langgezogener, durch große Entfernung unendlich gedämpfter Akkord einer Kirchenorgel. Ich mag in diesem Fall übertreiben, aber wenn dem so wäre, so wäre mein Gehör daran schuld, nicht meine Feder. Ich beschreibe eine Erinnerung – und zwar eine, die ich lange behalten werde.“

„Im veilchenfarbenen Dunst des Sonnenuntergangs hob sich mählich ein leichter Nebel aus den Sümpfen. Talabwärts ertönte der heisere Ruf einer Bucina, vom Widerhall des Echos aus den nahen Eichenwäldern ins Riesenhafte vergrößert, bis er langsam zur Küste hin verklang. Das Meer war unsichtbar, doch weithin hörbar in seinem tobenden Anprall gegen die Felsklippen. Nur nach Westen hin sah man durch die Stämme der Pinien einen Schimmer von Gold.
Im Laub des Buschwaldes raschelten die schwarzen Schweine; sie kamen zum Gehege gelaufen, herbeigerufen vom heiseren Ton der Bucina – heute wie vor tausend Jahren.
…
Vor einiger Zeit hatte (Torquato) dieses Grab entdeckt; er hatte diese Überraschung immer aufgehoben für den Marchese, der ebenso wie er besessen war von ‚denen da droben‘, von den Etruskern. Seine Villa war voll von solchem ‚alten Plunder‘, den

Luigi Ugolini
Italienischer Schriftsteller
„Abschied von der Maremma"
(1960)

Die Toskana in Zitaten

man auf seinem Grund und Boden gefunden hatte: Dinge aus Bronze, Terrakotten, einige Sachen aus Gold, aber davon nur wenige, denn die Etrusker hatten nicht viel davon; sie hatten es immer ganz fein verarbeitet zu dünnem und zerbrechlichem Blattgold.

...

Das ‚Grab des Königs' hatte er ganz allein entdeckt; schon vor einiger Zeit war ihm die Anhöhe zwischen den drei jahrhundertealten Korkeichen aufgefallen, die es von drei Seiten her umstanden: drei alte Korkeichen, fast schon ganz dürr und kaum noch belaubt.

Er hatte den Zugang entdeckt: eine kleine Tür aus einer Steinplatte. Er hatte sie gefunden, als er durch den Wassergraben kroch, der seitwärts lief. Eine ganze Nacht hindurch hatte er gearbeitet mit einer Spitzhacke und einer Eisenstange, bis sich endlich die Tür öffnete.

Wie bei einem heftigen Fieberanfall hatte er gezittert, als er endlich in das ‚Grab des Königs' eingedrungen war – denn zweifellos war es ein König, der da drinnen schlief. Lang ausgestreckt lag er auf einer Steinplatte, ganz umhüllt von einer Platte aus dünnem Gold. Einen Augenblick lang hatte er ihn gesehen, wie er schön und ruhig auf dem großen Stein schlief. Dann, mit einem Schlag, hatte sich alles aufgelöst, so, als wäre es aus Luft gewesen, und in der Tomba war nichts als ein wenig Goldstaub: drumherum lagen Waffen und Vasen, ein Pferdesattel und Zaumzeug, ein großer Rundschild und ein breites Kurzschwert mit goldenem Griff. Das alles hatte Torquato beim Licht der Laterne gesehen. Er hatte die Augen geschlossen, weil er zu träumen glaubte. Aber als er sie wieder öffnete, war alles noch da: die Vasen und die Waffen, der Sattel, das Zaumzeug und der Schild – nur der König blieb verschwunden.“

Routenvorschläge

Innerhalb der nachstehenden Routenvorschläge erscheinen
Orte, die im Abschnitt ‚Reiseziele von A bis Z' mit einem Haupt-
stichwort genannt sind, **in halbfetter Schrift.** Hinweis

Die Routen wurden so gelegt, daß die Hauptsehenswürdigkeiten der Toskana berührt werden. Dennoch sind nicht alle in
diesem Reiseführer beschriebenen sehenswerten Orte ohne
weitere Abstecher zu erreichen. Die diesem Buch beiliegende
Reisekarte erleichtert eine ins Detail gehende Reiseplanung.

Sämtliche beschriebenen Orte, gleichgültig ob Hauptstich-
worte oder Umgebungsziele, sind im Register (S. 264) zusammengefaßt.

→ Praktische Informationen von A bis Z Anreise

Von Carrara nach Pisa und Florenz (ca. 150 km)

Von **Carrara** zieht die Via Aurelia am Rande der Apenninen-
ausläufer entlang zur Provinzhauptstadt **Massa.** Dann weiter
durch die Landschaft Versilia und zu deren hochgelegener
Hauptstadt **Pietrasanta.**
Dahinter fährt man quer durch die Küstenebene nach **Viareggio,** dem bedeutendsten toskanischen Seebad, mit langem
Sandstrand. Bald darauf folgt Torre del Lago Puccini, unweit
des Lago di Masaciuccoli. Hinter dem Ort durch den schönen
Pinienwald von Migliarino und über den Serchio nach **Pisa,** der
nächst Florenz meistbesuchten Stadt der Toskana.
Die von Pisa weiterführende Strecke zieht unterhalb der aus-
sichtsreichen Bischofsstadt **San Miniato** hin und über die Indu-
striestadt **Empoli** und **Lucca.**
Anschließend führt die Straße durch die Ebene, dann über ei-
nen Ausläufer des Apennin hinweg nach **Pescia** und zu dem
weitberühmten Staatsbad **Montecatini Terme.**
Schließlich gelangt man in das dichtbesiedelte und fruchtbare
Becken von Florenz. Über **Pistoia** und **Prato** erreicht man
Florenz, die Hauptstadt der gleichnamigen Provinz sowie der
Region Toskana.

Von Pisa auf der Küstenstraße nach Ansedonia (ca. 220 km)

Am südwestlichen Stadtrand von **Pisa** kommt man auf die
von Viareggio kommende Via Aurelia, der man in südlicher
Richtung durch die von zahlreichen Kanälen durchzogene
Ebene folgt. Man erreicht zunächst die bedeutende Hafenstadt
Livorno und dann bei San Pietro in Palazzi eine Abzweigung. Hauptstrecke

Hier verläßt man die Hauptstrecke und folgt der Cecina aufwärts durch ein an Mineralien reiches Gebiet, dann abseits vom
Fluß durch Hügelland nach **Volterra.** Abstecher

Weiter geht die Fahrt an dem etwas abseits gelegenen Städtchen **San Gimignano** vorbei und über **Colle di Val d'Elsa** nach Poggibonsi, von wo man die Strecke von Florenz nach Siena (s. unten) erreichen kann.

Hauptstrecke

Die Via Aurelia überquert die Cécina und führt jenseits des gleichnamigen Städtchens meist abseits vom Meer durch die Küstenlandschaft der **Maremma.** Nach dem Überschreiten eines sich bis zum Meer erstreckenden Ausläufers der erzreichen Colline Metallifere gelangt man über Venturina zu der Industrie- und Hafenstadt **Piombino,** in deren Nähe die alte Etruskersiedlung **Populonia** liegt. Südlich von Follonica über den Pécora hinweg und über das Seebad **Castiglione della Pescaia** oder durch das Landesinnere zu der in einer Ebene gelegenen Provinzhauptstadt **Grosseto,** dem Zentrum der Maremma. Nordöstlich von hier die Ruinen der Etruskersiedlung Rusellae (Roselle).
Bald hinter Grosseto überquert die Via Aurelia den Ombrone; dann am Ostfuß der bewaldeten Monti dell'Uccellina (Naturpark) entlang mit Blick auf den sich im Süden erhebenden Monte Argentario.
Nach Überqueren der Albegna lohnt ein Abstecher zu dem höchst reizvoll gelegenen **Pitigliano.**
Noch weiter südlich, bei dem inmitten einer Lagune gelegenen Städtchen **Orbetello,** führt eine Nebenstraße auf das Vorgebirge **Monte Argentario.**
Bei der Weiterfahrt auf der Hauptstraße rechts ein aussichtsreicher Bergkegel mit den Ruinen der bedeutenden altetruskischen Stadt Cosa, nahe dem Städtchen **Ansedonia.** Unweit südlich grenzt die Toskana an die Region Lazio (Latium).

Von Florenz über Siena zum Monte Amiata (ca. 130 km)

Hauptstrecke

Von **Florenz** folgt man der Via Cassia nach Süden und an dem Kurort Terme di Firenze vorbei. Über Poggibonsi (Einmündung des oben beschriebenen Abstechers; sehr lohnend auch von hier der Besuch des Städtchens **San Gimignano** und der nordwestlich gelegenen Stadt **Certaldo**) und vorbei an dem hochgelegenen mauerumgürteten Dorf Monteriggioni gelangt man nach **Siena,** einer der sehenswertesten Städte Italiens.
Dann verläßt man Siena durch die Porta Romana und fährt südlich nach **Buonconvento** (nordöstlich die große **Abbazia di Monte Oliveto Maggiore**). Noch weiter südlich, bei Torrenieri, die Abzweigung der Straße zu dem prächtig auf einer Höhe gelegenen Bischofsstädtchen **Montalcino.**
Bei **San Quirico d'Orcia** bietet sich ein längerer Abstecher an.

Abstecher

Hinter San Quirico d'Orcia führt die Straße zunächst auf einem aussichtsreichen Bergkamm hin und nach **Pienza,** einer hoch über dem Orcia-Tal gelegenen Bischofsstadt. Dann weiter auf dem Kamm entlang nach **Montepulciano.**
Schließlich erreicht man das bekannte Thermalbad **Chianciano Terme** und die uralte Etruskerstadt **Chiusi.**

Hauptstrecke

Die Via Cassia führt hinter San Quirico d'Orcia hinab in das Orcia-Tal; im Vorblick halblinks Pienza und Montepulciano. Weiterhin etwas abseits der **Monte Amiata,** an dessen Osthang das alte Städtchen **Abbadia San Salvatore** liegt.

Von Florenz über Arezzo nach Cortona (ca. 130 km)

Von **Florenz** zunächst in östlicher Richtung durch das Casentino, die anmutige Talschaft des oberen Arno. Über Incisa kommt man nach **San Giovanni Valdarno.**
Hinter Montevarchi steigt die Straße leicht bergan und dann wieder hinab in das weite Becken von **Arezzo.**
Hinter Arezzo am östlichen Rand der **Val di Chiana** (auch Valdichiana) hin, über **Castiglion Fiorentino** und Camucia nach **Cortona.**

Von Volterra nach Grosseto (ca. 140 km)

Von **Volterra** folgt man zunächst der nach Cecina führenden Straße bis Saline di Volterra. Dann südlich durch das kahle erzreiche Hügelland der Colline Metallifere; hinter Pomarance eine Abzweigung zu dem geothermischen Kraftwerk von Larderello. Die Hauptstraße zieht weiter nach **Massa Marittima.**
Die Fortsetzung der Strecke überquert jenseits von Massa Marittima den Pécora und zieht dann durch dessen breite Mündungsebene nach Follonica am Tyrrhenischen Meer. Von hier gibt es eine in Küstennähe verlaufende Straße über das Seebad **Castiglione della Pescaia** nach **Grosseto.**

Reiseziele von A bis Z

Innerhalb der nachfolgenden Ortsbeschreibungen sind die Einzelstichworte möglichst so geordnet, daß ihre Reihenfolge einem Rundgang oder einer Rundfahrt entspricht. Hinweis

Abbadia San Salvatore   D 3

Provinz: Siena (SI)
Höhe: 812 m ü.d.M.
Einwohnerzahl: 8500

Das alte Städtchen Abbadía San Salvatore, im Sommer und zum Wintersport besucht, liegt gut 60 km südöstlich von Siena an der Ostflanke des →Monte Amiata. Lage

Abtei

Die Abbazia di San Salvatore (‚Abtei des Heiligen Erlösers‘), die dem Städtchen den Namen gegeben hat, ist eines der ältesten Klöster der Toskana und war einst eines der reichsten und berühmtesten Italiens. Von der 743 von dem Langobarden Ratchis gegründeten Abtei, in der zuerst Benediktiner, dann Kamaldulenser (→Camaldoli) lebten, bis schließlich die Zisterzienser blieben, ist jedoch nur die Kirche (urspr. 11. Jh.) erhalten. Sie beeindruckt mit der Fassade und den zwei Türmen (der rechte ist unvollendet), doch hat sie mehrere Umbauten und nicht immer geglückte Restaurierungen erfahren.

Am eindrucksvollsten ist die Krypta, die wohl in vorromanischer Zeit die eigentliche Kirche war und bei dem Neubau von 1036 ihre heutige Form erhielt. Ursprünglich war sie in 13 Schiffe unterteilt. Säulen mit unterschiedlich gestalteten Schäften und z.T. reichverzierten Kapitellen tragen das Kreuzgratgewölbe. *Krypta

Altstadt

Das Zentrum des Städtchens hat sich seinen mittelalterlichen Charakter gut bewahrt. Beachtenswert ist das Kastell, das 1347 von den Grafen von Santa Fiora an die Stadt Siena und von dieser an die Medici überging.

Abbazia di Monte Oliveto Maggiore   C 3

Provinz: Siena (SI)
Höhe: 273 m ü.d.M.

Die Abbazía di Monte Oliveto Maggiore (‚Abtei zum Großen Ölberg‘), Sitz des Generalabtes der Benediktinerkongregation der Lage

◀ *Prunkstücke der Toskana: Dom und Schiefer Turm zu Pisa*

Abbazia di Monte Oliveto Maggiore

Abtei Monte Oliveto Maggiore

Lage (Fortsetzung)

Olivetaner, liegt etwa 30 km südöstlich von Siena, etwas abseits der Straße von Asciano nach Buonconvento. Nördlich erstreckt sich die ‚Mondlandschaft' der → Crete.

Geschichte

Der Rechtsgelehrte Bernardo Tolomei zog sich 1313 mit zwei Freunden in die Abgeschiedenheit dieses Platzes zurück, um nach der strengen Auslegung der Ordensregel des hl. Benedikt ein asketisches Leben unter dem Grundsatz ‚ora et labora' (‚bete und arbeite') zu führen. Im Jahre 1319 erhielten die Mönche die bischöfliche, 1344 die päpstliche Zustimmung zu ihrer Gründung. Bald schon blühte das Kloster auf, wurde mehrfach vergrößert und entwickelte sich zu einem Zentrum geistlichen und kulturellen Lebens.

*Klostergebäude

Ein festungsähnlicher Torturm, der ab 1393 zum Schutz des Klosters errichtet wurde und beachtenswerte Terrakotta-Reliefs aus der Schule Luca della Robbias besitzt, bildet den Eingang in den klösterlichen Bezirk. Die Konventsgebäude aus Backstein entstanden in mehreren Bauphasen von 1387 bis 1514 und wurden in späterer Zeit zum Teil restauriert. Eindrucksvoll ist die mächtige Kirche (frühes 15. Jh.; barock umgestaltet); in ihrem Inneren ein schönes Chorgestühl.

** Fresken

Von bedeutendem künstlerischem Wert sind die Fresken an den vier Seiten des Großen Kreuzganges. Der Zyklus umfaßt 35 Szenen aus dem Leben des Ordensgründers, des heiligen Benedikt von Nursia (um 480–21. 3. 547); neun der Wandgemälde (ab 1479) stammen von Luca Signorelli, die übrigen (ab 1505) von Sodoma. Auf Wunsch erklärt ein Mönch die Darstellungen und die zugrunde liegenden Legenden.

Ferner sind im Kloster sehenswert die Bibliothek, die Apotheke und der Kapitelsaal. Alle diese Räume dürfen nur in Begleitung eines Mönchs betreten werden.

Buonconvento   C 3

Der kleine Ort Buonconvento entstand im 14. Jh. über den Resten des römischen Kastells Percenna an der Via Cassia. Er besitzt eine sehenswerte Pfarrkirche (Santi Pietro e Paolo) aus dem 15. Jh., in deren Innerem sich schöne Gemälde befinden, und eine ansehnliche Pinakothek mit mittelalterlichen Bildern der toskanischen Schulen. Das Städtchen, in dem am 24. August 1313 Kaiser Heinrich VII. starb, ist von einer Ringmauer nach sienesischem Vorbild aus dem 14. Jh. umgeben.

Lage
9 km südwestlich

Abbazia di San Galgano   C 3

Provinz: Siena (SI)
Höhe: 301 m ü.d.M.

Die Abtei von San Gálgano liegt rund 35 km südwestlich von Siena, etwas abseits der Straße nach Massa Marittima.

Lage

San Galgano, im Hügelland am Fuße des Monte Siepi, ist das einzige von den Zisterziensern neu erbaute Kloster in der Toskana. Die Abtei wurde gegen Ende des 12. Jh.s gegründet, und 1224 begann man mit dem Bau der Kirche. Das Kloster gewann Einfluß und Besitz, aber im 16. Jh. begann sein Niedergang, dem bald der materielle Verfall folgte. Gegen Ende des 18. Jh.s stürzte das Dach der Klosterkirche ein.

Allgemeines

**Klosteranlage

Die 69 m lange Kirche ist ein klassisches Beispiel für die asketische Zisterziensergotik, die in Frankreich ihren Ursprung hatte und sich in Italien auf die Dauer nicht behaupten konnte.
Der bis auf das Dach gut erhaltene dreischiffige Bau auf dem Grundriß eines lateinischen Kreuzes ist teils in Travertin, teils in Ziegelmauerwerk ausgeführt. Der ältere Teil des Langhauses ist in vier Geschosse gegliedert, der jüngere nur in drei Stockwerke.
Selbst im Zustand des Verfalls ist die Kirche ungemein wirkungsvoll.
Von den Klosteranlagen sind Kapitelsaal und Refektorium sowie ein Teil des Kreuzganges erhalten.

San Galgano sul Monte Siepi

Auf dem nahen Monte Siepi (338 m) steht die kleine runde Kuppelkirche San Galgano sul Monte Siepi. Sie bezeichnet den

Abbazia di San Galgano,
San Galgano sul Monte Siepi
(Fortsetzung)

Ort, an dem der Einsiedler Galgano Guidotti im 12. Jh. gestorben sein soll. Im Inneren bemerkenswerte Fresken von Ambrogio Lorenzetti.

Abbazia di Sant' Antimo   C 3

Provinz: Siena (SI)
Höhe: 318 m ü.d.M.

Lage

Das einstige Kloster Sant' Ántimo, eine Benediktinergründung, liegt etwa 40 km südlich von Siena; es ist von dort auf der SS 2 (bis südlich von Buonconvento) und über →Montalcino zu erreichen.

✳✳ Klosteranlage

Das möglicherweise von Karl d. Gr. gegründete und im Jahre 813 erstmals urkundlich erwähnte Kloster stand am Fuße eines von dichter Vegetation bedeckten Hügels. Durch Schenkungen vergrößerte sich sein Grundbesitz enorm, aber seit dem 14. Jh. verfiel der Konvent und wurde 1462 auch de iure aufgehoben.

Klosterkirche

Heute ist nur noch die Klosterkirche erhalten. Sie ist ein Werk des 12. und 13. Jh.s und zeigt die klaren Formen der Romanik. Der dreischiffige Travertinbau besitzt kein Querhaus; die Seitenschiffe setzen sich in einem an französische Vorbilder erinnernden Chorumgang mit Kapellenkranz fort. Nördlich ist der

Klosterkirche von Sant' Antimo   *Ansedonia: Tagliata Etrusca*

gedrungene Campanile (Glockenturm) angefügt, südlich eine aus karolingischer Zeit stammende Kapelle. Beachtung verdient das schmuckreiche Portal der im übrigen recht nüchternen Fassade. Das Hauptschiff der 42,40 m langen Basilika ist durch Säulen und Bündelpfeiler in der Abfolge 2:1 von den Seitenschiffen getrennt, über denen je eine Empore hinläuft. An den Kapitellen entfaltet sich der reiche ornamentale Schmuck der Romanik; Pflanzen- und Tiermotive wechseln mit Schachbrett- und Flechtwerkmustern. Besonders zu beachten ein „Daniel in der Löwengrube" (zweite Säule rechts). Die dreischiffige Krypta stammt wohl aus dem 11. Jahrhundert.

Abbazia di Sant' Antimo (Fortsetzung)

Ansedonia

Provinz: Grosseto (GR)
Höhe: 0–44 m ü.d.M.

Ansedónia liegt weit im Süden der toskanischen Küste, gegenüber der Halbinsel → Monte Argentario und gut 40 km südlich von Grosseto.

Lage

Ortsbild

Der reizvolle Villenort Ansedonia zieht sich vom Meer an den Abhängen der Küstenberge hinan. Oberhalb des Ortes befinden sich in 113 m Höhe die Ruinen der antiken Stadt Cosa.

Ruinen von Cosa

Cosa wurde im Jahre 273 v. Chr. gegründet. An dieser Stelle befand sich zuvor eine Siedlung, die vermutlich als Hafen für die Etruskerstadt Vulci (s. S. 50) diente. Lange Zeit galten die heute sichtbaren Überreste von Cosa als etruskisch; Ausgrabungen amerikanischer Archäologen (nach 1948) haben jedoch gezeigt, daß die Stadt eine Gründung der Römer war und der Verteidigung gegen die Etrusker diente.

Eindrucksvoll sind die 1,5 km langen Ringmauern, verstärkt von 18 Türmen, die zum Teil noch auszumachen sind (so die Porta Romana, durch die man den antiken Bezirk betritt). Von der alten Stadt sind noch das Forum mit Basilika, zwei Tempel und die hochgelegene, ummauerte Akropolis (Oberstadt) mit dem Kapitol zu sehen. Es gibt auch ein kleines Museum.

Ringmauern

Bergabwärts gelangt man, an der von den Sarazenen erbauten mächtigen Torre San Biagio vorbei, zur sogenannten ‚Tagliata Etrusca' (‚Etruskischer Einschnitt'), einem in den Tuffstein gehauenen Abzugskanal. Die Bezeichnung ist irreführend: Auch der Kanal ist von den Römern angelegt worden (die allerdings ihre Kenntnisse des Wasserbaues zum größten Teil den Etruskern verdankten). Der Kanal verhinderte nicht nur die Versandung des antiken Hafens, sondern entwässerte auch das flache Hinterland und bewahrte den unweit südöstlich gelegenen kleinen Burano-See vor dem Versumpfen. Auch heute noch, gut 2000 Jahre nach der Erbauung, erfüllt die Tagliata Etrusca ihren Zweck.

Tagliata Etrusca

Ansedonia, Cosa (Fortsetzung)	Am Strand befindet sich eine große Felsenöffnung, ‚Spacco‘ oder ‚Bagno della Regina‘ (‚Bad der Königin‘) genannt. Vom Volk wird sie als Felsenheiligtum gedeutet, tatsächlich handelt es sich um einen Teil der Entwässerungsanlage.

Tarquinia   D 3

Lage 45 km südöstlich	Die in Küstennähe gelegene Stadt Tarquinia gehört schon zur Region Lazio (Latium) bzw. zur Provinz Viterbo. Wegen seiner bedeutenden etruskischen Nekropole und des Museums wird Tarquinia, obwohl außerhalb der Toskana gelegen, hier beschrieben.
Museo Nazionale	Am Hauptplatz der Stadt steht der 1436–1439 erbaute gotische Palazzo Vitelleschi. Der großartige Palast beherbergt das Museo Nazionale Tarquiniense, eine bedeutende Sammlung etruskischer Altertümer aus dem 4.–2. Jh. v. Chr. (u.a. Sarkophage, Vasen, Schmuck, Glas, Elfenbeinschnitzereien, alte Münzen, Reste großer dekorativer Reliefs; ferner Gemälde aus dem 15. und 16. Jh.).
Nekropole	Um die alte Stadt herum, besonders auf dem südlich gelegenen Hügel Monterozzi (157 m), erstreckt sich die 1823 entdeckte Nekropole, eine der am besten erhaltenen etruskischen Gräberstädte. Der Besuch der Gräber (Auskunft im oben genannten Museum) erfordert je nach Auswahl zwei bis fünf Stunden. Die in den Fels gehauenen Grabkammern geben in ihrer Anlage und mit ihren Wandmalereien einen guten Begriff von Kultur, Religion und Kunst der Etrusker.

Vulci   D 3

Lage 35 km östlich	Auch die alte Etruskersiedlung Vulci liegt außerhalb der Toskana in der Provinz Viterbo und wird hier nur wegen ihrer historischen Bedeutung für das alte Etrurien genannt. In der Nekropole von Vulci wurden seit 1828 Tausende von Vasen und Bronzen ausgegraben. Westlich jenseits des Flusses befinden sich die Reste der im Mittelalter zerstörten Stadt.

Arcipelago Toscano (Toskanischer Archipel)   C 1 – D 2/3

	Provinzen: Livorno (LI) und Grosseto (GR)
Lage	Der Arcipélago Toscano umfaßt sieben Inseln, die der toskanischen Küste vorgelagert sind. Sie liegen in dem Bereich des Tyrrhenischen Meeres, der vom italienischen Festland im Osten und der zu Frankreich gehörenden Insel Korsika (Corse) im Westen umschlossen wird.
Allgemeines	Die Inseln des Toskanischen Archipels werden (sofern sie der Allgemeinheit zugänglich sind) als Reiseziele immer beliebter, vor allem wegen der Schönheit und Ursprünglichkeit ihrer Berg- und Küstenlandschaften. Die meisten Inseln sind relativ leicht zu erreichen, z. B. von →Piombino oder →Livorno aus.

Die größte Insel des Archipels ist →Elba mit 223 km^2 Fläche; es folgen (nach der Größe geordnet) die Inseln →Giglio (21,21 km^2), →Capraia (19,50 km^2), →Montecristo (10,39 km^2), →Pianosa (10,25 km^2), →Giannutri (2,62 km^2) und →Gorgona (2,23 km^2).

Arcipelago Toscano
(Fortsetzung)

Arezzo   C 3

Provinz: Arezzo (AR)
Höhe: 296 m ü.d.M.
Einwohnerzahl: 92000

Die Provinzhauptstadt Arezzo liegt weit im Nordosten der Toskana, rund 80 km südöstlich von Florenz und nahe dem linken Ufer des Arno. Nach Süden erstreckt sich die breite Talsenke des →Valdichiana.

Lage

Schon Umbrer und Etrusker siedelten auf dem Hügel, der sich über dem fruchtbaren Umland erhebt. Die von den Römern angelegte Via Cassia (Florenz – Rom) führte hier vorbei, und an ihr errichtete man 294 v. Chr. die Militärstation Arretium, die später ein Forum, ein Theater und Thermen erhielt. Hier wurde der aus etruskischem Adel stammende Gaius Maecenas (um 70 v. Chr. – 8 v. Chr.) geboren. Er war ein Freund des Kaisers Augustus und ist durch die Förderung der in seinem Palast verkehrenden Dichter zum Inbegriff des großzügigen Kunstfreundes (‚Mäzen‘) geworden.
Seit der Zeit der Etrusker war Arezzo ein weitbekanntes Zentrum hochentwickelten Handwerks (vor allem Keramik und Metallverarbeitung). Seine Bedeutung wuchs, als es um 270 Bischofssitz wurde. Seit 1098 wurde Arezzo als Stadtrepublik von gewählten Konsuln regiert und konnte sich selbst gegen Florenz und Siena behaupten. Erst in der Schlacht von Campaldino (1289) erlitt Arezzo, damals kaisertreue Ghibellinenstadt, durch die Florentiner eine Niederlage, deren Folgen jedoch noch für hundert Jahre aufgeschoben werden konnten. Erst ab 1384 unterstand Arezzo dem mächtigen Stadtstaat Florenz. Aus Arezzo stammen der Musiker Guido Monaco (Guido von Arezzo, um 990 bis 1050), der die Notenschrift entwickelte, der humanistische Dichter Francesco Petrarca (1304–1374), der Maler und Baumeister Giorgio Vasari (1511–1574) und der Schriftsteller und Pamphletist Pietro Aretino (1492–1556).

Geschichte

*Piazza Grande

Die Piazza Grande, der reizvollste Platz der Altstadt, liegt westlich der von den Medici erbauten Festung. Einen architektonischen Akzent setzt die Apsis der romanischen Kirche Santa Maria; rechts davon die Renaissancefassade des Palazzo del Tribunale und der elegante Palazzo della Fraternità dei Laici. Die Nordseite des Platzes wird begrenzt von den Loggien.

*Santa Maria

Die Pieve di Santa Maria (Pfarrkirche St. Marien), kurz ‚la Pieve‘ genannt, ist die älteste erhaltene Kirche der Stadt und ihr

Santa Maria
(Fortsetzung)

bedeutendstes romanisches Bauwerk. Sie bestand schon im 12. Jh., wurde zerstört, im 13. Jh. wiederaufgebaut und im 15., 16. und 17. Jh. sowie 1863 wesentlich erneuert.

Äußeres

Das auffallendste Detail der Kirche ist die dem Corso d'Italia zugewandte viergeschossige Fassade, die im 13. Jh. einer älteren vorgesetzt wurde. Im untersten, mit fünf Blendarkaden versehenen Geschoß öffnen sich drei Portale. Die darüberliegenden Zwerggalerien werden im zweiten Geschoß von 12 Säulen, im dritten von 24 Säulen und im vierten von 32 Säulen gebildet, wodurch sich der Eindruck perspektivischer Verjüngung verstärkt. Im obersten Geschoß tragen die Säulen statt der Bögen einen durchgehenden Architrav. Im Gegensatz zu anderen vergleichbaren Basiliken folgt die Fassade also nicht dem Querschnitt des Langhauses mit hohem Haupt- und niedrigeren Seitenschiffen. Rechts an der Fassade der 60 m hohe romanische Glockenturm mit fünf Reihen doppelter Zwillingsfenster.

Das mittlere Portal zeigt im Türsturz und im Tympanon zwei Mariendarstellungen aus dem frühen 13. Jh., im Bogen in vier Feldern Reliefs mit der Darstellung der zwölf Monate. Im rechten Portal eine „Taufe Christi", im linken Weinranken. Beachtenswert ist die Vielfalt der Säulenformen und der schönen Kapitelle.

Inneres

Das Innere der dreischiffigen Basilika ist von strenger Klarheit. Über der Vierung wölbt sich eine hölzerne Kuppel. Unter dem erhöht angeordneten Presbyterium, dem ältesten Teil der Kirche, befindet sich die Krypta. Besondere Beachtung verdient das 1320 von Pietro Lorenzetti gemalte Polyptychon über dem Altar. Rechts in der Taufkapelle ein schönes Taufbecken mit drei Reliefs (Szenen aus dem Leben Johannes' des Täufers; vor 1345) von Agostino di Giovanni.

Palazzo del Tribunale

Eine kegelförmige Freitreppe führt von der Piazza Grande hinauf zum Palazzo del Tribunale (Justizpalast), der im 17./18. Jh. erbaut worden ist.

Palazzo della Fraternità dei Laici

Unmittelbar an den Palazzo del Tribunale schließt sich der Palazzo della Fraternità dei Laici an, ein von der 1262 durch die Dominikaner gegründeten karitativen Laienbruderschaft „Santa Maria della Misericordia" im 14. und 15. Jh. errichteter eleganter Bau mit einer auffallenden Fassade, die in Formen der Gotik 1375 von Baldino di Cino und Niccolò di Francesco begonnen und im Stil der Renaissance 1433 von Bernardo Rossellino beendet wurde. Den Glockenstuhl fügte Giorgio Vasari im 16. Jh. an.

Palazzo delle Logge

Der Palazzo delle Logge schließt die Piazza Grande im Nordosten ab. Er wurde nach Plänen von Giorgio Vasari in den Jahren 1573–1581 errichtet; seinen Namen verdankt er den zum

Arezzo

200 m

Santa Maria delle Grazie

Platz hin sich weit öffnenden Loggien.
Vor dem Palazzo steht eine Nachbildung des sogenannten ‚Petrone', des Prangers, an dem Übeltäter öffentlich zur Schau gestellt wurden.

Palazzo Pretorio

Der Palazzo Pretorio (früher Palazzo Albergotti) steht wenige Schritte nördlich der Kirche Santa Maria. Ursprünglich im Jahre 1322 erbaut, wurde er im 17. Jh. erheblich verändert. Die Fassade, mit zwei Fensterordnungen, trägt zahlreiche Wappen der Podestà (Stadtvögte) und Kommissare seit dem 15. Jh. Von 1404 bis 1926 diente der Palazzo auch als Gefängnis; heute ist hier die Stadtbibliothek untergebracht.

Casa del Petrarca

Im gleichen Gebäudeblock steht an der Via dell'Orto die Casa del Petrarca, angeblich das Geburtshaus des Dichters (1304–1374). Die Bezeichnung ist allerdings unzutreffend, denn das Gebäude wurde erst im 17. Jh. errichtet. Im Zweiten Weltkrieg großenteils zerstört, jedoch schon 1948 wiederaufgebaut, ist das Haus heute Sitz der berühmten „Accademia Petrarca di Lettere, Arti e Scienze".

*Dom

Zuoberst auf dem die Altstadt tragenden Hügel erhebt sich der Dom an der Stelle der einstigen Benediktinerkirche San Pietro Maggiore. Der Bau wurde im Jahre 1277 begonnen, 1313 und 1510 weitergeführt und im frühen 20. Jh. vollendet. Der Glokkenturm wurde 1857–1860 errichtet, die Fassade mit drei Portalen und großer Rosette 1900–1914 angefügt.

Inneres

Das Innere der dreischiffigen, querhauslosen Kirche ist von der strengen Bettelordensarchitektur der Franziskaner und Dominikaner bestimmt. Hier verdienen einige Kunstwerke besondere Beachtung.

Im rechten Seitenschiff befinden sich Glasgemälde des aus Frankreich stammenden, aber fast ausschließlich in Italien tätig gewesenen Guillaume de Marcillat (1477–1529): Berufung des Matthäus; die Ehebrecherin; Tempelreinigung; Auferweckung des Lazarus. Hier ferner das Grabmal des 1276 gestorbenen Papstes Gregor X. (nach 1320) und die Grabkapelle des Ciuccio Tarlati (1334) mit Marmorschmuck und einem Fresko.

Im Presbyterium steht der Hauptaltar mit dem spätgotischen Grabmal und den Reliquien des hl. Donatus, des Märtyrerbischofs von Arezzo, der zur Zeit Diokletians lebte. An dem Grabmal befinden sich Marmorreliefs mit Szenen aus dem Leben des Heiligen. Auch in der linken Seitenkapelle ist ein Glasgemälde von Marcillat (Hll. Lucia und Silvester) zu sehen; in der Sakristei beachtenswerte Fresken und Terrakotten. Im linken Seitenschiff ferner ein Fresko (Hl. Magdalena; 1459) von Piero della Francesca; das Grabmal des Bischofs Guido Tarlati (um 1330) mit 16 bedeutenden Flachreliefs; die von Giorgio Vasari entworfene Orgelempore (1535). Angebaut sind die teils der Gotik nachempfundene, teils klassizistische Kapelle der Madonna del Conforto (‚Trostreiche Madonna'; 18./19. Jh.) und die Taufkapelle.

Vor dem Westportal des Domes steht das Denkmal des Großherzogs Ferdinand I. Medici, 1595 nach einem Entwurf von Giovanni da Bologna ausgeführt.

Passeggio del Prato

Östlich vom Dom erstreckt sich der schöne Park des Passeggio del Prato, mit einem neuzeitlichen Denkmal für Francesco Petrarca. Er reicht bis zu der auf Fundamenten aus dem 13. Jh. im 16. Jh. erneuerten Fortezza (Festung), die einen lohnenden Rundblick bietet.

Palazzo del Comune

Westlich gegenüber dem Dom steht der heute als Rathaus die-
nende Palazzo del Comune, früher auch Palazzo dei Priori genannt. Er wurde 1333 als Amtssitz für die Vorsteher der Zünfte
erbaut; nach 1384 residierten hier die Verwaltungskommissare
aus Florenz, welche die Fassade überreich mit ihren Wappen
versahen.

San Domenico

Nördlich vom Dom steht die Kirche San Domenico am gleichnamigen Platz. Der schlichte einschiffige Bau gehört zu den eindrucksvollsten Bettelordenskirchen des 13. Jh.s. Er wurde 1275
von der Familie Tarlati gestiftet; Giorgio Vasari erwähnt eine
Mitwirkung von Nicola Pisano. Außergewöhnlich ist die nüch-
terne, glattflächige Fassade; im Glockenstuhl des originellen
Campanile zwei Glocken aus dem 14. Jahrhundert.
Im Inneren befinden sich beachtenswerte Fresken (14./15. Jh.)
von Aretiner Malern (Parri di Spinello: Maria mit den hll. Johannes, Dominikus und Nikolaus; Spinello Aretino: HII. Philippus
und Jakobus). Rechts in der Mitte ein gotischer Tabernakel
(genannt ,Altare Dragondelli'; um 1350) von Giovanni di Francesco; am Hauptaltar ein gemaltes Kruzifix von Cimabue (zwi-   *Kruzifix
schen 1260 und 1270).

Casa del Vasari

Der bedeutende Maler und Baumeister Giorgio Vasari
(1511–1574) erwarb das zweistöckige Haus in der Via XX Settembre im Jahre 1540. Bis 1548 malte er es mit stattlichen Fresken aus; besonders beachtenswert die sogenannte ,Camera
d'Apollo'. Heute ist das Haus Sitz des Museo e Archivio Vasariano.

Palazzo Bruni-Ciocchi (Palazzo della Dogana)

Der Palazzo Bruni-Ciocchi ist ein elegantes Bauwerk der Frührenaissance (um 1450), vermutlich von Bernardo Rossellino
entworfen.
In dem Palazzo befinden sich die Sammlungen der Galleria e   Museum
Museo Medioevale e Moderno (Mittelalterliche und moderne
Galerie und Museum). Unter den Beständen finden sich u. a.
Werke von Margaritone d'Arezzo (Hl. Franziskus), Parri di Spinello (Engel und Heilige), Bartolomeo della Gatta (Hl. Rochus),
Luca Signorelli (Anbetung), Andrea della Robbia (Madonna
und Heilige) und Rosso Fiorentino (Madonna); ferner Majoli-
ken, Skulpturen und andere Kunstgegenstände des Mittelal-
ters, der Renaissance und des Barock (jedoch, anders als der
Name des Museums erwarten ließe, keine moderne Kunst).

Santa Maria in Gradi

Zu der Kirche Santa Maria in Gradi gelangt man über eine
Treppe (daher der Name). Der heutige Bau wurde von dem Florentiner Architekten und Bildhauer Bartolommeo Ammanati

Arezzo

(1511–1592) an der Stelle einer romanischen Kirche aus dem
13. Jh. errichtet. Neben dem Glockenturm (1631) verdienen im
Inneren eine Terrakotta-Gruppe (Schutzmantelmadonna) von
Andrea della Robbia, einige Gemälde und die Krypta der ursprünglichen Kirche Beachtung.

Santissima Annunziata

Die Chiesa della Santissima Annunziata (Verkündigungskirche)
steht an der Stelle eines Oratoriums aus dem 14. Jh. Sie ist ein
Werk der Renaissancebaumeister Bartolomeo della Gatta und
Antonio da Sangallo.
Die roh gebliebene Fassade besitzt drei Portale; das rechte
stammt noch von dem Oratorium, ebenso das darüberliegende
Fresko der Verkündigung (1370) von Spinello Aretino. Das drei-
schiffige Innere der Kirche beeindruckt durch die kunstvollen
Säulenkapitelle und die von Marcillat geschaffenen Glasfen-
ster.

Chiesa di Badia

Über einer hohen Freitreppe erhebt sich die Chiesa di Badía
(Abteikirche), die ursprünglich im 14. Jh. von Benediktinern des
Klosters Monte Cassino gegründet wurde. Ihre heutige Gestalt
erhielt sie durch die grundlegenden Umbauten, die Giorgio Va-
sari im 16. Jh. vorgenommen hat.
Die den Heiligen Flora und Lucilla geweihte Kirche besitzt drei
durch Pfeiler voneinander getrennte Schiffe. Im Hauptschiff lie-
gen hintereinander zwei von flachen Kuppeln überspannte
Räume; in der zweiten Kuppel ein erstaunlich effektvolles
Scheinarchitekturbild (1703) von Andrea Pozzo.

San Francesco

Im Mittelpunkt des Altstadtgebietes erhebt sich die Kirche San
Francesco, dem hl. Franziskus von Assisi geweiht. Mit dem Bau
der Kirche wurde im Jahre 1290 begonnen; Um- und Erweite-
rungsbauten (Glockenturm um 1600) zogen sich aber bis in die
jüngste Vergangenheit hin (letzte Renovierung 1900–1920).
Die dem Platz zugewandte Fassade ist völlig schmucklos und
wird nur durch horizontal verlaufende, aus dem Backsteinmau-
erwerk hervortretende schmale Simse gegliedert. Der Innenraum (53 m lang, 17 m breit) besteht, wie bei Bettelordenskirchen üblich, aus nur einem Schiff; die von der linken Wand
ausgehenden Seitenkapellen wurden erst im 15. Jh. angefügt.
Den Abschluß des Raumes bilden eine große und zwei kleine
Chorkapellen.
Über dem Portal öffnet sich ein Rundfenster von Guillaume de
Marcillat („Papst Honorius III. billigt die Ordensregel des Franziskus"). Vor allem aber sind es die erst nach 1900 wieder frei-
gelegten Fresken, die den Ruhm der Kirche ausmachen. Auf
der rechten Seite zwei Heiligenbilder von Andrea del Castagno,
„Verkündigung" von Spinello Aretino; in der rechten Seitenkapelle (Cappella Guasconi) Heiligenszenen von Spinello und
in der linken (Cappella Tarlati) eine Kreuzigungsgruppe des-
selben Künstlers sowie eine „Verkündigung", wohl von Luca
Signorelli.

Arezzo: Via della Torre Rossa ...   *... und Kirche San Francesco*

Der stärkste Anziehungspunkt ist jedoch die Hauptchorkapelle mit den Fresken von Piero della Francesca, welche die Geschichte des Kreuzes erzählen – ein Motiv, das den Franziskanern besonders am Herzen lag. Der Hauptmeister der italienischen Frührenaissance nahm die „Goldene Legende" vom lebenspendenden Kreuzesholz Christi auf und schuf von 1452 bis 1466 in diesem Zyklus die bedeutendsten Bilder Arezzos und eines der ausdrucksstärksten Werke der italienischen Malerei überhaupt. Die feierlichen, von dem heiligen Geschehen geradezu gebannten Figuren auf dem Hintergrund von Landschaften, Blumen und Palasträumen, die treffliche Komposition strahlen Erhabenheit aus.

✳✳ Fresken in San Francesco

Das lebenspendende Holz des Kreuzes geht vom sterbenden Adam aus; es bewegt die Königin von Saba zu anbetendem Knien vor dem Holz, das, für den Tempelbau ungeeignet, für eine Brücke verwendet wurde; die Königin erscheint vor Salomon; das Holz wird von den Juden aus dem Wasser genommen und daraus das Kreuz Jesu gemacht; der römische Kaiser Konstantin träumt vom Siegeszeichen des Kreuzes; er besiegt seinen Rivalen Maxentius; der Jude Judas gibt der Kaisermutter Helena die Stelle an, wo das Kreuz vergraben liegt; man findet drei Kreuze; das Kreuz Christi erweckt einen Toten; der Perserkönig Chosroes, der das Kreuz geraubt hat, läßt sich verehren, wird aber von dem byzantinischen Kaiser Herakleios besiegt und getötet; Herakleios bringt das Kreuz nach Jerusalem zurück. Zwei Prophetengestalten und eine Verkündigungsgruppe schließen den Zyklus ab. Das ehemals hier hängende gemalte Kruzifix aus dem späten 13. Jh. ist jetzt in einer linken Seitenkapelle zu sehen.

Römisches Amphitheater in Arezzo

Ein Zeugnis für die Bedeutung Arezzos in römischer Zeit ist das Amphitheater (Teatro Romano), das im 2. Jh. n. Chr. erbaut wurde. In späterer Zeit verfiel es, da man Ziegel, Marmor und anderes Baumaterial für die Errichtung der Stadtmauer, der Kirche San Bernardo, des Seminars u.a. herausbrach. Einst konnte das Theater 8000 bis 10000 Zuschauer fassen; seine Längsachse maß 121 m, die Querachse 68 m.

*Museo Archeologico Mecenate

In dem ehemaligen Kloster San Bernardo, das 1547 von Olivetanermönchen auf den Ruinen des römischen Amphitheaters in einem Teil der Tribünenkonstruktion errichtet und im Zweiten Weltkrieg schwer beschädigt wurde, befinden sich seit 1934 die Sammlungen des Museo Archeologico Mecenate. Das archäologische Museum zeigt Funde aus Stein- und Bronzezeit, der etruskischen und römischen Epoche u.a. aus Arezzo und seiner Umgebung. Beachtenswert sind vor allem die etruskischen Vasen und Bronzen und die sogenannten ‚Aretiner Vasen', die wegen ihres Aussehens auch ‚Korallengefäße' genannt werden. Diese ‚Terra Sigillata' war in der römischen Kaiserzeit ein begehrter Exportartikel der Stadt. Hervorzuheben sind auch etruskische Reliefs in Terrakotta, Urnen, Sarkophage, Spiegel, Kratere, Amphoren und römische Mosaiken.

Santa Maria delle Grazie

Südlich außerhalb der Stadt liegt die Kirche Santa Maria delle Grazie. 1428 kam der hl. Bernhardin von Siena an diesen Ort, wo sich schon in alter Zeit ein Quellheiligtum befunden hatte, ließ die Spuren des heidnischen Kultes tilgen und eine Kapelle errichten. 1449 begann man zu Ehren der Schutzmantelmadonna (Madonna delle Grazie; Bild von Parri di Spinello) den heutigen Bau, dem 1478 ein graziler Portikus vorgesetzt wurde. Gegen Ende des 15. Jh.s schuf Andrea della Robbia aus Marmor und Terrakotta den Altar. Rechts neben der Kirche steht ein dem hl. Bernhardin geweihtes Oratorium.

Asciano   C 3

Provinz: Siena (SI)
Höhe: 200 m ü.d.M.
Einwohnerzahl: 6000

Lage

Das Städtchen Asciáno, am Oberlauf des Ombrone, liegt gut 25 km südöstlich von Siena an den Ausläufern der → Crete.

Stadtbild

Asciano, ehedem im Besitz der Grafen von Sinalunga, wurde 1285 von Siena erworben und bis 1554 gegen Florenz verteidigt. Beachtenswert sind die aus Travertin errichtete romanische Kirche der Collegiata (Sant' Agata), das Museum für reli-

giöse Kunst (Museo di Arte Sacra; mit schönen Bildern mittelalterlicher Maler), das Museo Etrusco (Etruskisches Museum)
in einer kleinen romanischen Kirche (mit Funden aus fünf
etruskischen Kammergräbern, die 1957 auf dem östlich des
Städtchens gelegenen Poggio Pinci entdeckt wurden, dazu
Goldschmuck, Bronzefibeln und Aschenurnen) und die etwas
verfallene romanisch-gotische Kirche San Francesco.

Asciano (Fortsetzung)

Bagni di Lucca   B 2

Provinz: Lucca (LU)
Höhe: 150 m ü.d.M.
Einwohnerzahl: 8000

Der ausgedehnte, vor allem von Italienern besuchte Thermal-
kurort Bagni di Lucca liegt weit im Norden der Toskana, etwa
25 km nördlich der Provinzhauptstadt → Lucca. Das den Ort
durchströmende Flüßchen Lima mündet unweit westlich in den
Serchio.

Lage

Kurbezirk

Die Geschichte des Kurortes reicht bis ins Hochmittelalter zurück: Es wird berichtet, daß die Markgräfin Mathilde im Jahre
1101 eine steinerne Brücke (den heutigen Ponte della Maddalena) bei →Borgo a Mozzano über den Serchio schlagen ließ. Im
19. Jh. setzte ein ungeheurer Aufschwung ein; Bagni di Lucca
entwickelte sich zu einem Modebad und erhielt damals sein im
wesentlichen noch heute sichtbares Gepräge.
Von den 19 hier zutage tretenden Thermalquellen (38 bis 54°C)
werden Doccione, Bagno San Giovanni und Bernabio sowie
Bagni alla Villa therapeutisch genutzt. Der Ortsteil Bagni Caldi
(‚Warme Bäder') ist Sitz der bedeutendsten Kureinrichtungen;
in einer Höhle befindet sich die ‚Doccione' genannte, 54°C warme Quelle. Die Kur von Bagni di Lucca ist wirksam u. a. gegen
Stoffwechselstörungen und Frauenleiden.

Thermalquellen

Barberino Val d'Elsa   C 3

Provinz: Florenz/Firenze (FI)
Höhe: 373 m ü.d.M.
Einwohnerzahl: 3500

Das Städtchen Barberino Val d'Elsa liegt an der alten Römerstraße Via Cassia, knapp 40 km südlich von Florenz.

Lage

Ortsbild

Barberino Val d'Elsa ist noch von den Festungsmauern umgür-
tet, welche den Florentinern im Kampf gegen Siena dienten.
Das einzige Tor im Mauerring, die Porta Senese, stammt aus
dem 14. Jh., desgleichen das ehem. Pilgerhospiz am anderen
Ende der von hier die Stadt durchziehenden Via Francesco da
Barberino.

Barberino Val d'Elsa
(Fortsetzung)

Der Palazzo Pretorio, an der zentralen Piazza Barberini, ist mit zahlreichen Wappenschilden (die meisten aus dem 15. Jh.) verziert. In unmittelbarer Nähe steht die Pfarrkirche San Bartolomeo (im 19./20. Jh. erheblich restauriert); im Inneren Freskenreste aus dem 14./15. Jh. (Mariae Verkündigung).

Barga   B 2

Provinz: Lucca (LU)
Höhe: 410 m ü.d.M.
Einwohnerzahl: 11 000

Lage

Das gewerbereiche Städtchen Barga liegt im äußersten Norden der Toskana an dem Fluß Serchio und an den Abhängen des Apennin, ungefähr 35 km nördlich von Lucca.

Stadtbild

Im Mittelalter stritten sich die nahen Städte Lucca, Pisa und Florenz um den Besitz der Festung Barga, die eine Kontrolle des engen Serchio-Tales gestattete. Damit wollten sie sich auch der Herrscher von Modena (Haus Este) erwehren, die weiter talaufwärts, in →Castelnuovo di Garfagnana, einen vorgeschobenen Posten hatten.

Dom

Der mittelalterliche Stadtkern wird von engen und steilen Gassen durchzogen. An der höchsten Stelle erhebt sich der Dom (San Cristofano), mit dessen Bau im 9. Jh. begonnen und der im 15. Jh. vollendet wurde. Die Erdbebenschäden von 1920 wurden von Grund auf beseitigt. Die geschlossene, abweisende Fassade des dreischiffigen Baues zeigt die Merkmale der lombardischen Romanik. Über dem Eingangsportal im Relief die Darstellung der Weinlese; im Inneren eine schöne Marmorkanzel, eine der besterhaltenen aus der zweiten Hälfte des 13. Jh.s. Sie wird von vier Marmorsäulen getragen, von denen zwei auf Löwen und eine auf einem hockenden Bärtigen stehen. Die Kanzel ist ringsum mit Reliefs (Anbetung der Könige, Geburt Jesu, Verkündigung, Prophet Jesaja) geschmückt.

Bibbiena   C 3

Provinz: Arezzo (AR)
Höhe: 425 m ü.d.M.
Einwohnerzahl: 11 000

Lage

Die lebhafte Marktstadt Bibbiéna, Zentrum der fruchtbaren Landschaft Casentino, liegt an der Einmündung des Archiano in den Arno, gut 30 km nördlich von Arezzo.

Stadtbild

Die möglicherweise von den Etruskern gegründete Stadt war wegen ihrer strategisch vorteilhaften Lage im Mittelalter und bis in das 15. Jh. hinein heiß umkämpft.

Das bedeutendste historische Bauwerk von Bibbiena ist der Palazzo Dovizi, ein im Jahre 1498 für den Kardinal Bernardo Dovizi errichteter Renaissancebau. Wie die meisten anderen Stadtpaläste in Bibbiena steht er heute in Privatbesitz und ist im Inneren unzugänglich. Gegenüber die dreischiffige Kirche San Lorenzo (urspr. 1474), mit Terrakotten der Della Robbia. Die hochgelegene Pfarrkirche San Ippolito geht auf das 12. Jh. zurück, wurde aber im Barock umgestaltet. Beachtenswert sind die farbigen Glasfenster von Ruggiero Biggeri sowie die im 14./ 15. Jh. gemalten Fresken.

Bibbiena (Fortsetzung)
Palazzo Dovizi

San Ippolito

Santa Maria del Sasso

C 3

Die Kirche Santa Maria del Sasso ist ein Renaissancebau von 1495, der auf ältere Vorgängerbauten zurückgeht. Anlaß zur Gründung der Kirche war eine Marienerscheinung im Jahre 1347. Im Inneren über dem Altar das Fresko der Madonna del Sasso, wahrscheinlich ein Werk des Florentiners Bicci di Lorenzo (1350–1427); an der Rückfront des Innenraumes die Darstellung des Marienwunders.

Lage
1,5 km nordöstlich

Borgo a Mozzano

C 2

Provinz: Lucca (LU)
Höhe: 97 m ü.d.M.
Einwohnerzahl: 8000

Das kleine Städtchen Borgo a Mozzáno liegt im Tal des Serchio, knapp 20 km nördlich der Provinzhauptstadt Lucca.

Lage

Stadtbild

Die augenfälligste Sehenswürdigkeit ist der Ponte della Maddalena (auch ‚Ponte del Diavolo‘, ‚Teufelsbrücke‘, genannt). Die Brücke erhielt ihren Namen nach einer Statue der heiligen Magdalena, die früher hier stand und sich heute in der Pfarrkirche des Städtchens befindet. Der in weitem Bogen (37 m) über den Serchio gespannte Bau ist im 11. Jh. auf Veranlassung der Markgräfin Mathilde (→Bagni di Lucca) entstanden und gehört zu den großen Ingenieurleistungen des Mittelalters. In der Pfarrkirche (San Iacopo) sind neben der erwähnten Statue einige Kunstgegenstände aus dem 16. Jh. (u.a. Terrakotten aus der Schule von Andrea della Robbia) zu sehen.

*Ponte della Maddalena

Borgo San Lorenzo

C 3

Provinz: Florenz/Firenze (FI)
Höhe: 193 m ü.d.M.
Einwohnerzahl: 15000

Das Städtchen Borgo San Lorenzo, Haupthandelsplatz der Landschaft Mugello, liegt unweit vom linken Ufer des Sieve, 30 km nördlich von Florenz.

Lage

San Lorenzo in Borgo San Lorenzo

Die Kirche San Lorenzo ist dem Stadtpatron Laurentius geweiht. Der dreischiffige Bau wurde im 13. Jh. errichtet und im 17. Jh. teilweise erneuert. Die Schäden, die das Erdbeben von 1919 verursacht hatte, wurden 1922 behoben. Im dreischiffigen Inneren Tafelbilder und Terrakotten aus dem 15.–17. Jh. Der aus Ziegeln aufgemauerte Campanile aus der Mitte des 13. Jh.s zeigt den Übergangsstil von der Romanik zur Gotik.

Scarperia   B/C 3

Lage
10 km nordwestlich

Das kleine Industrie- und Landwirtschaftszentrum Scarperìa liegt in einer Talweitung. Am Hauptplatz steht der massige Palazzo Pretorio, ein Bauwerk aus dem frühen 14. Jh. und einst Amtssitz der Vikare des Mugello. An der Außenfassade und im Innenhof zahlreiche Wappenschilde. Gegenüber dem Palazzo die Propsteikirche; in ihrem Inneren u. a. ein marmornes Rundrelief (sog. ‚tondo'; Madonna mit dem Kind) von Benedetto da Maiano.

Autodromo del Mugello

In unmittelbarer Ortsnähe liegt das Autodromo del Mugello, eine Rundstrecke von 5,245 km Länge und mit 15 Kurven. Hier werden internationale Auto- und Motorradrennen (u. a. Läufe zur Europameisterschaft der Formel 2 sowie zur Motorrad-Weltmeisterschaft) ausgetragen.

Buonconvento

→ bei Abbazia di Monte Oliveto Maggiore

Camaldoli   C 3

Provinz: Arezzo (AR)
Höhe: 816 m ü.d.M.

Lage

Im äußersten Nordosten der Toskana, etwa 50 km nördlich von Arezzo, liegt in den dichtbewaldeten Bergen des Casentino die Abtei Camáldoli, das Zentrum des Kamaldulenserordens.

Geschichte

Um die Jahrtausendwende wollte Romuald, ein Benediktinermönch aus langobardischem Adelsgeschlecht, dessen Rat die römischen Kaiser Heinrich II. und Otto III. schätzten, im Zuge der großen abendländischen Kirchenreform das Klosterleben erneuern. Deshalb wurden an entlegenen Plätzen Zellen gebaut, damit der einzelne zur Besinnung kommen könne. Diese Lebensregel fand Zuspruch. Hier im Casentino baute man im Jahre 1012 das Stammkloster, im heutigen Städtchen Camaldoli, in 800 m Höhe. Wenig später zogen einige noch höher hinauf, um in 1100 m Höhe auf dem Campo Amabile im jetzigen Eremo di Camaldoli ganz für sich zu sein. Im 12. Jh. blühte die Kamaldulenserkongregation auf. In den nächsten Jahrhunderten bedrohten Streitigkeiten und Abspaltungen den Orden, so daß er nie groß und beherrschend wurde.

Eremo di Camaldoli: Mönchszellen

Monastero di Camaldoli

Das vom hl. Romuald im Jahre 1012 gegründete Kloster liegt in dem kleinen Ort Camaldoli. Die Bautengruppe umfaßt neben dem Konventsgebäude das Pilgerhospiz und die Kirche.
Die zu Beginn des 16. Jh.s neu erbaute Kirche (Santi Donato e Ilariano) erhielt im späten 18. Jh. ihre heutige barocke Gestalt (u.a. das große Deckenfresko). Der Maler Giorgio Vasari (1511–1574) schuf mehrere Bilder für die Klosterkirche, u.a. „Kreuzabnahme", „Maria mit dem Kind und Heiligen" sowie „Die Heiligen Donatus und Hilarius".
Der reizvolle Kreuzgang entstand 1543, desgleichen die beim Klostereingang befindliche Apotheke mit ihrer alten Einrichtung.

*Eremo di Camaldoli

Schon kurz nach der Gründung des Klosters zogen einige Mönche noch weiter bergauf in die Einsamkeit. So entstand auf dem Campo Amabile (,liebliches Feld'), von Wäldern umgeben, die Einsiedelei Eremo di Camaldoli, eine Gruppe von Mönchszellen und einer Kirche. Die Ummauerung des Areals erfolgte im späten 17. Jahrhundert.
Die Chiesa del Salvatore (Erlöserkirche) ist zwar eine Gründung von 1027, doch erst die Erneuerungen von 1658, 1708 und 1714 prägten ihr heutiges barockes Aussehen. An der Fassade die Figuren des Erlösers sowie der Heiligen Romuald und Benedikt. Das einschiffige Innere wird von geschnitzten barocken Chorschranken geteilt; an den Wänden schildern Fresken aus dem 17. Jh. Stationen aus dem Leben des hl. Romuald. Das schlichte Chorgestühl wurde im 15. Jh. gefertigt. Zu beiden Seiten des Altars je ein marmornes Tabernakel (16. Jh.).

Capraia

<table>
<tr><td>Camaldoli,
Eremo (Fortsetzung)</td><td>Hinter einem Gitter liegt der Bezirk der Mönchszellen (Zutritt nur für Männer): In fünf Reihen stehen hier zwanzig kleine Häuschen mit jeweils einer Gartenparzelle; fünf davon (u.a. Nr. 5, Cella di San Francesco; Nr. 10, Cella della Croce; Nr. 15, Cella di San Martino) sollen (so die Überlieferung) noch vom Ordensgründer Romuald errichtet worden sein.</td></tr>
</table>

Capraia (Isola di Capraia)   C 1

Provinz: Livorno (LI)
Inselfläche: 19,5 km^2
Bewohnerzahl: 400

<table>
<tr><td>Lage</td><td>Die zum →Arcipelago Toscano (Toskanischer Archipel) gehörende Insel Capráia liegt ungefähr 50 km westlich von Populonia im Tyrrhenischen Meer.</td></tr>
<tr><td>Zufahrt</td><td>Es bestehen Schiffsverbindungen von Livorno sowie von der Insel Elba (Portoferraio); die Fahrtdauer beträgt jeweils etwa 2–3 Stunden.
Kein Autotransport!</td></tr>
</table>

Inselbeschreibung

Die Insel Capraia, von den Römern Capraria (= Ziegeninsel) genannt, ist vulkanischen Ursprungs. Ihre höchste Erhebung ist mit 447 m der Monte Castello. Schon in der Antike bewohnt, war Capraia im Mittelalter von Sarazenen, Pisanern und Genuesen heftig umkämpft. Die genuesische Festung San Giorgio (15. Jh.) ist das stattlichste Bauwerk der Insel.

Die Küste ist zum überwiegenden Teil felsig und besitzt einige Grotten. Damit bietet sie für Unterwassersportler ein reizvolles Revier. Lohnend ist eine Fahrt mit dem Motorboot rund um die Insel (ca. 30 km).

Caprese Michelangelo   C 3

Provinz: Arezzo (AR)
Höhe: 653 m ü.d.M.
Einwohnerzahl: 1800

<table>
<tr><td>Lage</td><td>Caprese Michelangelo ist ein kleiner Ort nahe der Nordostgrenze der Toskana, in der Luftlinie ungefähr 25 km nördlich von Arezzo.</td></tr>
<tr><td>Geschichte</td><td>Von Caprese würde man wohl kaum sprechen, wäre es nicht der Geburtsort von Michelangelo Buonarroti (1475–1564), einem der größten Künstler der Menschheit. Freilich ist man dessen erst seit 1875 sicher, als eine Abschrift der Geburtsurkunde des Künstlers gefunden wurde, die Michelangelos Vater Lodovico, damals Bürgermeister von Caprese, angefertigt hat. Damit war der Streit zwischen Caprese und dem Städtchen Chiusi della Verna, das ebenfalls Anspruch darauf erhob, der Geburtsort des Meisters zu sein, entschieden.</td></tr>
</table>

Caprese: Michelangelos Geburtshaus

Ortsbild von Caprese Michelangelo

Die Casa Comunale (14. Jh.; früher Amtssitz des Podestà) wird als das Haus angesehen, in dem am 6. März 1475 Michelangelo zur Welt kam. Heute birgt der schmucke Bau ein dem Künstler gewidmetes Museum (Abgüsse von Plastiken u.a.).

Casa Comunale

Über dem Ort befindet sich eine teilweise verfallene mittelalterliche Burg; in ihr gleichfalls eine kleine Sammlung mit Kopien von Werken Michelangelos sowie mit moderner Kunst.

Burg

Carrara   B 2

Provinz: Massa-Carrara (MS)
Höhe: 80 m ü.d.M.
Einwohnerzahl: 70000

Carrara liegt in einem Talkessel am Westabhang der Apuanischen Alpen (teilweise Naturpark), unweit vom nördlichen Abschnitt der toskanischen Küste.

Lage

*Marmorbrüche

Carrara bildet zusammen mit →Massa eines der größten Zentren der Erde für den Abbau und die Verarbeitung von Marmor. In dem bis zu 1945 m Höhe ansteigenden Gebirgsstock der Apuanischen Alpen hat sich im Laufe von Jahrmillionen durch

Umkristallisation von Kalk (Kalziumkarbonat) der geschätzte feinkörnige Stein gebildet. Man unterscheidet je nach Farbe und Struktur verschiedene Arten von Marmor. Am begehrtesten ist der reinweiße ,Statuario'; durch Spuren von Metallsalzen, die beim Entstehungsprozeß des Gesteins anwesend waren, ergeben sich Verfärbungen in Rot, Grün, Orange (Paonazzo, Bardiglio, Venato) u.a. Schon die reichen Bauherren des antiken Rom bestellten im damaligen Luni das kostbare Material, doch erst die Renaissance brachte Carrara zu weltweitem Ruhm. Von allen Künstlern, die den Marmor aus Carrara verwendeten, ist Michelangelo Buonarroti der bedeutendste.

Es ist bewundernswert, welche immensen Schwierigkeiten früher beim Abbau und vor allem beim Transport der tonnenschweren Marmorblöcke hinunter ans Meer gemeistert wurden. Freilich gab es auch Todesopfer, denn es kam durchaus vor, daß die riesigen Blöcke außer Kontrolle gerieten und die Arbeiter zermalmten. Heute begegnet man im Gebiet der Marmorbrüche überall modernen Hilfsmitteln wie Stahldrahtsägen, Preßluftbohrern, Sägegattern u.a. Im Jahre 1876 wurde eine Eisenbahn gebaut, die mit 20 km Streckenlänge und fast 11 km Anschlußgleisen über 16 Brücken und durch 15 Tunnel vom Meeresspiegel bis auf eine Höhe von 450 m führte. Vor einigen Jahren wurde das seinerzeit vielbestaunte technische Wunderwerk jedoch stillgelegt, da sich Lastkraftwagen als vorteilhafter erwiesen.

Von den Hafenanlagen in Marina di Carrara, Marina di Massa, Forte dei Marmi und Marina di Pietrasanta wird der Carrara-Marmor in alle Welt exportiert.

Die großen Marmorbrüche (cave di marmo) liegen nordöstlich der Stadt in den Tälern von Colonnata, Fantiscritti und Ravaccione, wohin gut ausgebaute Straßen führen. Der Besuch der Steinbrüche ist ohne spezielle Erlaubnis möglich, doch ist Vorsicht zu empfehlen.

Stadtbild

Carrara ist im wesentlichen eine moderne Stadt, wenngleich seine Tradition bis auf vorrömische Zeit zurückgeht. In der Via Roma hat die 1769 von Maria Theresia Cybo Malaspina gegründete Accademia di Belle Arti (Kunstakademie) ihren Sitz. Mit Erlaubnis der Direktion ist eine Besichtigung möglich.

Dom

Nördlich von hier, an dem Flüßchen Carrione, steht der Dom, ein mit Marmor verkleideter Bau, der im 12. Jh. begonnen und im 15. Jh. vollendet wurde. Die im pisanischen Stil gestaltete Fassade ist im unteren Teil durch Halbsäulen und sieben Rundbogen gegliedert; im überhöhten mittleren Bogen das Portal mit Figurenschmuck. Der obere Teil wird beherrscht von der kunstvollen Fensterrose, die von Säulenstellungen flankiert ist. Im schlichten Inneren des Domes eine marmorne „Verkündigung" (14. Jh.).

Carrara: Schwerarbeit im Marmorbruch ▶

Carrara vor der Kette der Apuanischen Alpen

Museo Civico del Marmo in Carrara

Lage
Viale XX Settembre

Südwestlich außerhalb des Stadtzentrums befindet sich das Museo Civico del Marmo (Städtisches Marmormuseum). In fünf Abteilungen wird die Geschichte der Marmorgewinnung seit der Antike, die Geologie sowie künstlerische und technische Verwendung des Marmors bis in die Gegenwart verdeutlicht.

Castelfiorentino   C 2

Provinz: Florenz/Firenze (FI)
Höhe: 50 m ü.d.M.
Einwohnerzahl: 18000

Lage

Die kleine Stadt Castelfiorentino liegt im Tal des Flusses Elsa, ungefähr 40 km südwestlich von Florenz.

Stadtbild

Castelfiorentino (,Florentinische Burg') wurde als Bollwerk gegen die Sienesen gegründet, besitzt aber kaum Relikte aus jenen kriegerischen Zeiten.

Beachtenswert ist die im Jahre 1213 begonnene Kirche San Francesco, mit schönem Wappenschmuck an der Fassade. Dahinter steht die Kirche Santa Verdiana, über der alten Pfarrkirche Sant' Antonio im 18. Jh. neu erbaut, mit lebhafter Barockfassade (Plan von Bernardo Fallani) und barocker Ausschmückung im dreischiffigen Inneren. Direkt daneben die kleine Gemäldegalerie (Pinacoteca) mit schönen Bildern vornehmlich mittelalterlicher Künstler, deren Anmut und fromme Innigkeit beeindruckt.

Castelfiorentino
(Fortsetzung)

Es lohnt auch ein kurzer Gang in die Via Benozzo Gozzoli (Nr. 35) zur Cappella della Visitazione (Kapelle der Heimsuchung) aus der Mitte des 15. Jh.s. Hier schuf Gozzoli (1420–1497) zusammen mit Schülern einen Freskenzyklus mit Darstellungen aus dem Marienleben.

Castelnuovo di Garfagnana   B 2

Provinz: Lucca (LU)
Höhe: 277 m ü.d.M.
Einwohnerzahl: 6000

Das Städtchen Castelnuovo di Garfagnána liegt im Tal des Serchio, etwa 45 km nördlich von Lucca bzw. 30 km östlich von Massa.

Lage

Stadtbild

Castelnuovo war im Laufe seiner Geschichte mehr mit Modena und Ferrara, also mit dem Haus Este, verbunden als mit den nähergelegenen Stadtrepubliken Florenz und Lucca. Ein Zeugnis der kriegerischen Auseinandersetzungen um den Ort ist die Rocca (Burg), deren ältester Teil aus dem 13. Jh. stammt, die später jedoch erweitert wurde.

Burg

Der Dom wurde im Jahre 1504 neu errichtet. In dem dreischiffigen Inneren ein schönes Kruzifix (14. Jh.), eine Terrakottagruppe (hl. Josef und zwei Engel) aus der Schule der Della Robbia und einige andere Kunstwerke.

Dom

Im Norden der Stadt sind noch die Überreste der alten Burg San Nicolao zu sehen.

Castiglione della Pescaia   D 2

Provinz: Grosseto
Höhe: 0–51 m ü.d.M.
Einwohnerzahl: 8000

Das vielbesuchte Seebad Castiglione della Pescáia liegt gut 20 km westlich von Grosseto am Tyrrhenischen Meer, zu Füßen des 342 m hohen Poggio Petricchio.

Lage

Ortsbild

Der mittelalterliche Teil, auch Castiglione Castello genannt, liegt auf einem Bergsporn über dem Meer. Er ist von einer Ringmauer mit mächtigen Türmen umschlossen. Die trutzige Burg wacht über die Stadt und den malerischen kleinen Hafen, in

Castiglione della Pescaia
(Fortsetzung)

dem Fischerboote und Jachten liegen. In der Nähe erstreckt sich die schattige Pineta (Pinienwald).

Punta Ala   D 2

Lage
20 km
nordwestlich

Nordwestlich von Castiglione (Luftlinie 12 km) liegt an einem Kap der gleichfalls als Seebad beliebte Ort Punta Ala. Die Zufahrtsstraße (20 km) umgeht den Poggio Peroni, der sich über dem Ort erhebt. Direkt westlich vor der Küste erblickt man die Insel →Elba.

Castiglion Fiorentino   C 3

Provinz: Arezzo (AR)
Höhe: 345 m ü.d.M.
Einwohnerzahl: 11 000

Lage

Die kleine Stadt Castiglion Fiorentino liegt in der östlichen Toskana, etwa auf halber Strecke zwischen Arezzo und Cortona. Nach Westen senkt sich das Gelände zur →Valdichiana.

Stadtbild

Piazza del Municipio

Das aussichtsreich auf einem Hügel gelegene Castiglion Fiorentino ist noch immer von einer mittelalterlichen Mauer umgeben. An der Piazza del Municipio, dem Hauptplatz der Stadt, die sogenannte ‚Loggia del Vasari‘ (16. Jh.), mit einem Fresko der Verkündigung und altem Wappenschmuck. Nahebei der Palazzo Comunale (frühes 16. Jh.; 1935 restauriert), mit der Pinacoteca Comunale, einer Sammlung von beachtenswerten Gemälden, Reliquiaren und Skulpturen toskanischer Künstler.

San Francesco

Die Kirche San Francesco ist an der Schwelle von der Romanik zur Gotik in der zweiten Hälfte des 13. Jh.s entstanden. Sie besitzt eine schöne Fassade; im Inneren in den Seitenkapellen sehenswerte Gemälde und Fresken. Der Kreuzgang wurde im 15. Jh. angefügt.

San Giuliano

Nicht weit von der Porta Fiorentina, einem Stadttor aus dem 14. Jh., steht die Kollegiatskirche San Giuliano. Ihr heutiges Aussehen erhielt sie bei der Erneuerung (1840–1853) im neuklassizistischen Stil.

Madonna della Consolazione

Bei der Porta San Michele erreicht man die Kirche Madonna della Consolazione. Der 1607 im Stil der Spätrenaissance auf achteckigem Grundriß errichtete Bau birgt in dem eleganten Inneren ein Luca Signorelli zugeschriebenes Madonnenfresko.

Castello di Montecchio Vesponi

Ungefähr 3 km südlich ragt in der fruchtbaren Landschaft eine mächtige Burg auf, das Castello di Montécchio Vespóni (12. Jh.). Schon von weitem erblickt man den 30 m hohen Mittelturm. Eindrucksvoll sind die 263 m langen Zinnenmauern mit ihren Wehrtürmen.

Certaldo C 3

Provinz: Florenz/Firenze (FI)
Höhe: 130 m ü.d.M.
Einwohnerzahl: 16000

Certáldo liegt im Hügelland an dem Fluß Elsa, knapp 15 km   Lage
nordwestlich von Poggibonsi bzw. 30 km südwestlich von Florenz.

Einst Sitz der Grafen Alberti, wurde Certaldo 1293 florentinisch   Geschichte
und war das Verwaltungszentrum für das von Vikaren aus Flo-
renz regierte Umland. Im Jahre 1375 starb hier der Dichter Giovanni Boccaccio (geboren 1313 in Florenz oder Certaldo).

Stadtbild

Auf dem mit Weizenfeldern, Zypressen und Olivenhainen bestandenen Hügel erhebt sich das aus einem mittelalterlichen
Teil (genannt ‚Castello‘) und einem modernen Siedlungsgebiet
bestehende Städtchen. An den Altstadtgassen stehen guterhal-
tene mittelalterliche Häuser und Palazzi.

In der Casa del Boccaccio, wo der große Dichter der Renais-   Casa del Boccaccio
sance angeblich die letzte Zeit seines Lebens verbrachte, ist
heute ein an ihn erinnerndes Museum zu finden.

Nahebei steht der Palazzo Pretorio (auch Palazzo del Vica-   Palazzo Pretorio
riato), zuerst Sitz der Grafen Alberti, dann der Florentiner Ver-
waltungsbeamten. Das eindrucksvolle Gebäude ist reich mit
den in Terrakotta gearbeiteten Wappen der Herrscher und mit
Fresken geschmückt und trägt eine Loggia, von der aus die Ge-
richtsurteile verkündet wurden. Auch das Innere lohnt eine Besichtigung; vom Turm schöner Blick auf die Hügellandschaft.

San Lazzaro C 3

Nahe bei Certaldo liegt der kleine Ort San Lazzáro, dessen   **Lage**
Pfarrkirche (urspr. 10./11. Jh.) im 16./17. Jh. grundlegend umge-   5 km nordöstlich
staltet wurde. Im Inneren der Kirche einige reizvolle Fresken
aus dem 15. Jahrhundert.

Chianciano Terme C 3

Provinz: Siena (SI)
Höhe: 550 m ü.d.M.
Einwohnerzahl: 7500

Der bedeutende Kurort Chiancián o Terme liegt in dem sanften   Lage
Hügelland der südöstlichen Toskana, welches die →Valdi-
chiana westlich säumt, rund 10 km nordwestlich von Chiusi.

Bereits in der Zeit der Etrusker war der Platz besiedelt, und es   Geschichte
ist anzunehmen, daß auch die Heilkraft der Quellen schon da-

mals bekannt war. Bei Horaz finden sie namentliche Erwähnung; Gegenstände aus römischer Zeit wurden im Quellbecken der heutigen Acqua di Sillene gefunden. Im Mittelalter war das Thermalwasser von Chianciano Terme so sehr geschätzt, daß sich Orvieto, Siena und Montepulciano um den Besitz des Ortes stritten. Aber erst zu Beginn des 20. Jh.s wurde der Ausbau Chiancianos zu einem großzügigen Thermalbad in Angriff genommen.

*Kurbezirk

Der elegante Kurbezirk bildet den südlichen Teil des Gemeinwesens. Im Parco delle Fonti (Quellenpark) steht das Stabilimento dell'Acqua Santa (Kurhaus); östlich jenseits der Viale delle Terme erstreckt sich der erheblich größere Parco di Fucoli. Das Établissement Bagni di Sillene liegt etwas westlich abseits.

Thermalquellen

Die drei Quellen von Chianciano Terme (Acqua Santa, Acqua di Sillene, Sorgente Sant'Elena) werden in Trink- und Badekuren vor allem gegen Leber- und Gallenleiden angewandt.

Altstadt

Nördlich vom Kurbezirk liegt die zum Teil noch ummauerte mittelalterliche Altstadt. Beachtenswert sind das Museo d'Arte Sacra (Museum Sakraler Kunst; v.a. Werke aus dem 14.–15. Jh.) im ehem. Palazzo dell'Arcipretura sowie der ehem. Palazzo del Podestà (13. Jh.), dessen Fassade mit Wappenschilden aus dem 15.–16. Jh. geschmückt ist.

Chianti   C 3

Provinzen: Florenz/Firenze (FI) und Siena (SI)

Lage

Das als Chianti bekannte Hügelland erstreckt sich zwischen Florenz im Norden und Siena im Süden, zwischen dem Tal des Arno und dem des Ombrone. Das Gebiet wird vor allem durch die Staatsstraße 222, die ‚Via Chiantigiana', erschlossen. Eine Fahrt durch die Hügellandschaft mit ihren Weingärten, Olivenhainen und Wäldern von Steineichen, Eichen und Kastanien ist namentlich zur Zeit der herbstlichen Laubfärbung besonders reizvoll.

Weinbau

Der Landschaftsname ‚Chianti' ist außerhalb Italiens geradezu ein Synonym für den italienischen Rotwein schlechthin geworden. Das heutige Anbaugebiet des in aller Welt getrunkenen Chianti-Rotweins geht freilich über das ursprüngliche Gebiet beiderseits der Via Chiantigiana weit hinaus.

Der Chianti Classico, der klassische Rotwein dieser Landschaft, ist an dem schwarzen Hahn im Wappen auf dem Flaschenetikett zu erkennen. Er wächst in den Gemeinden Castellina, Gaiole, Radda und Greve sowie in Teilen der Gemeinde Barberino Val d'Elsa, Castelnuovo Berardenga, San Casciano, Tavernelle und Poggibonsi.

Chianti: Weingut

Der nicht aus dem Classico-Gebiet stammende Chianti trägt an Stelle des Hahnes einen Putto (Engelchen) auf dem Etikett. Der beste Chianti Putto steht dem Classico nicht nach. Angebaut wird er in den Colli Fiorentini (Florentiner Hügel), bei Montalbano, in den Colli Senesi (Sienesische Hügel), den Colli Aretini (Hügel von Arezzo) und den Colli Pisani (Hügel von Pisa).

Chianti (Fortsetzung)

Im Gebiet des Chianti Classico ist die Erde besonders gut für den Weinbau geeignet; die Höhe zwischen 250 und 600 m ü.d.M. und die sonnige Lage tun ein übriges. Leider hat das Bestreben nach größeren Produktions- und Absatzmengen bei billigen Preisen zuweilen zu einer Verschlechterung des Weines geführt, der in die bekannten Korbflaschen abgefüllt wird. Die großen Kreszenzen dagegen gelangen in Bordeauxflaschen auf den Markt.

Zum Thema Weinbau s. auch Praktische Informationen, Wein (mit Karte).

Hinweis

Chiusi

C 3

Provinz: Siena (SI)
Höhe: 375 m ü.d.M.
Einwohnerzahl: 10000

Die Stadt Chiusi liegt weit im Osten der Toskana, am südlichsten Ende der →Valdichiana und etwa 20 km südöstlich von Montepulciano.

Lage

Chiusi

Vermutlich umbrischen Ursprungs, wurde Chiusi (damals ‚Chamars' genannt) im 6. Jh. eine bedeutende Stadt der Etrusker, anderen Zentren wie Tarquinia, Populonia und Vetulonia ebenbürtig und Mitglied des Zwölfstädtebundes. Ein König von Chiusi, Porsenna, bekriegte als Verbündeter des Tarquinius Superbus selbst Rom, das sich bemühte, die Etruskerherrschaft abzuschütteln. Als ‚Clusium' wurde die Stadt nach ihrer Eroberung dem Imperium Romanum einverleibt. Schon im 5. Jh. Bischofssitz, unterstand die Stadt Goten und Langobarden, im Mittelalter den Städten Orvieto, Siena und Florenz.

*Museo Nazionale Etrusco

Am östlichen Rand des Städtchens ist in einem antiken Tempeln nachempfundenen Bau das Museo Nazionale Etrusco (Etruskisches Nationalmuseum) eingerichtet. Es zeigt etruskische Kunst- und Gebrauchsgegenstände sowie griechische Keramik, die bei Ausgrabungen in der Umgebung von Chiusi gefunden wurden. Beachtenswert sind Aschenurnen, Sarkophage, Masken aus Bronzeblech oder Ton, Grabsteine, Amphoren und Krüge. Besonders interessant sind die Kanopen, Urnen mit Deckeln in der Form eines plastischen Porträts des Verstorbenen, und die Cippi, reliefverzierte Grabsteine. Das Museum bietet einen guten Einblick in das Leben und den Totenkult der Etrusker, in ihr handwerkliches Können und ihr künstlerisches Empfinden.

Dom

Südlich gegenüber dem Museum erhebt sich der Dom (San Secondiano), dessen Anfänge bis in das 7. Jh. zurückgehen. Seine heutige Gestalt erhielt er im 13. Jh. und bei Restaurierungen 1887–1895. Der Glockenturm, im 16. Jh. verändert, wurde über einem in den Tuff gehauenen, von zwei Kuppeln überwölbten Wasserbecken aus römischer Zeit errichtet. Die dreischiffige Kirche selbst ist von 18 verschiedenen Säulen unterteilt, die aus römischen Häusern der Umgebung stammen. Die Wandgemälde im Inneren, Mosaiken vortäuschend, stammen aus dem späten 19. Jh.; beachtenswert dagegen die plastischen Arbeiten an den Säulen und der Taufstein.

Dommuseum

Im kürzlich eröffneten Dommuseum befinden sich 22 Chorbücher mit Miniaturen aus der →Abbazia di Monte Oliveto Maggiore.

*Etruskergräber

In der näheren und weiteren Umgebung von Chiusi gibt es annähernd 400 etruskische Grabstätten. Einige von ihnen können besichtigt werden; Auskunft erteilt das Museo Nazionale Etrusco (s. oben).

Tomba della Colle

Östlich in unmittelbarer Nähe der Stadt erreicht man die Tomba del Colle (‚Grab des Hügels'; nach dem Entdecker auch Tomba Casuccini genannt) aus dem frühen 5. Jh. v. Chr. Der Zugang ist noch durch die originale etruskische Steintür verschlossen; im Inneren beachtenswerte Wandmalereien (teils erneuert, teils Kopien).

An der Straße zum Lago di Chiusi liegt die Tomba della Scimmia (‚Grab des Affen', nach einem Detail der Wandmalereien), gleichfalls aus dem frühen 5. Jh. v. Chr. Die bedeutenden Wandbilder zeigen Szenen der Totenfeier.

Chiusi, Etruskergräber (Fortsetzung)
Tomba della Scimmia

Jünger ist die nahegelegene Tomba della Pellegrina, ein sogenanntes Dromosgrab (Ganggrab). Hier sind einige Urnen und Sarkophage, z.T. mit Reliefschmuck, zu sehen.

Tomba della Pellegrina

Etwas weiter nördlich gelangt man zur Tomba del Granduca (‚Grab des Großherzogs'), mit mehreren figurengeschmückten Urnen aus dem zweiten vorchristlichen Jahrhundert.

Tomba del Granduca

Monte Cetona

D 3

Der 1148 m hohe Monte Cetóna, an dessen Fuß der Fluß Orcia entspringt, ist ein weitgehend kahler Kalkberg. Von seinem Gipfel, zu dem etliche Fußwege hinaufführen, genießt man einen weiten Rundblick. Die Reste der Bauten, die einst von den Kamaldulensern hier errichtet wurden, befinden sich in Restaurierung. In jüngster Zeit wurden an den höhlenreichen Hängen des Berges Spuren prähistorischer Besiedlung entdeckt.

Lage
20 km südlich

Colle di Val d'Elsa

C 3

Provinz: Siena (SI)
Höhe: 137–223 m ü.d.M.
Einwohnerzahl: 16000

Die Stadt Colle di Val d'Elsa liegt fast im Zentrum der Toskana, annähernd 45 km südlich von Florenz.

Lage

Stadtbild

Colle di Val d'Elsa besteht aus einer modernen Unterstadt (‚Colle Bassa' oder ‚Piano') in der Ebene und der alten Oberstadt (‚Colle Alta').

In der Oberstadt, die ihr mittelalterliches Aussehen bewahrt hat und noch Reste des Mauerringes aus dem 13. Jh. besitzt, steht an der Piazza del Duomo der 1619 erbaute Dom; in seinem Inneren ein Bildhauer Giambologna (Giovanni da Bologna, 1529–1608) zugeschriebenes Kruzifix. Neben dem Dom der Palazzo Pretorio (urspr. 13. Jh.), mit dem Museo Archeologico (Funde aus einer nahen etruskischen Nekropole).

Oberstadt

Der Palazzo Vescovile (Bischöflicher Palast) beherbergt eine kleine Sammlung religiöser Kunst; im Palazzo dei Priori ist das Museo Civico (Städtisches Museum; Gemälde u.a.) untergebracht.

Museen

*Monteriggioni

C 3

Der kleine Ort Monteriggióni liegt höchst eindrucksvoll auf einer Hügelspitze über dem Elsa-Tal. Er ist von einem vollständig

Lage
10 km südöstlich

Monteriggioni: Mauerring

Colle di Val d'Elsa,
Monteriggioni (Fortsetzung)

erhaltenen, weithin sichtbaren Mauerring aus dem 13. Jh. umgeben, der durch 14 Türme verstärkt wird.

Cortona   C 3/4

Provinz: Arezzo (AR)
Höhe: 500–650 m ü.d.M.
Einwohnerzahl: 23000

Lage

Die Stadt Cortóna liegt im Casentino nahe der Ostgrenze der Toskana, nördlich von dem schon zur Region Umbria (Umbrien) gehörenden Lago Trasimeno (Trasimenischer See) bzw. 30 km südlich von Arezzo.

Geschichte

Cortona ist eine der ältesten Städte Italiens und gehörte als Curtuns schon dem Zwölfstädtebund der Etrusker an. Später wurde es römische Kolonie; im Mittelalter kam es nach mancherlei Kämpfen 1411 zu Florenz.
In Cortona wurden um 1441 oder 1450 der Maler Luca Signorelli, 1596 der Maler und Baumeister Pietro Berrettini (genannt Pietro da Cortona) geboren.

Heilquellen

Cortona gehört zu den kleineren, fast ausschließlich von Italienern besuchten Heilbädern. Die Quellen (alkalisch-muriatisches Bikarbonatwasser, 14,5°) entspringen im Stadtteil Manzano, wo auch die Kureinrichtungen zu finden sind (Heilanzeigen: Magen- und Darmkrankheiten, Stoffwechselstörungen, Hautkrankheiten).

Piazza della Repubblica

Zentrum der an der Hügelflanke ansteigenden, von einer wohl-
erhaltenen Mauer umgebenen Altstadt ist die Piazza della
Repubblica. An der Ostseite des Platzes steht der Palazzo del
Popolo aus dem 14. Jh. (nach 1514 umgebaut).

Palazzo Comunale

Beherrschend erhebt sich an der Westseite der Piazza della
Repubblica der Palazzo Comunale, der schon 1241 bestand,
1275 umgebaut, im 16. Jh. erweitert und 1896 etwas unge-
schickt restauriert wurde. Die Front des Palazzo erhält ihr cha-
rakteristisches Aussehen durch den mit Zinnen bekrönten Uhrturm (1509) und die gleichfalls im 16. Jh. errichtete Freitreppe.

Palazzo Pretorio

Durch das sich neben der Freitreppe des Palazzo Comunale
öffnende Gäßchen gelangt man mit wenigen Schritten auf die
nördlich gelegene Piazza Signorelli. Hier steht der Palazzo Pretorio (auch Palazzo Casali), im 13. Jh. erbaut und in der Renaissance umgestaltet. An seiner Fassade viele Wappen der Podestà (Stadtvögte).

Im Palazzo Pretorio ist die Accademia Etrusca (Etruskische   ****Museo
Akademie) untergebracht, eine Stiftung von 1726. Das dazuge-   dell'Accademia Etrusca
hörende Museum etruskischer Altertümer gehört zu den be-
deutendsten seiner Art. Neben etruskischen Funden sind auch
römische und ägyptische Altertümer zu sehen. Besonders bekannt ist der bronzene etruskische Radleuchter (5. Jh.v.Chr.);
unter den etruskischen Bronzestatuetten verdienen ein blitze-
schleudernder Jupiter (Giove tonante) und eine geflügelte Göt-
tin Beachtung (beide 7./6. Jh. v. Chr.).
Die ägyptische Abteilung zeigt eine der seltenen Totenbarken
aus bemaltem Holz (12. Dynastie, ca. 2000 v.Chr.), Sarkophage
u.a. Ferner sind im Museum die Münzen- und Medaillen-

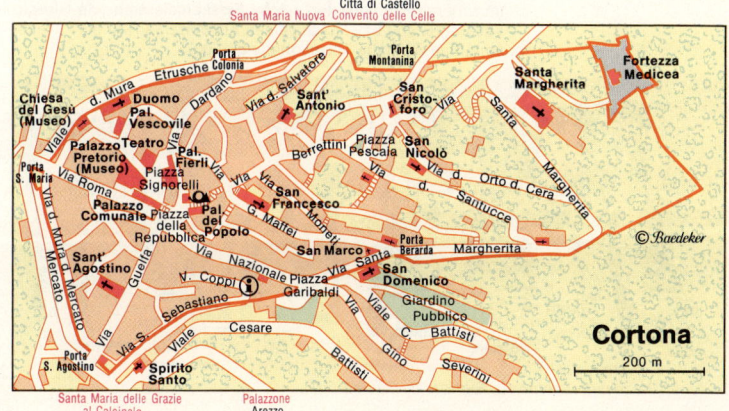

Palazzo Pretorio
(Fortsetzung)

sammlung sowie die Keramiken und die vorwiegend aus dem
13.–17. Jh. stammenden Gemälde italienischer Meister beachtenswert.
Die Ostseite des Platzes wird durch die Rückfront des Palazzo
Fierli (15. Jh.; Hauptfront an der Via Benedetti) abgeschlossen.

Dom

Unweit nördlich der Piazza Signorelli steht an der Piazza del
Duomo der über einer kleinen romanischen Kirche in Renaissanceformen erbaute Dom (Santa Maria), in seiner heutigen
Form überwiegend ein Werk von Giuliano da Sangallo
(1445–1516). Das Innere der Kirche wird durch schlanke Säulen
in drei Schiffe unterteilt; hier beachtenswert die Schnitzaltäre
(1644) von Francesco Mazzuoli. Im Chor schöne Gemälde, u.a.
von Schülern des Luca Signorelli.
Neben dem Dom steht der Bischofspalast (Palazzo Vescovile),
der sein jetziges Aussehen vor allem im späten 19. Jh. erhielt.

*Museo Diocesano

Westlich gegenüber vom Dom erblickt man die ehem. Jesuskir-
che (Chiesa del Gesù). Bemerkenswert ist die architektonische
Anlage mit zwei übereinandergebauten Schiffen. Der zwischen
1498 und 1505 entstandene Bau wurde im 16. Jh. nach Plänen
von Giorgio Vasari verändert.

Das obere Kirchenschiff mit seinen Nebenräumen beherbergt
heute das Museo Diocesano (Diözesanmuseum). Besondere
Beachtung verdienen hier die Werke von Fra Angelico (Verkündigung, Triptychon mit Madonna und Kind; Szenen aus dem
Leben des hl. Dominikus), Pietro Lorenzetti (Kruzifixus, Madonna) sowie aus der Schule des Duccio di Siena, ferner die
von Luca Signorelli und Sassetta gemalten Altartafeln, ein
römischer Sarkophag (2. Jh. n.Chr.) und das sog. Vagnucci-
Reliquiar (1457) aus vergoldeter Bronze, Silber und Edel-
steinen.

Im unteren Kirchenschiff reiche Freskomalereien von Giorgio
Vasari (16. Jh.) bzw. nach seinen Entwürfen sowie eine Kreuzabnahme (bemalte Terrakotta, um 1500).

Cortona: Diözesanmuseum (L. Signorelli: Geißelung)

San Francesco

Mit dem Bau der Kirche San Francesco, östlich des Palazzo Comunale, wurde im Jahre 1245 begonnen. Damit ist sie eine der ältesten Franziskanerkirchen. Das Äußere der einschiffigen gotischen Kirche ist schmucklos; das Innere wurde im Barock ungünstig verändert. Das bedeutendste Kunstwerk von San Francesco ist ein Kreuzreliquiar, das aus einer byzantinischen Elfenbeintafel in einer Rahmung aus dem 16. Jh. besteht (nicht immer zugänglich!).
Im Chor ist der Kirchengründer, Fra Elia da Cortona, begraben; auch der 1523 verstorbene Maler Luca Signorelli soll hier bestattet sein.

San Domenico

Die südlich außerhalb der Stadtmauer gelegene Kirche San Domencio war Teil eines Dominikanerklosters, dem der berühmte Maler Fra Angelico (eigentlich Giovanni di Pietro, um 1400–1455) eine Zeitlang angehörte. Das im frühen 15. Jh. in der schmucklosen Bauweise der Bettelorden errichtete einschiffige Gotteshaus wurde im 15. Jh. verändert. Im Inneren ein Flügelaltar von Lorenzo Gherini (14./15. Jh.); in der Kapelle rechts „Madonna mit Engeln und Heiligen" von Luca Signorelli (15. Jh.); an der Wand des Presbyteriums eine „Himmelfahrt" von Bartolomeo della Gatta (15. Jh.).
Östlich der Kirche erstreckt sich der Giardino Pubblico (‚Volkspark').

Giardino Pubblico

San Nicolò

Etwas erhöht über dem Kern der Altstadt, auf halber Strecke zur Festung (s. unten), steht das Kirchlein San Nicolò aus dem 15. Jh., mit einer kleinen, von schlanken Säulen getragenen Vorhalle. In dem barockisierten Inneren Gemälde von Luca Signorelli (doppelseitiges Tafelbild: „Kreuzabnahme" und „Thronende Madonna"; Fresko „Madonna mit Heiligen").

Santuario di Santa Margherita

Unweit unterhalb der Festung (s. unten) ist der Gebäudekomplex des Santuario di Santa Margherita (Wallfahrtskirche) an der Hügelflanke hingelagert. Die Kirche ist der hl. Margareta von Cortona (1247–1297) geweiht; der heutige Bau (1856–1897) ist ein dem byzantinischen Stil verpflichtetes Werk des Historismus. Das Grabmal der hl. Margareta entstand im Jahre 1362; ihre Reliquien ruhen in einem silbernen Schrein (1646) auf dem Hochaltar.
Vom Kirchenplatz bietet sich ein prächtiger Blick in die →Valdichiana.

Fortezza Medicea

Hoch über dem Stadtkern erhebt sich die Fortezza Medicea (Festung der Medici), der nordöstliche Eckpfeiler der Stadtmauer. Im Jahre 1556 auf älteren Fundamenten neu errichtet,

Fortezza Medicea
(Fortsetzung)

beherbergt sie heute eine landwirtschaftliche Lehr- und Forschungsanstalt. Großartige Rundsicht.

Santa Maria Nuova

Nördlich außerhalb der Stadtmauer (Porta Colonia) liegt die
Kirche Santa Maria Nuova, ein auf quadratischem Grundriß errichteter Renaissancebau mit hoher Kuppel. Die Pläne von Giovanni Battista Infregliati wurden bis um 1600 realisiert; an der
Ausführung war auch Giorgio Vasari beteiligt. Von den Gemälden im Inneren ist die „Geburt Mariae" (von Alessandro Allori;
16. Jh.) hervorzuheben.

Santa Maria delle Grazie al Calcinaio

Von der Porta Sant'Agostino, dem südwestlichen Stadttor, führt die Straße südöstlich (Richtung Camucia) zu der
1485–1513 erbauten Renaissancekirche Santa Maria delle
Grazie al Calcinaio (auch Madonna del Calcinaio). Der Bau-
entwurf stammt von Francesco di Giorgio Martini; auf dem
Grundriß eines lateinischen Kreuzes erhebt sich der harmonische einschiffige Kuppelbau. Die Kirche wurde zu Ehren eines
wundertätigen Marienbildes erbaut, das sich ursprünglich an
der Wand einer Kalkgrube (calcinaio) der örtlichen Gerberzunft
befand und heute den Hochaltar schmückt.

Grotte des Pythagoras (‚Tanella di Pitagora'; Etruskergrab)

Südlich der Stadt (Zufahrt ebenfalls von der Porta Sant'Agostino) befindet sich die sog. ‚Grotte des Pythagoras', ein Etrusker-
grab aus dem 4. Jh. v.Chr. mit kreisförmigem Grundriß. Große
keilförmige Steinblöcke umschlossen eine Grabkammer von
2,05 × 2,53 m Grundfläche. Eine historisch belegbare Beziehung zu Pythagoras besteht nicht; zu vermuten ist eine Ver-
wechslung mit dem von Griechen gegründeten Ort Kroton
(heute Crotone) in Kalabrien. Weitere Etruskergräber sind in
Camucia und in Sodo zu sehen.

Palazzone Passerini

Östlich außerhalb der Stadt wurde um 1515 für den Kardinal
Passerini der Palazzone (‚großer Palast') erbaut. Der von Giovanni Battista Caporali entworfene und von einem mächtigen
zinnengekrönten Turm überragte Bau umschließt einen zierlichen Garten mit Arkaden. Die Räume des Palastes sind mit
Fresken ausgeschmückt; diejenigen in der Kapelle werden
Luca Signorelli zugeschrieben, und es heißt, er sei 1532 bei der
Arbeit vom Gerüst gestürzt und an den Folgen dieses Unfalles
gestorben. Der Palast beherbergt Bildungseinrichtungen.

Convento delle Celle   C 4

Lage
3,5 km nordöstlich

Der Convento delle Celle, an der Flanke des Monte Sant'Egidio
gelegen, ist ein höchst reizvolles Ensemble von Mönchszellen,

deren erste 1211–1221 durch Franz von Assisi gegründet wurden. Zu besichtigen sind die kleine Kirche von 1573 und einige Klosterzellen. Vom Konvent aus bietet sich ein schöner Ausblick auf Cortona.

Cortona,
Convento delle Celle
(Fortsetzung)

Crete   C 3

Provinz: Siena (SI)
Höhe: bis 350 m ü.d.M.

Die kahlen Hügelwellen der Crete sind eine der eindrucksvollsten und überraschendsten Landschaftsformen der Toskana. Sie erstrecken sich südöstlich von Siena zwischen den Orten Taverne d'Arbia und Asciano.

Lage

Landschaftsbild

Die stark zertalten, durch Erosion beständig gefährdeten Crete sind landwirtschaftlich nicht nutzbar. Kurzer Grasbewuchs bietet nur eine karge Weide für Schafe. Ein schärferer Gegensatz zu den lieblichen Hügeln sonst in der Toskana läßt sich kaum vorstellen.

Geologisch gehören die Crete zur Kreideformation (ca. 65–135 Mio. Jahre alt); von dem namengebenden lateinischen Begriff ‚terra creta' (= gesiebte Erde) leitet sich auch die Bezeichnung dieser ‚Mondlandschaft' ab.

Elba (Isola d'Elba)   D 2

Provinz: Livorno (LI)
Inselfläche: 223 km^2
Bewohnerzahl: 30000

Elba, die größte Insel des →Arcipelago Toscano (Toskanischer Archipel), liegt 10 km südwestlich von dem Festlandshafen Piombino im Ligurischen Meer. Im Canale di Piombino, der die Insel von der Festlandsküste trennt, liegen die kleinen Eilande Topi, Palmaiola und Cerboli.

Lage

Vom Festlandshafen Piombino besteht eine Autofährverbindung zum Inselhafen Portoferraio. Zumindest in der Hochsaison ist eine Voranmeldung bei den Schiffslinien unbedingt ratsam (in Piombino: Toremar, Tel. 0565/31100; Navarma, Tel. 0565/39775; in Portoferraio: Toremar, Tel. 0565/918080; Navarma, Tel. 0565/92133). Ferner besteht Schiffsverbindung zwischen Livorno und Portoferraio.
Von Pisa besteht eine Flugverbindung (tgl.) zu dem kleinen Flugplatz bei Marina di Campo.

Zufahrt

Die Ausdehnung von Elba beträgt 27 km von Osten nach Westen und 18 km von Norden nach Süden. Höchste Erhebung ist mit 1019 m der im Westen aufragende Monte Capanne. Die insgeamt 147 km lange Küste ist zum Teil felsig und wildzerklüftet, zum Teil auch sandig und flach.

Allgemeines

Elba: Inselhafen Portoferraio

Geschichte

Die an Bodenschätzen reiche Insel war in vorchristlicher Zeit zunächst von Ligurern besiedelt. Ihnen folgten die Etrusker, die mit der Ausbeutung der Erzvorkommen begannen. Die Römer gründeten auf der von ihnen ‚Ilva' genannten Insel mehrere Siedlungen (‚coloniae'); schon Vergil (70–19 v. Chr.) rühmt ihren Reichtum an Erzen. Im Mittelalter wechselte Elba mehrmals den Besitzer; es gehörte ab 962 den Pisanern, fiel 1290 an Genua, später an Lucca und 1736 an Spanien. 1814 wurde die Insel dem entthronten Napoleon mit vollen Souveränitätsrechten überlassen; er verweilte hier vom 4. Mai 1814 bis zum 26. Februar 1815. Durch den Wiener Kongreß kam die Insel wieder zum Großherzogtum Toskana.

Wirtschaft

Mit dem Besitz der Eisenerzgruben von Elba begründeten einst die Etrusker ihre Vorherrschaft in Italien, und auch die Römer haben später diese Gruben ausgebeutet. Noch heute bildet die Förderung von Eisenerz neben dem Fischfang (Thunfisch, Sardellen) und der Landwirtschaft (Obst, Wein) den wichtigsten Erwerbszweig der Bewohner. Dank eines milden und ausgeglichenen Klimas und besonderer landschaftlicher Reize verzeichnet Elba noch immer steigende Besucherzahlen. Besonderer Beliebtheit erfreuen sich die Badestrände und felsigen Buchten an der 147 km langen Küste.

Portoferraio

Auf einer Landzunge im Westen der Einfahrt zu einer weiten Bucht der Nordküste liegt Portoferraio (‚Eisenhafen'), der Hauptort der Insel. An der Via Garibaldi, der Hauptstraße, steht das Rathaus; unweit nordöstlich, in der Via Napoleone, die Kirche Misericordia, in der alljährlich am 5. Mai eine Seelenmesse für Napoleon gelesen wird (innen eine Nachbildung seines Sarges sowie ein Bronzeabguß der Totenmaske). Weiter oberhalb, auf dem höchsten Punkt der eigentlichen Stadt, die Piazza Napoleone (Aussicht). Westlich das Forte Falcone (79 m), östlich, oberhalb des Leuchtturmes, das Forte Stella (48 m), beide 1548 angelegt und später von Napoleon ausgebaut. An der Seeseite des Platzes die einfache Villa der Molini, ehemals offizielle Residenz Napoleons; im Inneren u. a. Napoleons Bibliothek und andere Erinnerungsstücke.

Elba, Portoferraio (Fortsetzung)

Etwa 6 km südwestlich von Portoferraio liegt inmitten reicher Vegetation am Abhang des bewaldeten Monte San Martino (370 m) die Villa Napoleone, einst Sommerresidenz des Kaisers (Aussichtsterrasse; Gemäldesammlung).

Villa Napoleone

*Fahrt durch die Insel Elba

Von Portoferraio gelangt man 18 km westlich über den Badeort Procchio, an der gleichnamigen weiten Bucht, zu dem ebenfalls als Seebad beliebten Dorf Marciana Marina. 4 km weiter landeinwärts das inmitten schöner Kastanienwälder gelegene, als Sommerfrische besuchte Dorf Marciana mit seiner Burgruine. Von hier führt eine Schwebebahn zum Monte Capanne (1019 m), dem höchsten Gipfel der Insel (Aussicht). Ferner von Poggio sehr lohnend der einstündige Anstieg südöstlich auf den Monte Perone (630 m).

Monte Capanne

Monte Perone

An der Ostküste liegen die Orte Rio Marina (bedeutender Eisenerz-Tagebau) und malerisch an einer Bucht das im 17. Jh. von den Spaniern befestigte Fischerstädtchen Porto Azzurro.

Rio Marina

An der einsameren Südküste liegt reizvoll am Golfo di Campo das beliebte Seebad Marina di Campo.

Marina di Campo

Empoli   C 2

Provinz: Florenz/Firenze (FI)
Höhe: 28 m ü.d.M.
Einwohnerzahl: 44000

Die moderne, reiche Industriestadt Émpoli im Tal des Arno liegt in der nördlichen Toskana, rund 35 km westlich von Florenz an der Straße nach Pisa.

Lage

Stadtbild

Im Zentrum von Empoli, an der von Arkaden umgebenen und mit einem Najaden-Brunnen geschmückten Piazza Farinata degli Uberti, erhebt sich die Collegiata Sant'Andrea (Kollegiatskirche St. Andreas), die bis auf das 5. Jh. zurückgeht, ihr heutiges Aussehen aber der Erneuerung im 11. Jh. (unterer Gebäudeteil) sowie im 17. und 18. Jh. (oberer Gebäudeteil und Campanile) verdankt. Besonders schön ist die Fassade mit weiß-grüner Marmorstreifung.

Collegiata

Empoli
(Fortsetzung)
*Museo della Collegiata

Das nahegelegene Museo della Collegiata (Pinacoteca di San Andrea) lohnt wegen der kostbaren Gemälde und Skulpturen einen Besuch. Besonders reich ist die Sammlung an toskanischen Bildern aus dem 14.–17. Jahrhundert.

Santo Stefano

Die Kirche Santo Stefano in der gleichnamigen Straße wurde im Zweiten Weltkrieg schwer beschädigt, jedoch inzwischen wiederhergestellt. Sie besitzt bemerkenswerte Fresken, u.a. von Masolino da Panicale (15. Jh.).

Vinci   C 2

Lage
11 km nördlich

Das am Südhang des Monte Albano in fruchtbarer Landschaft gelegene Städtchen Vinci ist Geburtsort des genialen Künstlers, Technikers und Naturforschers Leonardo da Vinci (geb. 15.4.1452, gest. in Amboise/Frankreich 2.5.1519).
In der ehemaligen Burg (Castello; 13. Jh.) ist ein kleines Museum (Museo Vinciano) eingerichtet, das Modelle nach Zeichnungen Leonardos sowie eine Bibliothek umfaßt.

Das angebliche Geburtshaus Leonardos steht im nahen Ort Anchiano.

Fiesole   C 3

Provinz: Florenz/Firenze (FI)
Höhe: 295 m ü.d.M.
Einwohnerzahl: 15000

Lage

Das alte Städtchen Fiésole, in reizvoller Hanglage nur wenige Kilometer nordöstlich oberhalb des Stadtkerns von → Florenz, ist ein beliebtes Ausflugsziel zum einen wegen der prächtigen

*Aussicht

Aussicht auf das Weichbild der toskanischen Hauptstadt im Arnotal, zum anderen aber auch wegen der am Ort vorhandenen Sehenswürdigkeiten.

Geschichte

Fiesole ist eine etruskische Gründung des 7.–6. vorchristlichen Jahrhunderts; aus dem Jahre 225 v. Chr. stammt die erste urkundliche Erwähnung. Gegen Ende des 1. Jh.s v.Chr. entstand die römische Stadt Faesulae (mit Kapitol, Forum, Tempel, Theater und Thermen), die jedoch in der Zeit der Völkerwanderung niederging und später von dem nahen Florenz gänzlich überflügelt wurde. Seit 492 ist Fiesole Bischofssitz.

Piazza Mino da Fiesole

*Dom

Im Ortsmittelpunkt erhebt sich an der Nordseite der weiten Piazza Mino da Fiesole (benannt nach dem Bildhauer Mino da Fiesole, um 1430 bis 1484), des antiken Forums, im Jahre 1028 begonnene, im 13. und 14. Jh. erweiterte sowie im 19. Jh. veränderte Dom (Duomo San Romolo), seit dem 11. Jh. Bischofskirche (zuvor an der Stelle der heutigen Badia Fiesolana). Der gut 42 m hohe, zinnenbewehrte Glockenturm stammt aus dem Jahre 1213. Im Kircheninneren beachtenswerte Fresken und Bildwerke, besonders in der Cappella Salutati.

Vinci: Burg   *Fiesole: Zona Archeologica*

Nördlich an den Dom schließt das Museo Bandini, eine Sammlung sakraler Kunstwerke (viele Heiligenbilder), die der Kanoniker Angiolo Maria Bandini, Bibliothekar der Florentiner Biblioteca Mediceo-Laurenziana, bis 1795 zusammengetragen hat
und die nach seinem Tod in den Besitz des Domkapitels von
Fiesole übergingen.

Museo Bandini
(So. geschl.)

Die nordwestliche Schmalseite der Piazza Mino da Fiesole nehmen das 1697 entstandene stattliche Gebäude des Seminario
sowie der ursprünglich aus dem 11. Jh. stammende Bischofspalast (Palazzo Vescovile) ein.

Seminargebäude
Bischofspalast

An der Südwestseite des Platzes stehen der wappenge-
schmückte Palazzo Pretorio (14. und 15. Jh.) und das mittelalterliche Oratorium Santa Maria Primerana mit einem Portikus
aus dem 16. Jahrhundert.

Palazzo Pretorio
Santa Maria Primerana

Das Denkmal auf der Piazza heißt „Incontro di Teano" (1906);
die bronzenen Reiterstandbilder verkörpern König Viktor Ema-
nuel II. und Garibaldi.

Denkmal

*Zona Archeologica (Ausgrabungen)

Nordöstlich hinter dem Dom liegt das Ausgrabungsgelände
Zona Archeologica, beherrscht von einem erst zu Beginn des
19. Jh.s wiederentdeckten römischen Theater, das schon zu
Beginn der Kaiserzeit (1. Jh. v. Chr.) angelegt und unter den
Kaisern Claudius sowie Septimius Severus ausgebaut wurde.
Das Halbrund hat einen Durchmesser von 34 m und bietet auf

Theater

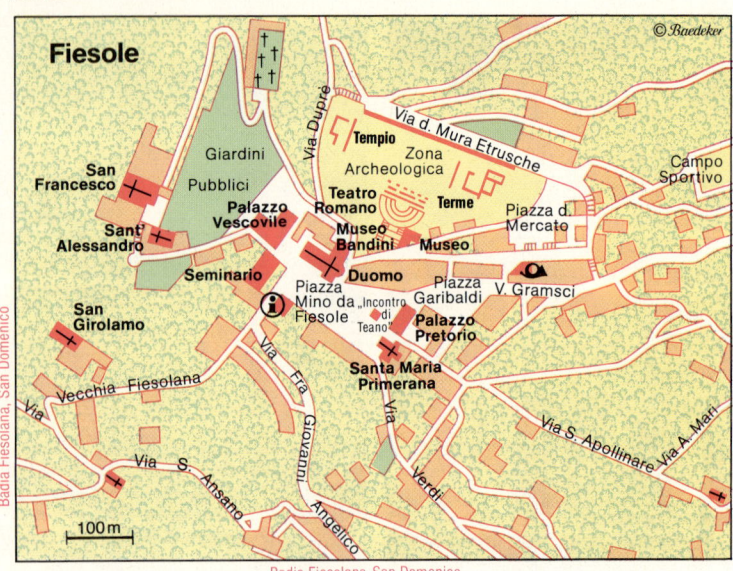

Badia Fiesolana, San Domenico

Badia Fiesolana, San Domenico
Firenze

Theater (Fortsetzung)	24 Reihen rund 3000 Zuschauern Platz; die Bühnenfläche mißt 26,40 × 6,40 m.
Thermen	Unweit vom Theater liegen die Ruinen einer römischen Thermenanlage, die ebenfalls zu Beginn der Kaiserzeit erbaut und unter Kaiser Hadrian erweitert worden ist. Obwohl die von mächtigen Pfeilern getragenen Bögen stets sichtbar waren, erkannte man erst gegen Ende des 19. Jh.s, daß es sich hierbei um eine Badeanlage handelt, und legte den Komplex frei.
Tempel	In der Nordwestecke des Grabungsfeldes befinden sich die Reste eines römischen (1. Jh. v. Chr.) und eines etruskischen Tempels (3. Jh v. Chr.).
Etruskische Mauer	Nach Norden wird das Grabungsgelände von einem erhaltenen Teilstück der mächtigen etruskischen Stadtmauer begrenzt.
Museum (Mo. geschl.)	In dem kleinen archäologischen Museum südlich oberhalb des römischen Theaters werden Funde aus etruskischer und römischer Zeit gezeigt.

San Francesco

Giardini Pubblici	Im Nordwesten der zentralen Piazza Mino da Fiesole dehnt sich der aussichtsreiche Stadtpark (Giardini Pubblici) aus.
Klosterkirche	Am Westrand des Parkes ragt (auf 345 m ü.d.M.) die Klosterkirche San Francesco auf, ein Bau des 14. Jh.s, der 1407 den Franziskanern überlassen wurde. Beachtenswert sind neben
Missionsmuseum	dem Kircheninneren ein Missionsmuseum und die Klosterkreuzgänge.

Sant'Alessandro in Fiesole

Südlich von San Francesco steht die vermutlich schon im 3. Jh. gegründete Kirche Sant'Alessandro (urspr. San Pietro in Gerusalemme), die dem Fiesolaner Bischof Alexander geweiht ist. Sie erhebt sich über einem alten etruskischen Tempel, der später durch einen römischen Bacchustempel ersetzt worden war. Zu Beginn des 6. Jh.s soll Theoderich d. Gr. den Bau in eine christliche Kirche umgewandelt haben, die im Laufe der Zeit mehrfach umgestaltet wurde. Von der Terrasse bietet sich eine vortreffliche Aussicht über die Senke von Florenz.

Kirche

Villa Medici

Auf der Strada Vecchia Fiesolana, die von Fiesole südwestlich abwärts führt, erreicht man die Villa Medici (auch ‚Belcanto' oder ‚Il Palagio di Fiesole' genannt), die der Architekt Michelozzo 1458–1461 für Cosimo den Älteren erbaut hat und in der Lorenzo der Prächtige seine literarischen Freunde empfing.

San Domenico di Fiesole

Nur gut 1 km südwestlich von Fiesole und unmittelbar an der Stadtgrenze von Florenz (Panoramablick) liegt die Häusergruppe San Domenico di Fiesole (148 m ü.d.M.). Beachtung verdient hier die Kirche San Domenico (1406–1435; im 17. Jh. umgebaut) mit reich geschmücktem Inneren; in der ersten Kapelle links ein schönes Altarbild von Fra Angelico (um 1430).

Kirche

Badia Fiesolana

Nordwestlich unterhalb (auf 123 m ü.d.M.) von San Domenico liegt die Badía Fiesolana, wo sich bis 1026 die Kathedralkirche von Fiesole befand (danach der Fiesolaner Dom). Nachdem zunächst Kamaldulensermönche die Kirche samt einem Kloster (Badia = Abtei) neu aufgebaut hatten, kam die Anlage an den Orden der Benediktiner. In der Zeit der Renaissance gestaltete man Kloster und Kirche wiederum neu; an der Kirchenfassade sind romanische Teile aus dem 12. Jh. erhalten.
In der Badia Fiesolana ist seit 1976 das internationale Hochschulinstitut ‚Università Europea' untergebracht.

Florenz (Firenze)   C 3

Provinz: Florenz/Firenze (FI)
Höhe: 50 m ü.d.M.
Einwohnerzahl: 450000

Die im Rahmen dieses Reiseführers für die gesamte Toskana gegebene Darstellung der Stadt Florenz ist bewußt knapp gehalten, da in der Reihe „Baedekers Allianz-Reiseführer" ein ausführlicher Stadtband „Florenz" vorliegt.

Hinweis

Florenz (italienisch Firénze), die alte Hauptstadt der Toskana mit dem Beinamen ‚la bella' (= die Schöne), jetzt Hauptort der

Lage und Bedeutung

Florenz

Lage und Bedeutung
(Fortsetzung)

gleichnamigen italienischen Provinz und Sitz einer staatlichen Universität sowie eines Erzbischofs, liegt im nördlichen Teil der Region Toskana malerisch zu beiden Seiten des Arno, umgeben von den Vorhöhen der Apenninen.

Während im Altertum Italien in Rom aufging, war der Mittelpunkt der geistigen Entwicklung vom Mittelalter bis zur Neuzeit vorzugsweise Florenz. Von hier ging die Schöpfung der italienischen Schriftsprache und Literatur aus, hier erwuchs die Blüte der italienischen Kunst. Eine erstaunliche Fülle von Kunstschätzen, wie wohl nirgends sonst auf so kleinem Raume vereint, bedeutsame geschichtliche Erinnerungen sowie eine reizvolle Umgebung machen Florenz zu einer der besuchenswertesten Städte der Erde.

Hinweis

Die Innenstadt ist für private Kfz gesperrt!

Kultur, Kunst
und Wissenschaft

Seit der Renaissance hat sich Florenz seinen Rang als Zentrum von Kunst und Kultur bewahrt, und es hat das Stadtbild seiner Glanzzeit erhalten. Die Kirchen, Paläste, Plätze und Brücken, Fresken und Gemälde, die in den Jahrzehnten seiner kulturellen Blütezeit entstanden, blieben bestehen. Die Stadt zieht seitdem nicht nur allgemein interessierte Touristen an, sondern in besonderem Maße auch Künstler, Kunsthistoriker und Geschichtsforscher. Universitäten und wissenschaftliche Institute, Theater, Oper und Orchester, Kunstgalerien, Museen und Bibliotheken beweisen die Lebendigkeit des Florentiner Geistes.

Handel und Gewerbe

Die Florentiner haben seit dem Mittelalter als tüchtige Handwerker, geschickte Kaufleute und ordentliche Verwalter ihrer Stadt stets Wohlstand gesichert. Zeitweise beherrschten Flo-

▼ *Florenz: Stadtpanorama von Südwesten*

rentiner Banken den Geldmarkt Europas, ihre Bankiers beein-
flußten die europäische Politik. Die Herrscherfamilie der Medici
verdankt ihren Aufstieg dem Erfolg in Handels- und Bankge-
schäften. Da es Florenz nicht gelang, den anderen italienischen
Staaten – der Republik Venedig, dem Herzogtum Mailand, dem
Kirchenstaat des Papstes und dem Königreich Neapel-Sizilien –
an politischer Macht ebenbürtig zu werden, verlor es seinen
wirtschaftlichen Rang, so daß es heute weder als Handels-
noch als Bankenzentrum international hervorragt. Reichtum er-
warben sich die Florentiner im ausgehenden Mittelalter durch
die Textilindustrie (Weberei, Färberei, Schneiderei, Seiden-
handel), die noch heute als Bekleidungsindustrie ein wichtiger
Einkommenszweig ist. Das hochentwickelte Handwerk (Keramik, Porzellan, Stickerei, Lederbearbeitung, Korbwaren) hat
seine künstlerischen Traditionen bewahrt. Chemische und
pharmazeutische Betriebe, der Kunst- und Antiquitätenhandel,
Druckereien und Verlage stellen die meisten Arbeitsplätze.
Von größter Bedeutung ist für Florenz heute der Handel: Zahlreiche Banken haben in der Stadt ihren Sitz, ihre Modemessen
(‚Alta Moda‘) sind weltberühmt, ihre Pelz-, Antiquitäten- und
Buchmessen Anziehungspunkte für in- und ausländische Besucher. Im Zusammenhang damit steht auch die Bedeutung des
Fremdenverkehrs. Der Besucherstrom reißt das ganze Jahr
über nicht ab, zu den kirchlichen Festen ist Florenz stets über-
füllt. Das gesamte Dienstleistungsgewerbe spielt eine wichtige
Rolle im Wirtschaftsleben der Stadt.

Das etruskische und römische Florentia tritt in der alten Geschichte wenig hervor. Zu Anfang des 13. Jh.s schwang sich die
Stadt durch Kriegsglück und Gewerbefleiß (Wolle, Seide) zur

Geschichte

angesehensten in Mittelitalien auf; doch wurden die herrschenden Adelsgeschlechter durch fortgesetzte innere Kämpfe zwischen Guelfen (Anhänger des Papsttums) und Ghibellinen (Anhänger der Hohenstaufen) geschwächt. Allmählich erstarkten die Zünfte, die 1282 die Regierung an sich brachten; ihre Vorsteher (Priori) traten als ‚Signoría' an die Spitze der Verwaltung.

In der Literatur glänzt Florenz vor allem durch Dante Alighieri (1265–1321), den Dichter der „Göttlichen Komödie" und großen Schöpfer der italienischen Schriftsprache, ferner durch den ersten seiner Erklärer, Giovanni Boccaccio (1313–1375), der als Erzähler in seinem „Decamerone" das Vorbild für den italienischen Prosastil schuf. Francesco Petrarca (1304–1374), der dritte große Florentiner des 14. Jh.s, hatte hervorragenden Anteil an der Wegbereitung des Humanismus.

Im Jahre 1434 kam die reiche Kaufmannsfamilie Medici an die Macht, deren bedeutendste Mitglieder Cosimo (1434–1464), der ‚Vater des Vaterlandes' (Pater Patriae), und Lorenzo (1469–1492), genannt ‚il Magnifico' (= der Prächtige), die Republik zu ihrer höchsten Blüte führten und zu einem glänzenden Zentrum von Kunst und Wissenschaft machten. Im Jahre 1494 wurden die Medici vertrieben; ihr Gegner, der Bußprediger Girolamo Savonarola, endete 1498 auf dem Scheiterhaufen. Doch 1512 wurden die Medici durch spanische Truppen zurückgeführt, allerdings schon 1527 abermals vertrieben. Bereits 1530, nach der Einnahme der Stadt durch Karl V., setzte man Alessandro de' Medici als erblichen Herzog ein (1537 ermordet); sein Nachfolger Cosimo I. wurde 1569 Großherzog von Toskana.

Nach dem Aussterben der Mediceer wurde 1737 das Land als erledigtes Reichslehen an das Haus Lothringen gegeben, das mit Ausnahme der napoleonischen Zeit (1801–1814) bis 1860 herrschte. Dann schloß sich die Toskana dem neuen Italien an, und Florenz nahm als zeitweilige Hauptstadt des Königreiches (1865–1870) einen bedeutenden Aufschwung.
Bis auf die Ende 1944 von deutschem Militär durchgeführte Sprengung der Arnobrücken, von denen die schönste, der Ponte Vecchio, glücklicherweise erhalten blieb und andere z.T. im alten Stil wiederaufgebaut wurden, überstand die Stadt den Zweiten Weltkrieg fast unversehrt. Im November 1966 entstanden nach tagelangen Regenfällen durch Hochwasser des Arno schwere Schäden an der historischen Bausubstanz; die Flutkatastrophe kostete zahlreiche Menschen das Leben.

**Piazza della Signoria

Der alte Mittelpunkt des städtischen Lebens ist die Piazza della Signoría, einst Forum der Republik, in ihrer jetzigen Gestalt seit 1386, mit dem Palazzo Vecchio und der Loggia dei Lanzi als beherrschenden Bauten an der Südseite des Platzes.

Der Palazzo Vecchio (Alter Palast), das Rathaus, ein burgartiges Gebäude mit 94 m hohem Turm, wurde 1298–1314 als Palazzo dei Priori für die Signoria angeblich nach Plänen des

Florenz: Palazzo Vecchio, Hauptpalast der Stadt ▶

Florenz: Loggia dei Lanzi

**Palazzo Vecchio
(Fortsetzung)**

Arnolfo di Cambio erbaut und im 16. Jh. auf der Rückseite erweitert.

Links vom Eingang eine Nachbildung von Michelangelos „David" (Original in der Galleria dell' Accademia); im malerischen vorderen Hof (1454 erneuert) die Kopie von Verrocchios reizendem Knaben mit dem Fisch (Original im 2. Stock).

Im ersten Stock der große Saal der Fünfhundert (Salone dei Cinquecento; 1495) mit Michelangelos Marmorgruppe „Sieg der Tugend über das Laster" (um 1520). Ferner im ersten und zweiten Stock die Prachträume (Quartieri Monumentali). Vom Wehrgang und vom Turm prächtige Rundsicht.

Fontana del Nettuno

An der Nordwestecke des Palastes der große Neptunsbrunnen (Fontana del Nettuno; 1563–1575), vor dem eine Steinplatte die Stelle von Savonarolas Scheiterhaufen bezeichnet.

∗Loggia dei Lanzi

Neben dem Palazzo Vecchio steht die Loggia dei Lanzi (urspr. Loggia dei Signori; 1376–1382), eine nach den deutschen Landsknechten Cosimos I. benannte, offene Halle mit weiten Kreuzgewölben für Ansprachen an die Bevölkerung. Im Inneren bedeutende Skulpturen, darunter die Marmorgruppe „Raub der Sabinerinnen" von Giovanni da Bologna (1583) sowie „Perseus mit dem Haupt der Medusa", ein Erzguß von Benvenuto Cellini (1553).

Palazzi

An der Ostseite der Piazza della Signoria steht die ehem. Handelskammer (Mercanzía; 1359); nördlich der Palazzo Uguccioni (16. Jh.); an der Westseite des Platzes der Palazzo Fenzi (1871), der den altflorentinischen Palasttypus nachahmt.
Palazzo degli Uffizi s. Uffizien.

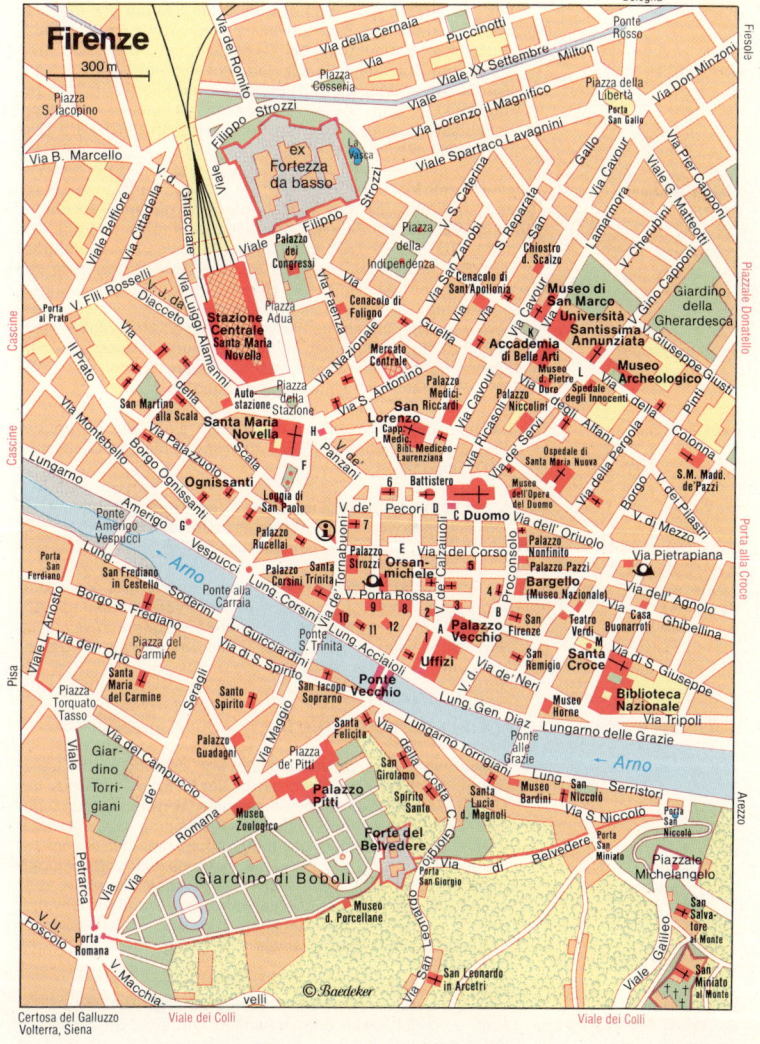

Firenze

300 m

A Piazza della Signoria
B Piazza San Firenze
C Piazza del Duomo
D Piazza San Giovanni
E Piazza della Repubblica
F Piazza Santa Maria Novella

G Piazza Ognissanti
H Piazza dell' Unità Italiana
I Piazza Madonna degli Aldobrandini
K Piazza San Marco
L Piazza della Santissima Annunziata
M Piazza Santa Croce

1 Loggia dei Lanzi
2 Palazzo Fenzi
3 Palazzo Uguccione
4 Badia Fiorentina
5 Casa di Dante
6 Santa Maria Maggiore

7 San Gaetano
8 Mercato Nuovo
9 Palazzo Davanzati
10 Palazzo Spini-Ferroni
11 Santi Apostoli
12 Palazzo di Parte Guelfa

Von der Piazza della Signoria zieht die belebte Via de' Calzaiuoli (Straße der Strumpfwirker) nordwärts zum Domplatz.

*Orsanmichele

Jenseits der Einmündung der Via de' Lamberti erhebt sich links
die Kirche Orsanmichele (Or San Michele), ein 1284–1291 als
Kornbörse errichteter und 1337–1404 erneuerter, mächtiger
dreistöckiger Bau, dessen Außenseiten mit kunstgeschichtlich
bedeutsamen Bildwerken (u.a. von Verrocchio, Ghiberti und
Donatello) geschmückt sind.

**Museo Nazionale
del Bargello
(Mo. geschl.)

Unweit nordöstlich der Piazza della Signoria steht an der Piazza San Firenze der gewöhnlich ‚Bargello' genannte festungsartige Palazzo del Podestà, der 1255 begonnen wurde und seit
1574 Sitz des Polizeihauptmanns (Bargello) und Gefängnis
war. Seit 1865 beherbergt der Bau das Museo Nazionale del
Bargello, ein Museum für italienische Kultur- und Kunstgeschichte des Mittelalters und der neueren Zeit mit einer hervorragenden Sammlung Florentiner Renaissanceplastik. Der
Innenhof bietet mit seinen kräftigen Pfeilerhallen, der schönen
Freitreppe und den wappengeschmückten Wänden das treffliche Bild eines mittelalterlichen Burghofes.

Badia Fiorentina

Westlich gegenüber dem Bargello liegt die Badia Fiorentina,
eine alte Benediktinerabtei (978 gegründet) mit zierlichem spit-
zen Campanile.

San Firenze

An der Südostseite der Piazza San Firenze befindet sich die barocke Anlage von San Firenze; die Kirche wurde 1633–1648
erbaut.

Casa di Dante (Dante-Museum;
Mi. geschl.)

Im Nordwesten vom Bargello gelangt man in der Via Dante
Alighieri zu den sog. Häusern der Alighieri (Case degli Ali-
ghieri); in einem von ihnen soll Dante 1265 geboren sein. Das
Haus Nr. 4 heißt heute Casa di Dante und enthält ein Dante-
Museum.

**Uffizien (Palazzo und Galleria degli Uffizi)

Palazzo

Südlich vom Palazzo Vecchio und von der Loggia dei Lanzi
erstreckt sich bis zum Ufer des Arno der Palazzo degli Uffizi, ein
1560–1574 von Vasari errichtetes ehem. Verwaltungsgebäude,

**Galleria
(Mo. geschl.)

das heute die weltberühmte Kunstsammlung Galleria degli
Uffizi (kurz ‚die Uffizien' genannt) enthält, eine der ersten Ge-
mäldesammlungen der Erde, die einen nahezu vollständigen
Überblick über die florentinischen Malerschulen gewährt, aber
auch bedeutende Werke oberitalienischer, besonders der venezianischen Maler, ausgezeichnete Beispiele niederländischer
und altdeutscher Meister sowie eine Reihe antiker Bildwerke
einschließt.

Vasari-Korridor
(Mi., Fr., So. 9.30)

Von den Uffizien führt der rund 400 m lange Vasari-Korridor
(Corridoio del Vasari oder Vasariano; mit einer interessanten
Selbstporträt-Galerie) über den Ponte Vecchio zum Palazzo
Pitti (s. S. 102).

**Piazza del Duomo / Piazza San Giovanni

Plätze

Am Nordende der von der Piazza della Signoria ausgehenden
Via de' Calzaiuoli öffnet sich nach rechts die Piazza del Duomo

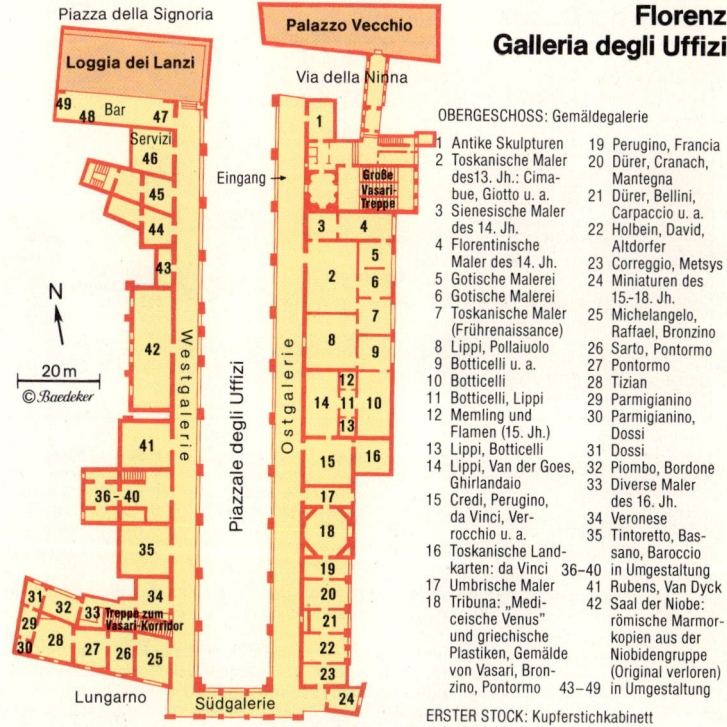

Piazza della Signoria

Palazzo Vecchio

Loggia dei Lanzi

Via della Ninna

49 48 Bar 47
Servizi
46
45
Eingang →
44
43
N
20 m
© Baedeker
42
41
36 – 40
35
31 32 33 Treppe zum Vasari-Korridor
29 28 27 26 25
30
Lungarno Südgalerie

Westgalerie
Piazzale degli Uffizi
Ostgalerie

Große Vasari-Treppe
1
3 4
2 5
6
7
8 9
12
14 11 10
13
15 16
17
18
19
20
21
22
23
24

OBERGESCHOSS: Gemäldegalerie

1 Antike Skulpturen
2 Toskanische Maler des13. Jh.: Cimabue, Giotto u. a.
3 Sienesische Maler des 14. Jh.
4 Florentinische Maler des 14. Jh.
5 Gotische Malerei
6 Gotische Malerei
7 Toskanische Maler (Frührenaissance)
8 Lippi, Pollaiuolo
9 Botticelli u. a.
10 Botticelli
11 Botticelli, Lippi
12 Memling und Flamen (15. Jh.)
13 Lippi, Botticelli
14 Lippi, Van der Goes, Ghirlandaio
15 Credi, Perugino, da Vinci, Verrocchio u. a.
16 Toskanische Landkarten: da Vinci
17 Umbrische Maler
18 Tribuna: „Mediceische Venus" und griechische Plastiken, Gemälde von Vasari, Bronzino, Pontormo

19 Perugino, Francia
20 Dürer, Cranach, Mantegna
21 Dürer, Bellini, Carpaccio u. a.
22 Holbein, David, Altdorfer
23 Correggio, Metsys
24 Miniaturen des 15.-18. Jh.
25 Michelangelo, Raffael, Bronzino
26 Sarto, Pontormo
27 Pontormo
28 Tizian
29 Parmigianino
30 Parmigianino, Dossi
31 Dossi
32 Piombo, Bordone
33 Diverse Maler des 16. Jh.
34 Veronese
35 Tintoretto, Bassano, Baroccio
36–40 in Umgestaltung
41 Rubens, Van Dyck
42 Saal der Niobe: römische Marmorkopien aus der Niobidengruppe (Original verloren)
43–49 in Umgestaltung

ERSTER STOCK: Kupferstichkabinett

mit dem Dom samt Campanile, nach links die Piazza San Giovanni mit dem Baptisterium.

Gleich rechts, an der Ecke des Domplatzes, befindet sich das Oratorium (Bethaus) der Misericordia, jener alten Erzbruderschaft der Barmherzigkeit, deren Mitglieder (in schwarzen Kapuzen) Arme und Kranke unterstützen und nach dem Tode bestatten.

Misericordia

Links, in der Ecke der Piazza San Giovanni, die schöne gotische Loggia del Bigallo, 1352–1358 erbaut, später zur Ausstellung von Findelkindern benutzt.

Loggia del Bigallo (So. geschl.)

In der Mitte der Piazza San Giovanni steht das Baptisterium (Battistero San Giovanni), ein achteckiger Kuppelbau, der wohl in frühchristlicher Zeit über römischen Gebäuderesten errichtet, im 11.–13. Jh. erneuert und außen wie innen mit verschiedenfarbigem Marmor verkleidet wurde. Berühmt sind seine drei reliefgeschmückten Bronzetüren, deren ursprüngliche Vergoldung man 1948 wieder freilegte: die südliche von Andrea Pisano (1330–1336), die nördliche und die dem Dom zugewandte östliche Haupttür (‚Porta del Paradiso‘ = ‚Paradiespforte‘) von Lorenzo Ghiberti (1403–1424 bzw. 1425–1452). Im Inneren sind besonders bemerkenswert die großartigen Mosaiken mehrerer

**Baptisterium

**Bronzetüren

Piazza del Duomo   **Florenz**

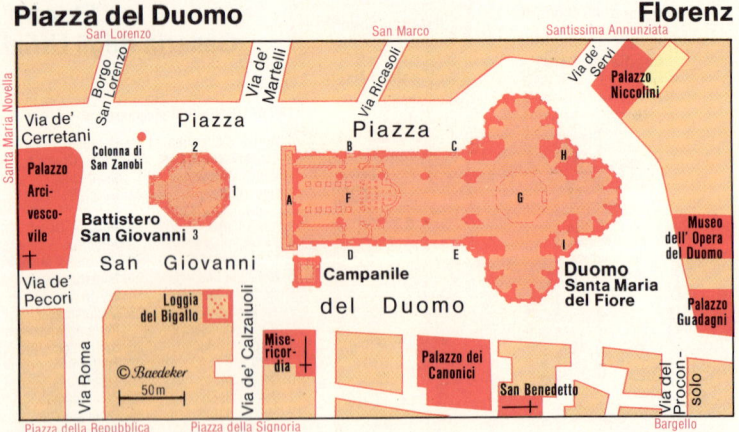

BAPTISTERIUM
1 Ostportal
   (Porta del Paradiso)
2 Nordportal
3 Südportal (Eingang)

DOM
A Portale Maggiore
B Porta della Balla
C Porta della Mandorla
D Porta del Campanile

E Porta dei Canonici
F Santa Reparata (Krypta)
G Kuppel des Brunelleschi
H Neue Sakristei
I Alte Sakristei

Baptisterium (Fortsetzung)	florentinischer Künstler des 13. Jh.s an der doppelschaligen Kuppel (Durchmesser: 25,60 m).
Dom	Der Florentiner Dom (Cattedrale di Santa Maria del Fiore; so genannt nach der Lilie, dem Wappen von Florenz) ist ein mächtiger gotischer Bau, 1296 von Arnolfo di Cambio begonnen, seit 1357 von Francesco Talenti weitergeführt und 1436 geweiht. Die große achtseitige Kuppel gilt als das Meisterwerk des Filippo Brunelleschi (1420–1434). Der außen mit verschiedenfarbigem Marmor verkleidete Bau ist 169 m lang, in den Kreuzflügeln 104 m breit; die Höhe der Kuppel beträgt 91 m, einschließlich der 1461 vollendeten Laterne 107 m. Die Kirchenfassade wurde erst 1875–1887 ausgeführt.
	Das weiträumige Innere wird von den strengen gotischen Formen bestimmt und beeindruckt durch seine Kargheit. Eine Treppe führt hinab in die seit 1965 ausgegrabene alte Kathedrale Santa Reparata (4./5. Jh.).
Santa Reparata	
Kuppel (So. unzugänglich)	Lohnend ist die Besteigung der doppelschaligen Kuppel, die Aussicht umfassender als vom Campanile.
Campanile	Der 82 m hohe viereckige Domglockenturm (Campanile), 1334 unter Giotto begonnen, von Pisano und Talenti fortgeführt und 1387 vollendet, ist mit seiner mehrfarbigen Marmorverkleidung einer der schönsten seiner Art in Italien. Die Skulpturen stammen von Donatello und seinem Gehilfen Rosso (1420) sowie von Pisano und Luca della Robbia (1437).
Dommuseum	Gegenüber dem Chor des Domes befindet sich im Hofe des Hauses Nr. 9 links der Eingang zum Dommuseum (Museo dell' Opera del Duomo), das vorzugsweise Kunstwerke aus dem Dom (u.a. die Sängertribünen mit den berühmten Kinderreliefs

Florenz: Paradiespforte am Baptisterium

Florenz: Domkuppel und Campanile

Dommuseum (Fortsetzung)

von Luca della Robbia und Donatello) und dem Baptisterium enthält.

Palazzo Nonfinito
Völkerkundemuseum
(1. + 3. So. 9–13)

Palazzo Pazzi

Unweit südöstlich vom Domplatz stehen an der Via del Proconsolo zwei beachtenswerte Paläste, und zwar Nr. 12: der stattliche Palazzo Nonfinito (‚Unvollendeter Palast‘; 1592), in dem seit 1869 das Völkerkundemuseum (Museo Nazionale di Antropologia ed Etnologia) untergebracht ist, sowie Nr. 10: der Palazzo Pazzi von 1470.

Innere Stadt

Centro

Piazza della Repubblica

Der Stadtteil im Südwesten des Domes, das sog. Centro (Zentrum), wurde gegen Ende des 19. Jh.s modernisiert. Verkehrsmittelpunkt ist die weite, namentlich abends belebte Piazza della Repubblica.

Mercato Nuovo

Von der Südostecke des Republikplatzes führt die Via Calimala zum Mercato Nuovo (Neuer Markt), einem 1547–1551 aufgeführten offenen Hallenbau (Logge), der heute als Markt für handwerkliche Erzeugnisse (Strohwaren, Handstickereien u. v. a.) dient.

Museo della Casa
Fiorentina Antica
(Mo. geschl.)

An der Piazza Davanzati steht der massige Palazzo Davanzati (14. Jh.) mit dem Museo della Casa Fiorentina Antica (Museum des alten Florentiner Hauses), das ein gutes Bild des Florentiner Lebens im Mittelalter (v. a. Wohnkultur) vermittelt.

Via de' Tornabuoni

Im westlichen Teil der Altstadt verläuft die belebte Via de' Tornabuoni mit stattlichen Palästen und anspruchsvollen Ladengeschäften.

*Palazzo Strozzi

Besonders hervorzuheben ist hier der Palazzo Strozzi, das glänzendste Beispiel florentinischen Palaststils, 1489–1538 errichtet, mit sehenswertem Hof (von Cronaca). Man beachte auch die kunstvoll geschmiedeten Ecklaternen, Fackelhalter und Ringe an der Fassade in reinstem Bossenstil. Im Palast finden wechselnde Kunstausstellungen statt.

Santa Trinita

Am südlichen Abschnitt der Via de' Tornabuoni steht die Kirche Santa Trinita (sprich – hier abweichend von der sonst üblichen Endbetonung – Trínita), ursprünglich eine der ältesten gotischen Kirchen in Italien, im 13.–15. Jh. erneuert (Fassade 1593).

Palazzo Spini-Ferroni

Südwestlich gegenüber der Kirche und am Ufer des Arno liegt der Palazzo Spini-Ferroni (1289 in strengem Burgencharakter erbaut; 1874 restauriert), der größte der mittelalterlichen Paläste in Florenz.

Palazzo Corsini

Nordwestlich hinter der Kirche Santa Trinita befindet sich zwischen der Via del Parione und dem Arno (Lungarno Corsini) der Palazzo Corsini (17. Jh.) mit der bedeutendsten privaten Kunstsammlung in Florenz.

Palazzo Rucellai

Vom Palazzo Strozzi gelangt man westwärts durch die Via della Vigna Nuova zu dem 1446–1451 errichteten Palazzo Rucellai, einem der schönsten Florentiner Stadtpalais der Renaissance.

*Santa Maria Novella

Piazza

Am Nordwestrand der inneren Stadt öffnet sich die große Piazza di Santa Maria Novella mit der Loggia di San Paolo (1489–1496) und zwei Obelisken, die früher als Ziel bei Wagenrennen dienten.

An der Nordseite des Platzes steht die Dominikanerkirche Santa Maria Novella, 1278–1350 in gotischem Stil erbaut, mit inkrustierter Marmorfassade und Renaissance-Portal. Die Chorfresken gelten als das Hauptwerk des Domenico Ghirlandaio.

*Kirche Santa Maria Novella

Links neben der Kirche befindet sich der Eingang zu den besuchenswerten Kreuzgängen Chiostri Monumentali di Santa Maria Novella; an der Nordseite des Grünen Kreuzganges der Cappellone degli Spagnuoli (Spanische Kapelle) genannte ehem. Kapitelsaal (um 1355).

Kreuzgänge
(Fr. geschl.)

Nordwestlich von Santa Maria Novella liegt die Piazza della Stazione (Bahnhofsplatz) mit der Stazione Centrale di Santa Maria Novella (1935), dem Hauptbahnhof von Florenz.

Hauptbahnhof

Südwestlich von Santa Maria Novella steht an der sich zum Arno (Lungarno Amerigo Vespucci) öffnenden Piazza Ognissanti die Allerheiligenkirche Ognissanti, eine der ersten Barockkirchen der Stadt (urspr. 13. Jh.; im 16. und 17. Jh. erneuert; im Inneren Fresken von Botticelli (Hl. Augustinus) und Ghirlandaio (Hl. Hieronymus).

Ognissanti

*San Lorenzo

Von der Piazza dell' Unità Italiana an der Ostseite der Kirche Santa Maria Novella führt die kurze Via del Melarancio zur Kirche San Lorenzo, der ältesten Kathedrale von Florenz, 393 durch den hl. Ambrosius geweiht, im 11. Jh. romanisch erneuert, seit 1421 von Brunelleschi und seinen Nachfolgern in der Form einer altchristlichen Säulenbasilika neu errichtet. Die Innenwand der Fassade stammt von Michelangelo.

*Kirche

Am Ende des linken Querschiffes die 1420–1428 von Brunelleschi erbaute Alte Sakristei (Sagrestía Vecchia), ein Erstlingswerk der Renaissance-Architektur mit plastischem Schmuck von Donatello.

*Alte Sakristei

Links an der Kirche anstoßend ein stimmungsvoller Kreuzgang mit doppelter Säulenhalle.
Von der Nordwestecke des Kreuzganges führt eine Treppe zu der in einem 1524–1526 nach Michelangelos Entwurf begonnenen Gebäude befindlichen Biblioteca Mediceo-Laurenziana, die 1444 von Cosimo d. Ä. gestiftet wurde und etliche Tausend von den Mediceern gesammelte Handschriften griechischer und lateinischer Klassiker besitzt.

*Biblioteca
Mediceo-Laurenziana
(So. geschl.)

Hinter der Kirche San Lorenzo, an der Piazza Madonna degli Aldobrandini, ist der Eingang zu den Mediceerkapellen (Cappelle Medicee). Von der Krypta führt eine Treppe hinauf zur Fürstenkapelle (Cappella dei Principi), einem 1604–1610 errichteten, mit kostbarem Steinmosaik ausgelegten Raum für die Sarkophage der Großherzöge der Toskana. Weiter links durch einen Gang in die 1520–1524 von Michelangelo als Grabkapelle des Hauses Medici erbaute Neue Sakristei (Sagrestía Nuova), einen quadratischen, kuppelüberwölbten Raum mit den Grabdenkmälern für einen Sohn und einen Enkel Lorenzos des Prächtigen.

*Mediceerkapellen
(Mo. geschl.)

*Neue Sakristei

An der Nordostecke der Piazza San Lorenzo erhebt sich der mächtige Palazzo Medici-Riccardi, der 1444–1452 für Cosimo d. Ä. erbaut und im 17./18. Jh. erweitert wurde.

*Palazzo Medici-Riccardi
(Mi. geschl.)

Medici-Museum

Vom Hof Zugang zur Hauskapelle mit bedeutenden Fresken von Benozzo Gozzoli (um 1460) sowie zum Medici-Museum (Museo Mediceo) mit Erinnerungen an die Familie der Medici, die den Palast bis 1537 bewohnte.

*San Marco

*Museum
(Mo. geschl.)

Von der Ostseite des Mediceerpalastes führt die Via Camillo Cavour nordöstlich zur Piazza San Marco mit der mehrmals umgebauten Kirche und dem ehem. Kloster San Marco, jetzt Museo di San Marco, das im 15. Jh. für die Dominikaner umgebaut und von Fra Angelico mit Fresken ausgeschmückt wurde.

Kunstakademie
*Galleria dell' Accademia
(Mo. geschl.)

Südlich von San Marco, in der Via Ricasoli Nr. 52, die Accademia di Belle Arti (Kunstakademie), deren Galleria dell'Accademia als Studiensammlung die Uffizien und die Galleria Pitti ergänzt (toskanische Malerei des 13.–16. Jh.s); besonders beachtenswert der berühmte „David" (‚il Gigante'), den der junge Michelangelo 1501–1503 aus einem Riesensteinblock schuf (Kopien auf der Piazza della Signoria und dem Piazzale Michelangelo).

*Santissima Annunziata

Von der Piazza San Marco führt die Via Cesare Battisti an der Universität vorbei zu der prachtvollen Verkündigungskirche Santissima Annunziata (1250 gegründet, 1444–1460 umgestaltet; Vorhalle 1601 erneuert); im Vorhof Fresken von Andrea del Sarto (1505–1514), die zu den hervorragendsten Schöpfungen der florentinischen Hochrenaissance gehören.
Das Kircheninnere ist z.T. im Barockstil ausgestattet. Über der aus dem linken Querschiff in den Kreuzgang (Chiostro dei Morti) führenden Tür außen ein Fresko von Andrea del Sarto („Madonna del Sacco", 1525), als Komposition das reifste Werk des Meisters.

Findelhaus
(Mo. geschl.)

Südlich gegenüber der Kirche steht das 1419 von Brunelleschi begonnene Findelhaus Spedale degli Innocenti, ein frühes Beispiel der Renaissancebaukunst; zwischen den Bogen der Säulenhalle farbige Medaillons von Wickelkindern (von Andrea della Robbia, um 1463).

Archäologisches Museum
(Mo. geschl.)

Südöstlich der Verkündigungskirche liegt der Palazzo della Crocetta (1620) mit dem 1870 gegründeten Museo Archeologico Centrale dell'Etruria (Eingang Via della Colonna Nr. 38), einem archäologischen Museum mit guter etruskischer, griechisch-römischer und ägyptologischer Sammlung.

*Santa Croce

Am südöstlichen Rand der Altstadt steht unweit vom Arno-Ufer die gotische Hallenkirche Santa Croce (Hl. Kreuz), 1295 für die Franziskaner begonnen, doch erst 1442 vollendet (Fassade von 1857–1863). In dem majestätisch weiten Inneren Grabdenkmäler berühmter Italiener, darunter die für Michelangelo, Alfieri, Machiavelli und Rossini, ferner jene für Cherubini und Galilei. Beachtung verdienen die Reste des einst ringsum laufenden

Freskenschmucks (in den Chorkapellen von Giotto und seinen Schülern) sowie die prächtige Marmorkanzel von Benedetto da Maiano (1472–1476). An der Rückseite des Ersten Kreuzganges (Primo Chiostro) die Kapelle der Pazzi (Cappella de' Pazzi; von Brunelleschi, 1430), eines der Erstlingswerke der Renaissance; links an der Fassade Arno-Hochwassermarken (4.11.1966: 4,90 m!). Der Zweite Kreuzgang (Secondo Chiostro) ist eine der schönsten Schöpfungen der Frührenaissance.

*Pazzi-Kapelle, Kreuzgänge

In dem an den Ersten Kreuzgang südlich anschließenden ehem. Klosterrefektorium befindet sich das reichhaltige Kirchenmuseum Museo dell'Opera di Santa Croce.

Kirchenmuseum
(Mi. geschl.)

Südlich an das Kloster Santa Croce schließt der große, 1911–1935 entstandene Gebäudekomplex der Nationalen Zentralbibliothek (Biblioteca Nazionale Centrale) an. Es ist dies die bedeutendste Bibliothek Italiens; sie verfügt über mehr als vier Millionen Titel, darunter wertvolle Handschriften, Inkunabeln, Musikwerke, Atlanten und geographische Karten.

Zentralbibliothek

Unweit nördlich von Santa Croce steht an der Via Ghibellina (Nr. 70) die Casa Buonarroti, die Michelangelo für seinen Neffen Leonardo di Buonarroto erwarb, dessen Sohn hier bereits 1620 eine Erinnerungsstätte für Michelangelo einrichtete. In diesem Michelangelo-Museum werden Frühwerke sowie Kopien von Werken des Meisters, ferner Zeichnungen, Handschriften und Bildnisse sowie andere Andenken gezeigt.

Casa Buonarroti
(Michelangelo-Museum;
Di. geschl.)

Etwa 200 m westlich von der Zentralbibliothek liegt am Ende des Corso de' Tintori (Via de' Benci Nr. 6) das Museo della Fondazione Horne. Dieses Museum geht zurück auf eine

Museo Horne
(Sa., 2. + 4. So. geschl.)

Florenz: Über den Arno führt der Ponte Vecchio

Museo Horne
(Fortsetzung)

Schenkung des englischen Kunstkritikers Herbert Percy Horne (1864–1916) und enthält eine wertvolle Sammlung von Gemälden, Zeichnungen, Skulpturen und Möbeln sowie von Schmuck- und Gebrauchsgegenständen aus dem 14.–16. Jahrhundert.

Ponte alle Grazie

Nur wenige Schritte südlich vom Horne-Museum führt der Ponte alle Grazie (schöne Aussicht) an das linke Arno-Ufer.

**Ponte Vecchio

Rund 250 m südwestlich der Piazza della Signoria führt der bekannte Ponte Vecchio (Alte Brücke), die älteste der Florentiner Arnobrücken (erste urkundliche Erwähnung 996; nach wiederholter Zerstörung 1345 erneuert; im Zweiten Weltkrieg als einzige nicht gesprengt) an der hier schmalsten Stelle des Flusses ans südliche Ufer. Die Brücke war so breit, daß man zu beiden Seiten Arkaden baute, in denen bald Wohnungen und Geschäfte (u.a. für Fleischer, die ihre Abfälle in den Fluß warfen) entstanden. Großherzog Ferdinand I. ordnete jedoch gegen Ende des 16. Jh.s ,zugunsten der Fremden' an, daß hinfort nur Goldschmiede auf der Brücke Läden unterhalten dürften – eine Bestimmung, die bis heute eingehalten wird.

**Palazzo Pitti

Südwestlich vom Ponte Vecchio liegt am Abhang des Boboli-Hügels der 36 m hohe, burgartige Quaderbau des Palazzo Pitti,

Florenz: Palazzo Pitti, Sala di Apollo

Palazzo Pitti

30 m

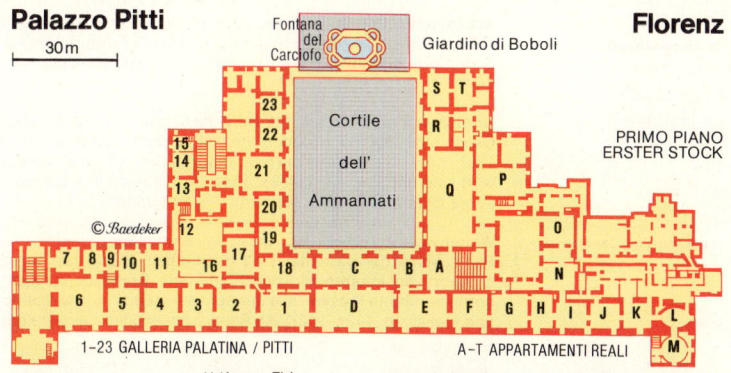

Fontana del Carciofo

Giardino di Boboli

Cortile dell' Ammannati

© Baedeker

PRIMO PIANO
ERSTER STOCK

1–23 GALLERIA PALATINA / PITTI   A–T APPARTAMENTI REALI

1 Sala di Venere
Tizian, Tintoretto
2 Sala di Apollo
Van Dyck, Rubens,
Reni, del Sarto,
Tizian, Tintoretto
3 Sala di Marte
Tintoretto, Reni,
Tizian, Rubens,
Murillo, Veronese
4 Sala di Giove
Raffael, Bordone,
Rubens, del Sarto,
Perugino, Guercino
5 Sala di Saturno
Raffael („Madonna
della Seggiola"),
6 Sala dell'Iliade

Velázquez, Tizian,
Raffael
7 Sala della Stufa
Fresken von
Rosselli, da Cortona
8 Sala dell'Educa-
zione di Giove
Caravaggio, Allori
9 Saletta da Bagno
10 Sala di Ulisse
Raffael, Reni, Lippi
11 Sala di Prometeo
Signorelli, Lippi
12 Corridoio delle
Colonne
13 Sala della
Giustizia
Veronese, Tizian
14 Sala di Flora

Canova, Bronzino
15 Sala dei Putti
Jordaens, Rubens
16 Galleria Poccetti
Pontormo, Rubens,
Ribera, Dughet
17 Sala della Musica
18 Sala Castagnoli
19 Sala delle Allegorie
20 Sala delle Belle Arti
21 Salone d'Ercole
22 Sala dell'Aurora
23 Sala di Berenice

A Vestibolo
B Sala degli Staffieri
C Galleria delle Statue
D Sala delle Nicchie
E Sala verde

F Sala del trono
G Sala celeste
H Cappella
I Sala dei pappagalli
J Sala gialla
K Camera da letto
L Gabinetto da
toletta
M Sala da musica
e da lavoro
N Camera da letto
O Salotto di
ricevimento
P Sala di Bona
Q Sala da ballo
R Sala della Fede
S Sala della Carità
T Sala della Giustizia

um 1458 für Luca Pitti begonnen und im 16.–18. Jh. ausgebaut.
In der linken Hälfte des ersten Stockwerkes befindet sich die
berühmte Pitti-Galerie (Galleria Palatina), die im 16./17. Jh. von
den Mediceern angelegt wurde und jetzt viele hundert Gemälde umfaßt, darunter eine Fülle glänzender Meisterwerke,
u.a. von Raffael, Fra Bartolommeo, Andrea Del Sarto und Tizian. Der Galerie angeschlossen sind zehn der ehem. könig-
lichen Gemächer (Appartamenti Reali; 18./19. Jh.).

**Galleria Palatina
(Mo. geschl.)

Im Erdgeschoß die ehem. königliche Silberkammer (Museo
degli Argenti) mit Kostbarkeiten aus dem Besitz der Medici so-
wie ein Kutschenmuseum (Museo delle Carrozze).
Im zweiten Stock die Galerie Moderner Kunst (Galleria d'Arte
Moderna) mit Gemälden des 19. Jh.s meist toskanischer
Künstler.
In der Palazzina della Meridiana befindet sich eine interessante
Kostümgalerie.

Silbersammlung
(Mi., Fr. 9–14; So. 9–13)
Kutschenmuseum

Galerie Moderner Kunst
(Mo. geschl.)

Kostümgalerie
(Di., Do., Sa. 9–14)

Im Süden des Palazzo Pitti erstreckt sich der 1560 angelegte
Boboli-Garten (Giardino di Bóboli; 45000 m²). Der von Brunnen
und Figuren gezierte Park zieht sich am Hang aufwärts und
bietet von seinen Terrassen hübsche Ausblicke auf Florenz.
Im Casino del Cavaliere ein sehenswertes Porzellanmuseum
(Museo delle Porcellane).

*Boboli-Garten

Porzellanmuseum
(Di., Do., Sa. 9–14)

Forte del Belvedere

Südöstlich oberhalb des Parkes (Zufahrt von Süden) thront das 1590–1595 von Bernardo Buontalenti erbaute Forte del Belvedere (Forte di San Giorgio); von den Bastionen herrlicher Ausblick.

Santo Spirito

Nordöstlich vom Palazzo Pitti steht die Kirche Santo Spirito (Hl. Geist), eine 1436 nach Plänen von Brunelleschi begonnene und 1487 vollendete Basilika mit Glockenturm von 1543. Beachtenswert sind die Sakristei (1489–1492), die zahlreichen Altarbilder sowie zwei Kreuzgänge aus dem 16. Jahrhundert.

Santa Maria del Carmine

Weiter westlich erhebt sich die ehem. Karmeliter-Klosterkirche Santa Maria del Carmine, 1782 nach einem Brand fast völlig erneuert. Im Inneren die beachtenswerte Brancacci-Kapelle, deren berühmte Fresken aus der Apostellegende (von Masolino und Masaccio, 1424–1427) die Renaissancemalerei einleiteten.

*Viale dei Colli

Der im Süden der Stadt von der Porta Romana zur Piazza Francesco Ferrucci führende Viale dei Colli (Hügelallee), seit 1868 angelegt und fast 6 km lang, ist eine der schönsten Promenadenstraßen Italiens und bietet herrliche Ausblicke.

Viale Machiavelli
Piazzale Galilei
Viale Galilei

**Piazzale Michelangelo

Die im ersten Teil Viale Niccolò Machiavelli genannte Straße steigt in Windungen aufwärts zu dem runden Piazzale Galilei; weiter auf dem Viale Galileo Galilei am Abhang hin, zuletzt unter der Kirche San Miniato (s. unten) vorüber zu dem großen Piazzale Michelangelo (104 m ü.d.M.); in der Mitte der Terrasse eine Bronzekopie von Michelangelos „David" (Original in der Galleria dell' Accademia), am Sockel die vier Tageszeiten; vorn berühmte Aussicht auf Florenz und das Arnotal (nordöstlich auf der Höhe → Fiesole).

Viale Michelangelo

Der Viale dei Colli zieht vom Piazzale Michelangelo unter dem Namen Viale Michelangelo in einer großen Schleife abwärts zur Piazza Francesco Ferrucci bei der Arnobrücke Ponte San Niccolò.

San Salvatore al Monte

Südlich oberhalb vom Piazzale Michelangelo liegt das Franziskanerkloster San Salvatore al Monte mit einer 1504 vollendeten Kirche.

San Miniato al Monte

Noch weiter oben die Klosterkirche San Miniato al Monte mit weithin sichtbarer inkrustierter Marmorfront, eines der besten Beispiele toskanisch-romanischen Stils des 11.–12. Jh.s (Glockenturm 1524–1527 erneuert). In dem malerischen Inneren vor dem Chor eine 1448 von Michelozzo erbaute Kapelle, in der Apsis ein beachtenswertes Mosaik von 1297; in der Krypta Fresken von Taddeo Gaddi.

An die Kirche anschließend eine 1592 von Michelangelo angelegte Festung (jetzt Olivetanerkloster), deren Mauern seit 1839 einen Friedhof umschließen.

Von der Terrasse prächtige Aussicht.

Cascine

Knapp 2 km westlich vom Ponte Vecchio beginnt bei der Piazza Vittorio Veneto der über 3 km lange und 118 ha große städtische Park Le Cascine (= Meierhöfe; urspr. die Landgüter der Medici und Lorena) entlang dem Nordufer des Arno (Schwimmbad, Rad- und Pferderennbahnen).

Certosa del Galluzzo   **C 3**

Zur Certosa del Galluzzo gelangt man von der Porta Romana
südwärts auf der SS 2 in Richtung Siena. Nach 2 km rechts der
protestantische Friedhof Cimitero degli Allori mit dem Grab des
Schweizer Malers Arnold Böcklin (1827–1901). 2 km weiter erhebt sich jenseits des Dorfes Galluzzo rechts auf der Höhe die
festungsartige Certosa del Galluzzo (Certosa di Firenze), ein
1341 begonnenes Kartäuserkloster (seit 1958 im Besitz der Zisterzienser); in der Pinakothek u. a. Lünettenfresken von Pontormo (nach Zeichnungen von Albrecht Dürer).

Lage
5 km südlich von Florenz

Fiesole

→ dort

Forte dei Marmi   **C 2**

Provinz: Lucca (LU)
Höhe: 0–2 m ü.d.M.
Einwohnerzahl: 10000

Das elegante Seebad Forte dei Marmi liegt im äußersten Norden der toskanischen Küste am Ligurischen Meer. Über dem
Ort erheben sich die Höhenzüge der Versilia.

Lage

Ortsbild

Forte dei Marmi (,Marmorfestung') verdankt seinen Namen den
Marmorbrüchen in den Apuanischen Alpen (→ Carrara) und
den Marmorlagern im Ort selbst sowie der Festung, die Großherzog Leopold I. 1788 hier anlegen ließ.
An dem langen Sandstrand verläuft die Uferstraße (Viale Italico;
im verbreiterten Mittelabschnitt Viale della Repubblica). Der
einst für die Verschiffung der Marmorblöcke angelegte rund
300 m lange Landungssteg ist heute u. a. Anlegestelle der zu
den Inseln des Toskanischen Archipels (→ Arcipelago Toscano)
fahrenden Schiffe.
Der feinsandige, lange Strand und das bis weit hinaus flache
Wasser machen Forte dei Marmi vor allem für Familien interessant.

Giannutri (Isola di Giannutri)   **D 3**

Provinz: Grosseto (GR)
Inselfläche: 2,62 km^2

Das Inselchen Giannútri liegt gut 10 km südlich des Monte
Argentario im Tyrrhenischen Meer.

Lage

Schiffsverbindung von Porto Santo Stefano (→ Monte Argentario).

Zufahrt

Giannutri: Römische Villa

Landschaftsbild der Insel Giannutri

Giannutri ist die am weitesten südlich gelegene Insel des →Ar-
cipelago Toscano. Im Capel Rosso erreicht sie 88 m Höhe. An
der überwiegend felsigen Küste gibt es nur im Nordwesten bzw.
Nordosten kurze Sandstrände; der Aufenthalt ist daher für Ba-
degäste weniger lohnend als für Tauchsportler. Auf Giannutri
findet man Reste einer römischen Villa (1. Jh. n. Chr.).

Giglio (Isola del Giglio)   D 2

Provinz: Grosseto (GR)
Inselfläche: 21,21 km^2
Bewohnerzahl: 1800

Lage

Die Isola del Gíglio (‚Lilieninsel') liegt rund 15 km westlich des
Monte Argentario im Tyrrhenischen Meer.

Zufahrt

Schiffsverbindung (mit Autotransport) von Porto Santo Stefano
(→Monte Argentario)

Landschaftsbild

Nach Elba ist die bergige Isola del Giglio die zweitgrößte Insel
des →Arcipelago Toscano. Im Poggio della Pagana erreicht sie
498 m Höhe; die Küsten sind zum größten Teil steil, felsig und
von Land aus unzugänglich; nur im Osten und im Nordwesten

Giglio: Hafenort Giglio Porto

gibt es einige Sandstrände. Die großenteils landwirtschaftlich (Wein, Oliven) genutzte Insel besitzt drei Ortschaften: Giglio Porto (mit dem Fährschiffhafen), den Verwaltungssitz Giglio Castello und Giglio Campese.

Giglio (Fortsetzung)

Der Hafenort Giglio Porto liegt an einer Bucht der Ostküste. In erhöhter Lage wurde die Feriensiedlung ‚La Ginestra‘ errichtet; südlich die Strände Cala delle Canelle und Cala degli Alberi.

Giglio Porto

Der Inselhauptort Giglio Castello liegt abseits der Küsten in rund 400 m Meereshöhe. Er hat noch weitgehend sein malerisches, altertümliches Aussehen bewahrt; über dem ummauerten Ort erhebt sich die mittelalterliche Rocca (Burg).

Giglio Castello

Campese, an der Nordwestküste, blickt auf eine schöne Bucht, die vom längsten Sandstrand der Insel gesäumt wird. Hier gibt es einige touristische Einrichtungen (Feriendorf, Campingplatz).

Campese

Gorgona (Isola di Gorgona)

C 1

Provinz: Livorno (LI)
Inselfläche: 2,23 km^2

Das Inselchen Gorgona liegt gut 35 km vor der nordtoskanischen Hafenstadt Livorno im Ligurischen Meer.

Lage

Schiffsverbindung von → Livorno sowie von der Insel → Elba.

Zufahrt

Insel Gorgona

Die dünn besiedelte Insel Gorgona bildet den nördlichen Abschluß des → Arcipelago Toscano. Sie ist Sitz einer Strafanstalt und nur mit Genehmigung des italienischen Justizministeriums zugänglich.

Gropina   C 3

Provinz: Arezzo (AR)
Höhe: 381 m ü.d.M.
Einwohnerzahl: 1000

Lage

Der kleine Weiler Grópina liegt auf halber Strecke zwischen Florenz und Arezzo über dem rechten (östlichen) Ufer des Arno, abseits der Autostrada A 1 (Anschlußstelle Valdarno).

Ortsbild

San Pietro

Die romanische Pieve di San Pietro (Pfarrkirche Sankt Peter) wurde im 12. Jh. auf römischen und etruskischen Grundmauern errichtet. Fassade, Apsis und Campanile (1232) außen sowie das dreischiffige Innere sind von seltener Geschlossenheit und unmittelbar ansprechender Schönheit. Monolithische Säulen und Pfeiler mit interessanten, sorgfältig gearbeiteten Kapitellen (Schwein mit Ferkeln; Kampf der Tugenden und Laster; kämpfende Tiere; Weinreben; Samson u.a.) und eine bemerkenswerte Kanzel mit Flachreliefs der Evangelistensymbole und reichem Schmuck machen die Pfarrkirche sehenswert. Ihre Geschichte läßt sich bis auf Karl den Großen zurückverfolgen, der 780 einen Vorgängerbau der heutigen Pieve der Benediktinerabtei Nonantola bei Modena schenkte.

Grosseto   D 3

Provinz: Grosseto (GR)
Höhe: 10 m ü.d.M.
Einwohnerzahl: 70000

Lage

Die Provinzhauptstadt Grosséto liegt in der südlichen Toskana in der Schwemmlandebene des Ombrone, 12 km vom Meer.

Geschichte

Grosseto, heute Hauptstadt der gleichnamigen Provinz und Zentrum der → Maremma, erwuchs im Mittelalter aus einem kleinen Kastell, das die Via Aurelia, die alte Römerstraße von Pisa nach Rom, bewachte. Als die Entwässerungskanäle der Maremmen verfielen und das etruskische Rusellae von den Sarazenen zerstört wurde, verlegte man den dortigen Bischofssitz 935 nach Grosseto. Im Mittelalter wechselte der befestigte Ort wie andere toskanische Städte häufig den Besitzer. Erst im Großherzogtum Toskana erlebte Grosseto einen zaghaften wirtschaftlichen Aufschwung, der jedoch stets an den Zustand der Entwässerungsanlagen gebunden und immer von den Gefahren der Malaria beeinträchtigt war. Erst nach 1930, als die Maremma gänzlich trockengelegt wurde, stieg die Stadt zu ei-

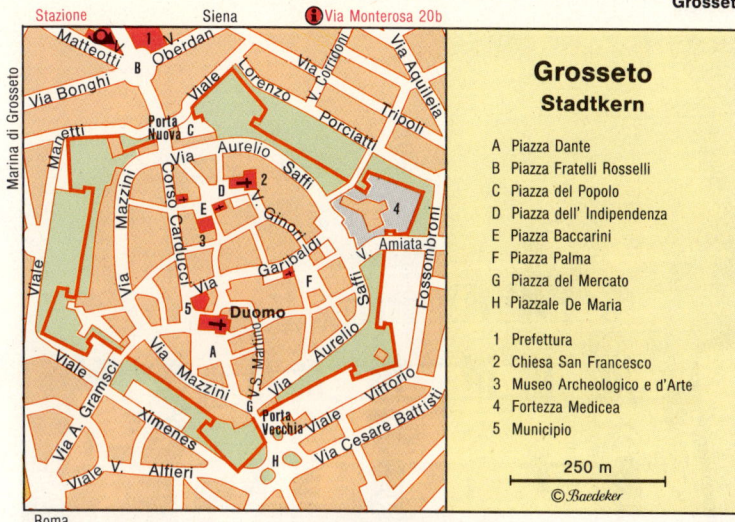

Grosseto
Stadtkern

A Piazza Dante
B Piazza Fratelli Rosselli
C Piazza del Popolo
D Piazza dell' Indipendenza
E Piazza Baccarini
F Piazza Palma
G Piazza del Mercato
H Piazzale De Maria

1 Prefettura
2 Chiesa San Francesco
3 Museo Archeologico e d'Arte
4 Fortezza Medicea
5 Municipio

250 m

© Baedeker

nem wohlhabenden Landwirtschaftszentrum mit einiger Industrie auf. Im Zweiten Weltkrieg wurde Grosseto von heftigen Bombenangriffen der Alliierten heimgesucht.

Altstadt

Das ‚Centro storico‘, das historische Stadtzentrum, ist von einem unregelmäßigen Mauersechseck mit sechs Bastionen umgeben, das von Großherzog Francesco I. im Jahre 1574 begonnen und von Ferdinand I. 1593 vollendet wurde. Es erinnert in gewisser Weise an →Lucca, weshalb Grosseto bisweilen als ‚kleines Lucca‘ bezeichnet wird.

Dom

Hauptplatz der Altstadt ist die Piazza Dante, an deren Nordseite der Dom San Lorenzo steht. Er wurde zwischen 1294 und 1302 auf den Grundmauern einer älteren Kirche errichtet und später mehrmals umgebaut (Campanile urspr. 1402, erneuert 1611; Fassade erneuert 1840–1845). In dem im 19. Jh. wenig stilgerecht restaurierten Inneren im linken Querschiff eine „Himmelfahrt Mariae" von Matteo di Giovanni (genannt Matteo da Siena, um 1433 bis 1495).

Museo Archeologico e d'Arte

Unweit nördlich vom Dom befindet sich an der Piazza Baccarini das Museo Archeologico e d'Arte della Maremma (Archäologie- und Kunstmuseum). Es zeigt Funde aus prähistorischer sowie vor allem aus etruskischer und römischer Zeit; ferner eine Sammlung sakraler Kunst.

Grosseto: Piazza Dante

San Francesco

Die Kirche San Francesco, wenige Schritte nördlich des Museums an der Piazza dell'Indipendenza, wurde im 13. Jh. von Benediktinern errichtet und später von den Franziskanern übernommen. In ihrem Inneren Freskenreste aus dem 14. Jahrhundert.

*Roselle (Rusellae)　　　　　　　　　　　　　　D 3

Lage
6 km nordöstlich

Am Rande des Hügellandes liegen unweit nordöstlich von Grosseto bei dem Ort Roselle die spärlichen Überreste der etruskischen Stadt Rusellae, die einst zum Zwölfstädtebund gehörte. Als sie dem römischen Imperium einverleibt war, sank ihre Bedeutung, und in der Völkerwanderungszeit wurde sie weitgehend zerstört. Erhalten blieben Reste des Mauerrechtecks sowie eines Amphitheaters aus römischer Zeit, ferner einige etruskische Häuser.

Talamone　　　　　　　　　　　　　　　　　　D 3

Lage
25 km südlich

Der kleine Fischer- und Badeort Talamone liegt sehr reizvoll an einem Sporn, der die Bucht im Westen abschließt. Über dem Ort ragen die Reste der alten Burg auf.

*Parco Naturale
della Maremma

Nördlich von Talamone liegt der Parco Naturale della Maremma, ein Naturschutzgebiet, das den Küstenstrich und die zu

Roselle: Mauerreste des antiken Rusellae

ihm parallel verlaufende Kette der Monti dell'Uccellina umfaßt und bis über die Mündung des Ombrone hinausreicht.
Für Besucher ist das Schutzgebiet nur an den Wochenenden und mittwochs von 9 Uhr bis eine Stunde vor Sonnenuntergang zugänglich; private Kraftfahrzeuge dürfen nicht benutzt werden.

Das Schutzgebiet zeigt unterschiedliche Landschaftsformen: Die Ombrone-Mündung ist flach und sumpfig; die Höhenzüge sind von Macchia und Nadelgehölzen bedeckt, und auf Anhöhen in Küstennähe stehen alte Wachttürme. Häufig begegnet man Herden von halbwilden weißen Maremma-Rindern, und im Winter halten sich hier Zugvögel unterschiedlicher Art auf.

Grosseto, Talamone,
Parco Naturale
della Maremma (Fortsetzung)

Isola d...

→ Hauptnamen

La Verna   C 3

Provinz: Arezzo (AR)
Höhe: 1129 m ü.d.M.

Der Wallfahrtsort La Verna liegt in den Bergen des Casentino, weit im Nordosten der Toskana, rund 60 km nördlich von Arezzo.

Lage

La Verna

La Verna: Santuario …   *… und Grablegung (Robbia-Werkstatt)*

Geschichte

Nachdem er die Leitung des von ihm gegründeten Mönchs-
ordens abgegeben hatte, zog sich Franz von Assisi um 1222 in
die Bergeinsamkeit zurück. Der Überlieferung zufolge erhielt
er hier am 14. September 1224 die Stigmata, die Wundmale
Christi. Seit jenen Tagen ist La Verna, in landschaftlich schöner
Lage und von ausgedehnten Nadelwäldern umgeben, eine ge-
heiligte Stätte. Der Franziskanerkonvent ist Ziel unzähliger
Pilger. Hohe Feste sind der 14. September und der Tag des
hl. Franziskus (4. Oktober).

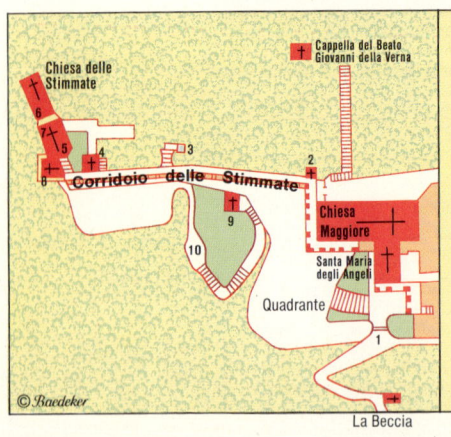

**Wallfahrtsstätte
Franziskanerkloster**

La Verna

1 Eingangsbogen
2 Kapelle der Pietà
3 Grotte
4 Loddi-Kapelle
5 Zweite Zelle des Franziskus
6 Kapelle des hl. Bonaventura
7 Kapelle des hl. Antonius
  von Padua
8 Kapelle des hl. Sebastian
9 Erste Zelle des Franziskus
10 Sasso Spicco ('loser' Stein)

* Franziskanerkonvent La Verna

Nahe beim Eingang in den klösterlichen Bezirk steht die kleine Kirche Santa Maria degli Angeli, deren Grundstein vom hl. Franziskus gelegt worden ist; später wurde der Bau verändert. An der Fassade einige Wappen; im Inneren Terrakotten aus der Werkstatt der Della Robbia, ferner ein Epitaph für den Grafen Orlando Cattani, der dem hl. Franziskus das Gebiet zum Geschenk gemacht hatte. Unmittelbar anschließend die Chiesa Maggiore (Hauptkirche), 1348 begonnen und im 16. Jh. vollendet. Das einschiffige Innere zeigt die Formen der Renaissance. Beachtenswert sind hier die Terrakotten („Anbetung des Kindes", „Betende Maria", „Himmelfahrt", „Verkündigung") von Andrea della Robbia.

Der Corridoio delle Stimmate (Gang der Stigmata) ist mit Fresken (1670; restauriert) über das Leben des hl. Franziskus geschmückt. Er führt zur Cappella delle Stimmate, einem 1263 erbauten Oratorium. Auch in diesem befinden sich Terrakotten von Andrea und Luca della Robbia. Ein im 14. Jh. gesetzter Denkstein bezeichnet die Stelle, an der Franziskus die Stigmata erhalten hat.

Livorno   C 2

Provinz: Livorno (LI)
Höhe: 0–3 m ü.d.M.
Einwohnerzahl: 177 000

Livorno, Provinzhauptstadt und wichtigster Hafen der Toskana, liegt rund 20 km südlich von Pisa am Rande des Schwemmlandkegels, den der Arno aufgeschüttet hat.   Lage

Über der von Industrieanlagen und neuzeitlichen Bauten geprägten Erscheinung vergißt man leicht, daß Livorno eine traditionsreiche Stadt ist. Erstmals im Jahre 904 erwähnt, war es lange Zeit Hafen von Pisa, doch nach der Niederlage der Pisaner wurde es 1405 von den Genuesen übernommen, die Livorno wiederum 1421 für 100 000 Goldgulden an Florenz verkauften. Nun ließen die Medici Befestigungen anlegen und gründeten 1571 einen neuen Hafen, für den gleichzeitig eine neue Stadt entworfen wurde. Livorno erlebte einen raschen wirtschaftlichen Aufschwung und war am Ende des 18. Jh.s nächst Florenz die zweitgrößte Stadt der Toskana. Im Zweiten Weltkrieg erlitt Livorno schwere Schäden, namentlich an der historischen Bausubstanz, so daß heute nur noch wenige alte Gebäude erhalten sind.   Geschichte

Livorno ist der Geburtsort des Malers Amedeo Modigliani (1884–1920).

Altstadt

Die heutige Altstadt, von den Medici gegründet, bildet im wesentlichen ein Fünfeck, das von einander rechtwinklig schneidenden Straßen durchzogen und vom Fosso Reale, dem wassergefüllten alten Festungsgraben, umschlossen wird.

Dom

An der Piazza Grande, dem Kreuzungspunkt von Via Grande und Via Cairoli, steht im Zentrum der Altstadt der Dom (San Francesco d'Assisi), der 1594–1606 nach Plänen von Bernardo Buontalenti und Alessandro Pieroni erbaut wurde. Nach Kriegszerstörung (1943) hat man ihn entsprechend den alten Plänen wiederaufgebaut. Im einschiffigen Inneren einige Grabmäler sowie Deckengemälde von Iacopo Ligozzi, Passignano und Iacopo da Empoli (alle 16./17. Jh.).

Die Via Cairoli verläuft vom Dom in gerader Linie nach Südosten und überquert den Fosso Reale.

Piazza della Repubblica

Am östlichen Ende der Via Grande öffnet sich die Piazza della Repubblica. Der weite Platz überdeckt einen Teil des Fosso Reale; auf ihm stehen die Standbilder von Ferdinand III. (von Francesco Pozzi) und Leopold II. (von Emilio Santarelli), beide aus dem 19. Jahrhundert.

Fortezza Nuova

Gegenüber dem Nordende der Piazza della Repubblica liegt die Fortezza Nuova (Neue Festung), ein rings von Wassergräben umzogenes Bollwerk, das 1590 angelegt wurde.

Hafen

Der Hafen, am westlichen Ende der Altstadt, gehört zu den bedeutendsten Hafenanlagen des Mittelmeeres. Von hier bestehen Schiffsverbindungen (z.T. mit Autotransport) nach →Elba und anderen Inseln des →Arcipelago Toscano, ferner nach Sardinien und der französischen Insel Korsika. Der alte Teil des Hafens wird nach seinen Gründern ,Porto Mediceo' genannt.

An der sich zum Hafen öffnenden Piazza Micheli steht das Denkmal für Großherzog Ferdinand I. (1587–1609), wegen der Bronzefiguren am Sockel volkstümlich ,Monumento dei Quattro Mori' (,Denkmal der vier Mohren') genannt. Ursprünglich stammt das Monument mit der Marmorstatue des Groß-

*Denkmal Ferdinands I.
(,Quattro Mori')

Livorno: Fosso Reale und Fortezza Vecchia

herzogs aus dem Jahre 1599; die heftig bewegten Sklaven-
plastiken kamen nach langen Vorarbeiten erst 1623 hinzu.

Fortezza Vecchia

Den nördlichen Abschluß des alten Hafenbereiches bildet die
Fortezza Vecchia (Alte Festung), die 1521–1534 auf Anordnung
des Kardinals Giulio de' Medici von Antonio da Sangallo erbaut
wurde. Der Komplex wird von einem ,Mastio di Matilde' genannten gedrungenen Turm überragt, der von der im 11. Jh.
gebauten Festung stammt.

San Ferdinando

Die kleine Kirche San Ferdinando (auch Chiesa della Crocetta)
befindet sich nordwestlich außerhalb der Altstadt. Der
1707–1714 entstandene Barockbau (Pläne von Giovanni Battista Foggini) mußte wie viele seinesgleichen nach dem Zweiten
Weltkrieg in weiten Teilen erneuert werden. Im Inneren Werke
des Bildhauers Giovanni Baratta (1670–1747), u.a. Skulpturen
König Ludwigs des Heiligen, Herzog Heinrichs des Frommen
sowie Allegorien der christlichen Tugenden u.a.

Cisternone

Östlich der Piazza della Repubblica, durch die Via De Larderel
zu erreichen, steht der Cisternone (1829–1832), ein klassizisti-

Livorno: ,Quattro Mori'

Lucca: Domfassade

sches Gebäude, dessen Front durch einen dorischen Portikus und ein großes Gewölbesegment gegliedert wird. Es dient der Wasserversorgung. Dahinter der Giardino Pubblico (öffentlicher Park).

Livorno,
Cisternone (Fortsetzung)

Viale Italia

Am Südrand der Hafenanlagen beginnt der Viale Italia, der an Grünanlagen und Badestränden entlang nach Süden der Küste folgende Straßenzug.
An der Terrazza Mascagni das Acquario Comunale (Städtisches Aquarium; angeschlossen eine meeresbiologische Forschungsanstalt. Weiterhin berührt die Uferpromenade die Accademia Navale (Marineakademie).

Aquarium

Museo d'Arte Contemporanea

Südöstlich der Altstadt, östlich abseits des vom Dom schnurgerade nach Südosten führenden breiten Straßenzuges an der Via Calzabigi, ist in einem Park das Museo d'Arte Contemporanea (Museum Zeitgenössischer Kunst) zu finden. Die ausgestellten Werke stammen zum weit überwiegenden Teil von italienischen Künstlern; es werden auch Wechselausstellungen zu Schwerpunktthemen durchgeführt.

Museo Civico

Das Museo Civico, im Park der Villa Fabbricotti im Süden der neueren Stadt gelegen, umfaßt insbesondere Werke der Malergruppe „Macchiaioli", die sich um die Mitte des 19. Jh.s formierte und ihr Hauptziel in einer Überwindung des Akademismus sah. Daneben sind Bilder italienischer Meister aus dem 15.–17. Jh. sowie Ikonen ausgestellt.

Lucca   C 2

Provinz: Lucca (LU)
Höhe: 19 m ü.d.M.
Einwohnerzahl: 91000

Die Provinzhauptstadt Lucca liegt im Nordwesten der Toskana am linken Ufer des Serchio, knapp 25 km landeinwärts von Viareggio.

Lage

Der Name der Stadt geht wohl auf die Etrusker zurück, die mit ‚luk‘ einen Sumpf bezeichneten, wie er in alter Zeit zwischen den Armen des Serchio lag. Das Gebiet war schon von den Ligurern bewohnt, doch erst die ihnen folgenden Etrusker begannen durch Entwässerung die Siedlungsbedingungen entscheidend zu verbessern. Der Name übertrug sich auf die römische Niederlassung, die militärisch und wirtschaftlich günstig an einem Kreuzungspunkt der verlängerten Via Cassia und einer Abzweigung der Via Aurelia lag. Im Jahre 56 v. Chr. trafen sich hier Julius Caesar, Gnaeus Pompeius und Marcus Licinius Crassus, um ihr Triumvirat zu begründen.

Geschichte

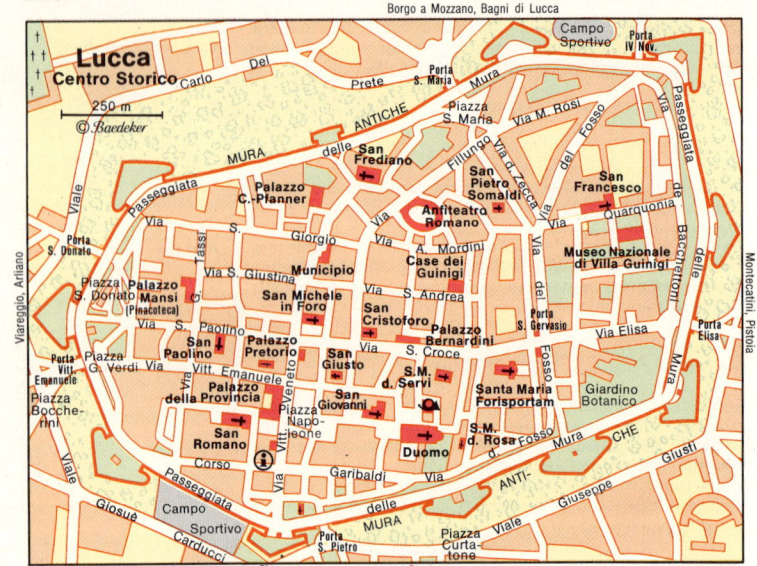

Borgo a Mozzano, Bagni di Lucca

Lucca
Centro Storico

250 m
© Baedeker

In den Wirren der Völkerwanderung erhoben die aus Panno-
nien eingedrungenen Langobarden Lucca zum Hauptort eines
Herzogtums. Seit der Zeit der Karolinger wandten die Kaiser
des Römischen Reiches Lucca ihre Gunst zu, so daß die Stadt
noch vor Florenz und Pisa bis ins hohe Mittelalter die größte
und wichtigste Gemeinde der Toskana blieb. Handwerk (Herstellung von Seidenstoffen und Brokat; Blattgoldschlägerei),
Handel und Bankwesen brachten ihr Wohlstand und den Bürgern Selbstbewußtsein, das sie schon um 1080 ihre Unabhängigkeit von den Grafen und die Freiheit der Stadt unter gewählten Konsuln erkämpfen ließ. Damals setzte die Blütezeit Luccas
ein, von der die romanischen Kirchen, vor allem San Michele in
Foro, das dem Erzengel Michael geweihte Gotteshaus, und die
Werke der Bildhauerkunst und Malerei zeugen. Dank der Pros-
perität wuchs auch die Bevölkerungszahl, so daß die Stadt über
die römischen Mauern hinausgriff und von neuen Befestigungen umgeben wurde.

Die zunehmende ökonomische Macht rief jedoch auch Rivalen
auf den Plan. Während die Lucchesen in den langen Auseinandersetzungen mit Pisa die Oberhand behielten – auch weil Genua im Jahre 1284 die Pisaner besiegte –, mußten sie sich mit
der wachsenden Stärke von Florenz abfinden. Auch schwäch-
ten innere Streitigkeiten, vor allem Fehden zwischen Guelfen
und Ghibellinen, die Stadt. Vorübergehend unter der Herrschaft von Condottieri (Söldnerführern), erhielt Lucca 1369 von
Kaiser Karl IV. die Freiheit wieder. Die friedliche Zeit unter kai-
serlichem Schutz und unter der Regierung des Adligen Paolo
Guinigi (1400–1430) wurde zur Mehrung des Wohlstandes genutzt; vom Anfang des 16. Jh.s bis 1645 wurde der noch heute
bestehende Mauerring angelegt. Er mußte nie einer Belage-

rung standhalten, aber er schützte die Stadt 1812 gegen das Hochwasser des Serchio.
Lucca betrieb eine geschickte Politik im Schatten der damaligen Großmächte. Die Republik bestand bis 1799, als sie der französische Kaiser Napoleon für seine Schwester Elisa Bacciocchi in ein Fürstentum umwandelte, das als Herzogtum (ab 1815) erst 1847 zur Toskana kam.

Piazza Napoleone

Die Piazza Napoleone, der Hauptplatz von Lucca, liegt im südwestlichen Teil der von Festungsanlagen umzogenen Altstadt. Die Platzanlage wurde unter Elisa Bacciocchi geschaffen.

Palazzo della Provincia

Die ganze Westseite des Platzes nimmt die stattliche Fassade des Palazzo della Provincia ein, früher Palazzo della Signoria oder Palazzo Ducale genannt. Man errichtete ihn ab 1578 nach Plänen von Bartolomeo Ammannati an der Stelle des Palazzo degli Anziani (Sitz des Ältestenrates). Der große Innenhof und der nach der von Lucca gehaltenen Schweizergarde benannte Cortile degli Svizzeri sind unvollendet.

San Romano

Südwestlich vom Palazzo della Provincia steht die 1280 erbaute Kirche San Romano, die man 1373 um die Apsis erweiterte; die Fassade wurde nicht vollendet. Der Campanile besteht im unteren Teil aus Naturstein, oben aus Ziegelmauerwerk. Im Kircheninneren das Grabmal des hl. Romanus (1490).

Lage
Piazza San Romano

San Giusto

Nahe der nordöstlichen Ecke der Piazza Napoleone steht die Kirche San Giusto aus dem 12. Jh., in deren strenger Fassade aus Sandstein und Marmorstreifen sich unter Blendarkaden ein überaus reich geschmücktes Hauptportal öffnet. Das Innere des Kirchleins wurde um die Mitte des 17. Jh.s barockisiert.

Lage
Piazza San Giusto

San Giovanni

Zwischen der Piazza Napoleone und dem weiter östlich stehenden Dom (s. S. 120) gelangt man zu der Basilika San Giovanni, die im 12. Jh. neu errichtet wurde. Der Vorgängerbau, der hl. Reparata (erste Patronin von Florenz) geweiht, hatte seit dem 8. Jh. als Bischofskirche gedient. Bei der völligen Umgestaltung der Kirche San Giovanni (1622) blieben nur das Mittelportal und ein Teil der Südfassade von dem romanischen Bau erhalten. Das Innere der Kirche wird von Säulen (mit einem römischen und weiteren romanischen Kapitellen) in drei Schiffe unterteilt. Durch das linke Querhaus erreicht man das im 14. Jh. erneuerte und mit einer spitzbogigen Kuppel überwölbte große Baptisterium (San Giovanni), das der ganzen Kirche den Namen gegeben hat.

Lage
Piazza San Giovanni

Lucca

*Dom

Schon im 6. Jh. gründete vermutlich der hl. Fredianus die Kirche, die im 8. Jh. Bischofssitz wurde. Bischof Anselmo da Baggio, der spätere Papst Alexander II. (1061–1073), veranlaßte den Umbau, und im 13. Jh. erneuerte man die dem hl. Martin geweihte Kirche vollständig. So finden sich hier vorwiegend romanische, aber auch einige gotische Stilelemente.

Die mit reichem Schmuck versehene romanische Fassade ist das Werk des lombardischen Baumeisters Guidetto da Como (1204; so die Inschrift in der ersten Zwerggalerie). Sie ist in ein unteres Geschoß gegliedert, das sich in drei Bögen zu einer Vorhalle öffnet, und in drei Stockwerke von Zwerggalerien, die oben vermutlich noch durch einen Giebel abgeschlossen werden sollten. Wegen des Campanile ist der rechte Teil der Fassade um zwei Arkadenbögen schmäler als der linke. Der 69 m hohe, mächtige Glockenturm ist unten in hellem Travertin, oben in Backstein ausgeführt. Die Fenster des Turmes sind zuunterst einbogig; die Zahl der Bögen nimmt nach oben bis auf vier zu. Die Vorhalle wurde in der Mitte des 13. Jh.s von lombardischen Bildhauern (darunter Guido da Como) mit beachtenswerten Skulpturen ausgestattet: Im Hauptportal vier Darstellungen aus dem Leben des Kirchenpatrons, des hl. Martin; am rechten Portal im Tympanon „Enthauptung des hl. Regulus"; im linken Türsturz „Verkündigung", „Geburt Jesu", „Anbetung der Könige"; im Tympanon „Grablegung", alles hervorragende Werke des Nicola Pisano aus der Zeit um 1260–1270.

Das Innere besteht aus einem dreischiffigen Langhaus und einem zweischiffigen Querhaus; den östlichen Abschluß bildet eine halbrunde Apsis. Über den von Pfeilern getragenen rundbogigen Arkaden verlaufen Emporen, die sich zum Innenraum in doppelten Dreierfenstern öffnen. Die Ausgestaltung des Kircheninneren erfolgte im 14./15. Jh., Restaurierungsarbeiten im 19. Jh. Gleich am Eingang rechts die berühmte Gruppe „St. Martin mit dem Bettler" vom Anfang des 13. Jh.s, eines der bedeutendsten Werke der romanischen Bildhauerei in Lucca. Die Plastik befand sich früher an der Außenfassade. Am fünften Pfeiler rechts die von Matteo Civitali 1494–1498 geschaffene Kanzel; in der Sakristei eine Pietà, vermutlich von Bartolomeo di Giovanni, und Bilder von Domenico Ghirlandaio bzw. aus dessen Schule.

Im rechten Querschiff steht das Grabmal des Pietro da Noceto, Sekretär von Papst Nikolaus V. (1447–1455); gegenüber das Grabmal des Domenico Bertini. Beide stammen von Matteo Civitali und sind künstlerisch bedeutende Beispiele der florentinischen Grabmalskulptur im 15. Jahrhundert.

Rechts von der Apsis steht der große Altar des hl. Regulus; in der anschließenden Sakramentskapelle zwei Engel. Auch diese Werke sind von Civitali. Die Glasgemälde in der Apsis, von Pandolfo di Ugolino, entstanden um 1485. Links vom Altarraum eine Statue Johannes' des Evangelisten, von Iacopo della Quercia; in der anstoßenden Cappella del Santuario ein schönes Madonnenbild (1509) von Fra Bartolommeo.

Eindrucksvoll ist das Grabmal der Ilaria del Carretto (gest. 1405), der zweiten Frau von Paolo Guinigi. Dieses Werk von Jacopo della Quercia steht im linken Querschiff. Die jung verstorbene Frau ist dargestellt, wie sie mit friedlichem Antlitz auf einem Sarkophag ruht. Das Gewand ist in kunstvolle Falten gelegt; zu Füßen der Toten ein Hund, Symbol der Treue. Der

Sarkophag ist mit Reliefs der puttengleichen Todesgenien geschmückt.

Das religiös wie künstlerisch bedeutendste Werk im Dom ist der Volto Santo (‚Heiliges Antlitz'). Der Kruzifixus steht in einem eigens für ihn geschaffenen Marmortempelchen (von Matteo Civitali); nach der Legende wurde er von Nikodemus aus dem Holz einer Libanonzeder geschnitzt und kam auf abenteuerlichen Wegen nach Lucca, wo man ihn hoch verehrte. Noch heute wird der Volto Santo alljährlich am 13. September in einer feierlichen Prozession durch die Straßen der Stadt getragen. Die Entstehungszeit des als wundertätig verehrten Werkes ist ungewiß, dürfte aber im 13. Jh. anzusetzen sein. Der heutige Volto Santo geht mit Sicherheit auf ein noch wesentlich älteres Vorbild zurück.

* Volto Santo

Santa Maria della Rosa

Unweit östlich vom Dom steht die kleine, niedrige Kirche Santa Maria della Rosa, die 1309 von der Università dei Mercanti an die römische Stadtmauer angebaut wurde. An der Seitenfassade gotische Fensterarkaden; im Inneren an der linken Wand große Quader des alten römischen Mauerringes.

Lage
Via della Rosa

Santa Maria Forisportam

Der Beiname ‚Forisportam' (‚vor dem Tor') rührt daher, daß die Kirche Santa Maria zur Zeit ihres Baues im 13. Jh. vor dem Stadttor, außerhalb der römischen Mauern lag. Die Fassade im pisanisch-romanischen Stil blieb unvollendet. Im Inneren der dreischiffigen Kirche ein als Taufbecken dienender frühchristlicher Sarkophag (mit Darstellung des Guten Hirten und Daniels in der Löwengrube), im rechten Seitenschiff ein barockes Ziborium (von Giovanni Vambrè), ferner ein Gemälde, das Tod und Himmelfahrt Mariae zeigt (von Angelo Puccinelli; 1386).

Lage
Piazza Santa Maria
Forisportam

Wenige Schritte nordöstlich der Kirche steht an der Via del Fosso (mit dem einstigen Stadtgraben) die Porta Santi Gervasio e Protasio, ein mit zwei Rundtürmen bewehrtes wuchtiges Tor, das zu der im 12. Jh. erbauten, jedoch inzwischen weitgehend verschwundenen inneren Stadtmauer gehörte.

Porta Santi Gervasio
e Protasio

San Cristoforo

Nordöstlich der Piazza Napoleone, am Anfang der belebten Via Fillungo, steht die aus dem 12./13. Jh. stammende Kirche San Cristoforo. Die Fassade öffnet sich in drei Portalen, deren mittleres einen reichverzierten Architrav trägt. Rechts davon sind zwei eiserne Maßstäbe in die Wand eingelassen, mit denen die Università dei Mercanti die Breite der Stoffbahnen festlegte. Im oberen Teil der Fassade eine große Fensterrose (14. Jh.).

Lage
Via Fillungo

Palazzo Bernardini

Der breit hingelagerte dreistöckige Palazzo Bernardini, unweit östlich von San Cristoforo, wurde zu Beginn des 16. Jh.s nach

Lage
Via Santa Croce

Palazzo Bernardini
(Fortsetzung)

Plänen des Architekten Nicolao Civitali erbaut. Er besitzt ein schönes Portal und einen eleganten Innenhof.

Case dei Guinigi

Lage
Via dei Guinigi

In der Via Guinigi, ziemlich genau in der Mitte der von Wällen umgebenen Innenstadt, zieht ein mächtiger, auf der Spitze mit Steineichen bewachsener Turm den Blick auf sich. Er gehört zu dem Gebäudekomplex der Case dei Guinigi, der Stadthäuser jener Adelsfamilie, unter deren Herrschaft Lucca zu Anfang des 15. Jh.s eine friedliche, von Wohlstand geprägte Zeit erlebte. Die beiden einander gegenüberliegenden Paläste wurden im 14./15. Jh. erbaut und später verändert. Im Erdgeschoß bemerkt man einstmals offene Arkaden; die Fenster der Obergeschosse sind durch Säulen geteilt und von Rundbogen überwölbt.
An der Via Sant' Andrea steht die (heute vermauerte) Loggia dei Guinigi, die einst Mittelpunkt der Familienfeste war.

Anfiteatro Romano

Lage
Piazza del Mercato

Die heutige Piazza del Mercato, der Marktplatz, entspricht im Grundriß dem im 2. Jh. v. Chr. erbauten römischen Amphitheater. In der Antike lag es nördlich außerhalb der Stadtmauern; zur Zeit der Völkerwanderung wurde es weitgehend zerstört, und heute liegen die Reste mehrere Meter unter dem Straßenniveau. Im Mittelalter wurden über den Mauern der Aufbauten (geringe Spuren sind noch zu sehen) Häuser errichtet, in deren Anordnung noch das Oval der Arena zu erkennen ist. Der Platz wurde 1830–1839 von Lorenzo Nottolini gestaltet.

Lucca: Marktplatz auf dem alten römischen Theater

San Pietro Somaldi

Nicht weit östlich vom einstigen römischen Amphitheater öffnet sich ein dreieckiger Platz zu der Kirche San Pietro Somaldi, einer dreischiffigen Basilika aus dem 12. Jh., die an der Stelle einer vermutlich von Langobarden im 8. Jh. erbauten Kirche steht. Die weißgrau gestreifte Marmorfassade mit den beiden feingegliederten Loggiengeschossen entstand 1248. Das mittlere Portal zeigt im Türsturz die Schlüsselübergabe an Petrus (von Guido da Como; 1203). An der Nordseite steht ein schlichter Campanile aus Backstein.
Die (teilweise modern erneuerten) Gewölbe, die das dreischiffige Innere der Basilika überspannen, ruhen auf massigen Rechteckpfeilern (der dritte auf der linken Seite ist 1199 datiert). Im rechten Seitenschiff ein Madonnenfresko aus dem 12. Jahrhundert.

Lage
Piazza San Pietro Somaldi

San Pietro Somaldi:
Mittelportal

San Francesco

Im Osten der Innenstadt, unweit von San Pietro Somaldi, erreicht man die Piazza San Francesco, von der nach Norden und Süden die malerische Via del Fosso (mit einem die mittelalterliche Stadtgrenze bezeichnenden Kanal) ausgeht. Der Platz wird beherrscht von der Fassade der dem Franziskus geweihten Kirche, die schon 1228, nur zwei Jahre nach dem Tode des Heiligen aus Assisi, begonnen, im 14. Jh. erneuert und im 17. Jh. wieder instandgesetzt wurde. Die stark restaurierte Fassade ist von drei Arkaden, einem gotischen Portal und einer Fensterrose gegliedert. Rechts und links neben dem Portal zwei alte Grabhäuschen.
Im einschiffigen Inneren steht ein mit Intarsien geschmücktes Chorgestühl; ferner hier Fresken der Florentiner Schule des 15. Jh.s sowie Grabmäler (Kenotaph des Condottiere Castruccio Castracani) und ein Gedenkstein für den Komponisten Luigi Boccherini. Neben der Kirche ein kleiner Kreuzgang.

Lage
Piazza San Francesco

*Museo Nazionale di Villa Guinigi

Weit im Osten der Innenstadt steht die für den Stadtherrn von Lucca, Paolo Guinigi (Amtszeit 1400–1430), erbaute Villa. Hier befindet sich heute das Museo Nazionale (Nationalmuseum) mit seinen reichhaltigen Kunstsammlungen. Beachtenswert sind u. a. die Skulpturen aus etruskischer und römischer Zeit; Plastiken aus mittelalterlichen Kirchen Luccas (San Michele und Dom); Tafelgemälde (u. a. das berühmte Kruzifix aus dem 13. Jh. von Berlinghiero Berlinghieri; dazu Werke von Francesco di Giorgio Martini, Domenico Beccafumi und Iacopo da Pontormo).

Anschrift
Via della Quarquonia

Palazzo Pretorio

An der Via Vittorio Veneto, die von der Piazza Napoleone nach Norden verläuft, steht der Palazzo Pretorio, 1492 nach Entwürfen von Matteo Civitali begonnen und bis 1589 im Stil der Renaissance vollendet. Im Erdgeschoß ein Portikus mit einer Statue des Matteo Civitali (aus der Zeit des Historismus, 1893). Heute ist der Palazzo Sitz der Pretura (Amtsgericht).

Lage
Via Vittorio Veneto

Lucca

Lucca: San Michele in Foro

*San Michele in Foro

Lage
Piazza San Michele

Die dreischiffige Basilika San Michele erhebt sich auf dem Platz des einstigen römischen Forums, im Schnittpunkt der antiken Lagerhauptstraßen. Mit dem Bau der heutigen Kirche wurde zwar schon im 12. Jh. begonnen, doch bis ins 14. Jh. zogen sich die Arbeiten hin, und gleichwohl wurde die vorgesehene Vergrößerung nicht mehr realisiert.

Fassade

Die großartige fünfgeschossige Westfassade ist für die vergrößerte Kirche konzipiert und folgt daher dem geplanten Querschnitt des Langhauses, den heutigen Kirchenbau weit überragend. Im unteren Geschoß, das durch Bögen auf Halbsäulen gegliedert ist, öffnen sich drei Portale (rechts am Eckpfeiler stand früher eine Strahlenkranz-Madonna von Matteo Civitali als Dank für die Rettung der Stadt vor der Pest der Jahre 1476–1480); die oberen Geschosse zeigen Zwerggalerien, deren Säulen mit verschiedenfarbigem Stein inkrustiert sind und unterschiedlich gestaltete Kapitelle tragen. Allenthalben finden sich Tierfiguren und Ornamente in Einlegearbeit. Den Giebel krönt eine überlebensgroße marmorne Statue des Erzengels Michael, die von zwei Engeln flankiert wird.
Die Arkaturen und Zwerggalerien der beiden unteren Fassadengeschosse setzen sich an der südlichen, z.T. auch an der nördlichen Langhausflanke fort; am rechten Querhausarm der Campanile, dessen flaches Obergeschoß (19. Jh.) den einstigen Zinnenkranz ersetzt.

Inneres

Bis ins 16. Jh. war das Langhaus flach gedeckt, dann wurde das heute noch sichtbare Gewölbe eingezogen; doch im übrigen

124

blieb der romanische Charakter des Innenraumes erhalten. Am ersten rechten Seitenaltar eine Terrakottafigur (Madonna mit dem Kind) von Andrea della Robbia; im linken Querschiff links ein Tafelbild (um 1480/1500) mit den Heiligen Rochus, Sebastian, Hieronymus und Helena, von Filippo Lippi.

San Paolino

San Paolino, die einzige Renaissancekirche in Lucca, steht westlich von der Piazza San Michele. Von 1522 bis 1539 errichtete der Baumeister Baccio da Montelupo und nach ihm Bastiano Bertolani vermutlich an der Stelle eines römischen Tempels das einschiffige Gebäude. Im Presbyterium ein frühchristlicher Sarkophag mit der Darstellung des Guten Hirten, in dem der hl. Paulinus, der Kirchenpatron, beigesetzt war.

Lage
Via San Paolino

Palazzo Mansi/Pinacoteca Nazionale

Der äußerlich schlichte Palazzo Mansi (im Westen der Innenstadt) wurde im 17. Jh. erbaut und sein Inneres im 18. Jh. luxuriös ausgestattet. Heute ist er Sitz der sehenswerten Pinacoteca Nazionale (Staatliche Gemäldegalerie), mit Bildern aus dem Mittelalter und vor allem aus der Zeit von der Renaissance bis zum 19. Jahrhundert. Zum überwiegenden Teil sind sie der Stadt von Großherzog Leopold II. anläßlich ihrer Aufnahme in das Großherzogtum Toskana (1847) geschenkt worden. Beachtenswert sind u.a. Werke von Fra Bartolommeo ("Gottvater mit Maria Magdalena und Katharina"), Domenico Beccafumi, Tintoretto, Paolo Veronese und Andrea del Sarto.

Lage
Via Galli Tassi

Palazzo Controni-Pfanner

Im Jahre 1667 wurde der Palazzo Controni-Pfanner nahe dem nördlichen Festungsgürtel erbaut. Bekannt ist er durch die offene zweigeschossige Treppenloggia, eine harmonische Renaissanceschöpfung. Der im 17. Jh. angelegte Garten ist mit einigen beachtenswerten Statuen geschmückt.

Lage
Via degli Asili 33

* San Frediano

Die dem hl. Fredianus, im 6. Jh. Bischof von Lucca, geweihte Basilika wurde 1112–1147 an der Stelle errichtet, wo sich schon seit dem 8. Jh. eine Kirche befunden hatte (1950 wurden Mauerreste freigelegt). Zunächst war die Kirche, wie allgemein üblich, mit dem Altarraum nach Osten gerichtet. Im 13. Jh. wurde der Bau erhöht und die Fassade aufgestockt; die schon bestehende Taufkapelle und die Cappella della Santa Croce, rechts und links vom heutigen Eingang, integrierte man in die Basilika. Die Apsis mit dem Altar richtete man nach Westen aus, um die Eingangsfassade nicht gegen die inzwischen erstellten Stadtmauern zu kehren.

Lage
Piazza San Frediano

Die Fassade, im unteren Teil glattflächig und nur von Wandpfeilern und einer Säulenstellung vertikal gegliedert, wird beherrscht von dem großen Mosaik, das Christus in der Mandorla, flankiert von zwei Engeln, und darunter die zwölf Apostel zeigt.

Fassade

Lucca: Fassade von San Frediano ...   *... und Wallanlagen*

San Frediano
(Fortsetzung)

Der Entwurf zu dem (im 19. Jh. stark restaurierten) Werk im italienisch-byzantinischen Stil wird Berlinghiero Berlinghieri zugeschrieben.

Inneres

Das Innere der Kirche wird von Säulen, die mit teils romanischen, teils antiken Vorbildern nachgeformten Kapitellen versehen sind, in drei Schiffe geteilt, an die in der Renaissance Kapellen angebaut wurden. Das Mittelschiff ist gegenüber den Seitenschiffen außergewöhnlich stark erhöht und doppelt so hoch wie breit. In der ersten Kapelle des rechten Seitenschiffes befindet sich ein besonders schönes Taufbecken aus der Mitte des 12. Jh.s, das im 18. Jh. zerlegt und erst 1952 wieder zusammengefügt wurde. Das untere Rundbecken trägt außen Reliefdarstellungen aus dem Leben des Moses (von einem Meister Robertus) sowie eine Darstellung Christi als Guter Hirte mit Aposteln oder Propheten. Das obere Becken ist als Tempelchen gestaltet, auf ihm sind die Allegorien der Monate dargestellt.
Die vierte Kapelle des linken Seitenschiffes (sog. ‚Cappella Trenta‘, 1413) schmückt ein reiches gotisches Marmorpolyptychon mit Flachreliefs von Iacopo della Quercia (Madonna mit Kind; Heiligenlegenden, 1422). Hier ferner die stark abgetretenen Grabplatten des Kaufmanns Lorenzo Trenta und seiner Gemahlin.

****Stadtmauern**

Die Innenstadt ist von einem 4195 m langen Mauergürtel mit elf Bastionen (‚baluardi‘) und sechs Toren umgeben. Das Festungswerk, 12 m hoch und im Fundament 30 m stark, wurde 1504–1645 zum Schutz des 1,5 km langen und 900 m breiten Rechtecks der Altstadt von flämischen Ingenieuren errichtet. Marie Louise von Bourbon, Herzogin von Parma, ließ es 1823–1832 in eine Parkanlage umwandeln.

Bei einem Spaziergang auf den baumbestandenen Wällen bieten sich ausgezeichnete Blicke auf die Altstadt mit ihren Kirchen und Palästen. Auch die alten Stadttore verdienen Beachtung, vor allem die Porta San Pietro an der Südseite des Mauerringes, die Porta Santa Maria im Norden und die Porta San Donato im Westen.

Lucca, Stadtmauern (Fortsetzung)

Arliano C 2

In dem kleinen Ort Arliano befindet sich eine bemerkenswerte romanische Pfarrkirche, deren Ursprünge bis auf das 8. Jh. zurückgehen und die damit zu den ältesten erhaltenen Sakralbauten der Gegend gehört. Im Inneren einige Kunstwerke aus dem 14.–16. Jahrhundert.

Lage
8 km westlich

Segromigno Monte C 2

Das Luccheser Patriziergeschlecht der Mansi erwarb im frühen 18. Jh. die heute nach ihm benannte Villa aus dem 15. Jh. und ließ sie großzügig und prunkvoll erweitern. Die mit einer Freitreppe versehene Fassade ist mit den Statuen von Göttern der klassischen Antike geschmückt. Im 18. Jh. erhielt das Gebäude seine barocke Prägung, und der Garten wurde nach englischem Vorbild neu gestaltet.

Lage
10 km nördlich

Wenige Kilometer östlich steht die Villa Torrigiani, ein ähnlich prunkvoller Landsitz. Auch dieser Bau geht ursprünglich auf das 16. Jh. zurück und wurde dann barockisiert. Reizvoll ist auch der Park.

Villa Torrigiani

Bagni di Lucca

→ dort

Maremma C 2 – D 2/3

Die Maremma (deutsch Maremmen) ist eine ausgedehnte, von Entwässerungskanälen durchzogene, von Hügeln, Bergen, Vorgebirgen (ehemalige Inseln) unterbrochene Ebene, die sich von der Mündung des Flusses Cecina (südlich von Livorno) bis in die Nähe der Stadt Civitavecchia (Region Lazio/Latium) an der Küste hinzieht. Der Name „Maremma" ist eine Nebenform des Adjektivs ‚marittimo' (‚zum Meer gehörend'); in vorgeschichtlicher Zeit erstreckte sich in diesem Gebiet noch das Meer, später bildeten sich Lagunen.

Die Etrusker waren die ersten, die mit ausgeklügelten Anlagen die Sümpfe der Maremma entwässerten. Sie legten hier die

Maremma
(Fortsetzung)

Städte Rusellae (Roselle; →bei Grosseto) und Vetulonia (→dort) an und bauten in den höhergelegenen Colline Metallifere, dem erzführenden Hügelland südlich des Flusses Cecina, Mineralien ab. Zur Zeit der Römer wurde das fruchtbare Land an die Veteranen der Legion verteilt; doch als das Imperium zusammenbrach, verfielen auch die Entwässerungsanlagen. Das Land versumpfte, und die Malaria breitete sich aus. Die Bewohner flohen vor dem Sumpffieber in die Berge; dorthin wurden auch die Zentren der geistlichen und weltlichen Macht verlegt. Im Mittelalter versuchten Mönche, das Entwässerungssystem wiederherzustellen. Der Erfolg war nur von kurzer Dauer, da das Land häufig von Sarazenen überfallen und geplündert wurde. Daher sind in der Maremma auch noch viele Ruinen von Wachttürmen und Befestigungsanlagen zu sehen.

Endgültig wurde die Maremma erst in den Jahren von 1930 bis 1960 trockengelegt. Erst jetzt war auch die Malaria ausgerottet; freilich hat sich dadurch das Biotop grundlegend verändert, und die früher zahlreichen Büffel und halbwilden Pferde sind fast ganz verschwunden.

Parco Naturale della Maremma

→bei Grosseto

Massa   B 2

Provinz: Massa-Carrara (MS)
Höhe: 65 m ü.d.M.
Einwohnerzahl: 66000

Lage

Die Provinzhauptstadt Massa (nicht zu verwechseln mit →Massa Marittima) liegt weit im Norden nahe der toskanischen Küste. Östlich von Massa erhebt sich die Kette der Apuanischen Alpen (teilweise Naturpark), die durch ihren Marmor berühmt sind. Unmittelbar am Meer liegt der als Seebad besuchte Stadtteil Marina di Massa.

Geschichte

In Urkunden wird Massa schon 882 erwähnt. Im Mittelalter wechselte der Ort häufig den Besitzer, kam zu Lucca, Pisa, Mailand und Florenz. Im 15. Jh. unterstand Massa den Markgrafen Malaspina und dann den Cybo Malaspina (1553–1790), die eine systematische Erneuerung der Stadt einleiteten.

Piazza Aranci

Mittelpunkt der Altstadt ist die Piazza Aranci. An der Südseite des Platzes steht der Palazzo Cybo Malaspina (heute Sitz der Prefettura), eine große, prachtvolle Residenz, die sich die Markgrafen aus einer Villa umbauen ließen (1665, von Giovanni Francesco Bergamini; Fassade 1701, von Alessandro Bergamini).

Dom

Nur wenige Schritte nordöstlich der Piazza Aranci (zu erreichen durch die Via Dante) steht der Dom, der im Auftrag von Giacomo Malaspina im 15. Jh. errichtet, später aber umgestaltet

Massa: Seebad Marina di Massa

wurde. Die neuzeitliche Fassade (1936) ist mit Carraramarmor
verkleidet. Im Innern die Grabkapelle der Cybo-Malaspina.

Massa,
Dom (Fortsetzung)

Burg

Auf dem Hügel südöstlich der Stadt steht die Rocca (Burg),
ursprünglich aus dem Mittelalter und von den Malaspina im
15./16. Jh. um einen Palas erweitert. Von der Burg bietet sich
ein herrlicher Ausblick über die Stadt und zum Meer.

* Aussicht

Marina di Massa

Der Stadtteil Marina di Massa liegt knapp 5 km südwestlich. Er
wird vorwiegend als Seebad besucht und besitzt einen langen,
feinsandigen Strand. Landeinwärts erstreckt sich die schattige
Pineta (Pinienwald).

Massa Marittima

C 2

Provinz: Grosseto (GR)
Höhe: 65 m ü.d.M.
Einwohnerzahl: 10000

Der Name erscheint irreführend: Massa Maríttima liegt nicht am
Meer, sondern fast 20 km landeinwärts, nordöstlich von Piombino. Das Beiwort „Marittima" bezieht sich auf die → Maremma.

Lage

Geschichte

Schon im Altertum war das Gebiet um Massa, an der Südflanke der Colline Metallifere, des erzführenden Hügellandes, besiedelt. Etrusker und Römer beuteten die kupfer- und silbererzhaltigen Lagerstätten aus. Der Aufstieg der Stadt zum wichtigsten Zentrum der Maremma setzte ein, als im 8. Jh. der Bischof von Populonia, vor der Malaria flüchtend, seinen Sitz hierher verlegte. In der heutigen Altstadt entstanden vor allem im 12.–14. Jh. stattliche Bauten. Wegen der militärischen Bedeutung kämpften Pisaner und Sienesen um den Besitz der Stadt, bis sie dem Großherzogtum Toskana einverleibt wurde. Doch auch Massa Marittima blieb nicht vom Sumpffieber verschont, und vom 16. bis zum 19. Jh. sank die Bedeutung der immer mehr Einwohner verlierenden Stadt. Erst mit der Trockenlegung der Sümpfe und dem Rückgang der Malaria konnte sie sich wieder entwickeln.

Massa Marittima ist Geburtsort des hl. Bernhard von Siena (Bernardo Albizzeschi, 1380–1444).

Stadtbild

Die Città Vecchia, die sich rings um den Dom ausbreitende Altstadt, ist von Bauten aus dem 13. und 14. Jh. geprägt; die weiter östlich bei der Burg gelegene Città Nuova, die Neustadt, stammt im wesentlichen aus dem 15. und 16. Jahrhundert.

Piazza Garibaldi

Der Hauptplatz der Città Vecchia ist die unregelmäßig ‚gewachsene' Piazza Garibaldi, an der der Dom, der Palazzo Vescovile (Bischöflicher Palast), der Palazzo Pretorio, der Palazzo Comunale und andere historische Bauten stehen.

*Dom

An der Südseite der Piazza Garibaldi erhebt sich über einer breiten Freitreppe der Dom (Duomo San Cerbone), in seiner heutigen Gestalt aus der Zeit von 1228 bis 1304 stammend und daher sowohl von romanischen als auch von gotischen Formen bestimmt.

Äußeres

Die unter Mitarbeit von Giovanni Pisano (um 1250 bis um 1320) errichtete Fassade zeigt rundbogige Blendarkaden, die sich in ihrem unteren Teil an den Wänden des Langhauses fortsetzen. Im Türsturz des Hauptportals ein sorgfältig gearbeitetes Relief, das Szenen aus dem Leben des hl. Cerbone zeigt. Der mächtige Campanile ist an das linke Seitenschiff angefügt; die Zahl seiner Fensteröffnungen nimmt von Stockwerk zu Stockwerk zu, was den perspektivischen Eindruck verstärkt. Über die Vierung wölbt sich auf achteckigem Grundriß eine Kuppel.

Inneres

Auch im Inneren der dreischiffigen Kirche finden sich hervorragende Werke der Bildhauerkunst. Im rechten Seitenschiff steht das aus einem einzigen Travertinblock gearbeitete Taufbecken, mit Reliefdarstellungen aus dem Leben Johannes' des Täufers (von Giroldo da Como; 1267). Im Querschiff, in einer Seitenkapelle, das Altarbild „Madonna delle Grazie" (nach dem Vorbild

Massa Marittima: Dom

der „Maestà" des Duccio di Siena) von Segna di Bonaventura oder Simone Martini (um 1316).

In der Krypta (Zugang neben dem Hauptaltar) steht die Arca di San Cerbone, der Schrein des hl. Cerbonius, auf dessen Außenseiten eine Folge großartiger Reliefs das Leben des Heiligen erzählt. Der Schrein ist das bedeutendste Werk des sienesischen Bildhauers Goro di Gregorio (14. Jh.).

Krypta

Palazzo Pretorio

Gegenüber dem Dom steht an der Westseite der Piazza Garibaldi der ganz aus Travertin erbaute Palazzo Pretorio oder Palazzo del Podestà (ehem. Palast der Stadtvögte), später Residenz der Kommissare und Justizkapitäne, der Stadtherren von Massa Marittima, heute Sitz der Pretura (Amtsgericht). Das strenge romanische Gebäude (13. Jh.) trägt an der Fassade die Wappen der Stadtvögte von Massa und Siena (1426–1633).

Casa Biserno

Neben dem Palazzo Pretorio steht die turmartige Casa dei Conti di Biserno, ein im 13. Jh. errichteter romanischer Bau (im 19. Jh. teilweise erneuert).

Palazzo Comunale

Der Palazzo Comunale stößt direkt an die Casa dei Conti di Biserno an. Der mächtige Travertinbau entstand aus mehreren romanischen Wohntürmen (u.a. Torre del Bargello, 13. Jh.). Im

Massa Marittima,
Palazzo Comunale
(Fortsetzung)

Inneren im 1. Obergeschoß das Gabinetto del Sindaco (Zimmer des Bürgermeisters), mit Fresken aus dem 16. Jh. Hier auch das Gemälde „Madonna mit dem Kind zwischen Engeln und Heiligen" (um 1330) von Ambrogio Lorenzetti, eines der Hauptwerke der sienesischen Malerei.

Città Nuova

Oberhalb des Domes legten die Sienesen, nachdem Massa im Jahre 1335 ihnen untertan geworden war, um die Burg Monte Regio eine Festung (Fortezza dei Senesi) an. In dieser Città Nuova, der ‚Neustadt', sehenswert die Torre del Candeliere (1228), auch Torre dell'Orologio (Uhrturm) genannt; ferner der Arco dei Senesi (1337), ein Verbindungsbau zur Festung.

Museo Archeologico

An der Piazza Matteotti steht das Museo Archeologico, mit schönen Tafelbildern und archäologischen Funden aus der Umgebung.

Sant'Agostino

Wenige Schritte östlich gelangt man durch den Corso Diaz zu der romanisch-gotischen Kirche Sant'Agostino (1299–1313), mit einschiffigem Inneren und stattlichem Campanile von 1627.

Museo della Miniera

Im Museo della Miniera (Bergbaumuseum), am südlichen Rand der Altstadt, werden in einer alten Stollenanlage die verschiedenen in der Toskana angewandten Bergbaumethoden gezeigt.

Montalcino   C 3

Provinz: Siena (SI)
Höhe: 564 m ü.d.M.
Einwohnerzahl: 6000

Lage

Das Städtchen Montalcíno liegt im Südosten der Toskana, hoch über den Flüssen Ombrone und Asso, ungefähr 40 km südlich von Siena.

Geschichte

Das Bergstädtchen Montalcino war schon in etruskischer und römischer Zeit als Siedlungsort bekannt. Im Mittelalter schwankte es als freie Kommune zwischen Florenz und Siena. Nach der Schlacht von Montaperti (1260), in der Florenz gegen Siena und die Ghibellinen eine Niederlage erlitten hatte, unterwarf sich Montalcino den Sienesen, die auf der Spitze des Hügels eine Festung anlegten.

Weinbau

In den letzten Jahren ist Montalcino, das zum Weinbaugebiet des → Chianti gehört, wegen des hier erzeugten Rotweines im-

mer berühmter geworden. Der ‚Brunello di Montalcino' gilt als
eine der besten italienischen Kreszenzen, ist aber entsprechend teuer.

Stadtbild

Den Mittelpunkt des mauerumgürteten Städtchens bildet die
Piazza del Popolo. An diesem Platz steht der im 13./14. Jh.
erbaute, mit Wappenschilden geschmückte Palazzo Comunale
mit Portikus und einem hohen Turm.

Unweit westlich steht die einschiffige Kirche Sant'Agostino   Sant'Agostino
(14. Jh.), ein glattflächiger, schmuckloser romanischer Bau mit
gotischem Portal; im Chor Fresken aus dem 15. Jh. (sienesische Arbeiten).

Direkt anstoßend im einstigen Augustinerkloster das Museo   Museo d'Arte Sacra
d'Arte Sacra (Museum sakraler Kunst); darin u.a. ein romani-
sches Kruzifix (13. Jh.), Teile eines Polyptychons (14. Jh.) von
Luca di Tommè, mehrere Tafelbilder sowie farbig gefaßte Holzstatuen (14. und 15. Jh.).

Im selben Gebäude ist das Museo Civico (Städtisches Museum)   Museo Civico
zu finden. Es zeigt bildende Kunst vorwiegend aus dem 13. bis
15. Jh., u.a. Terrakotten aus der Werkstatt der Della Robbia,
Tafelbilder der Sieneser Schule sowie eine mit Miniaturen
geschmückte Bibel aus dem 12. Jahrhundert (sienesische Arbeit).

Das dritte Museum dieses Komplexes ist das Museo Archeolo-   Museo Archeologico
gico (Archäologisches Museum), welches Funde aus der Stein-
zeit, Bronze- und Eisenzeit, etruskische Urnen u.a. enthält.

Burg

Die mächtige Fortezza (Burg), die den Hügel bekrönt, wurde
1361 angelegt und ist ausgezeichnet erhalten. Im 16. Jh. war sie
der letzte Zufluchtsort von 600 Sienesen, die aus ihrer von Kaiser Karl V. belagerten Heimatstadt hierher geflohen waren, wo
sie eine Art Exilregierung der Stadtrepublik bildeten. Im Inneren einige Schauräume; schöner Rundblick.

Madonna del Soccorso

Im Norden des Städtchens, von der Piazza Cavour durch den
Viale Roma zu erreichen, steht die im 16./17. Jh. errichtete Kirche Madonna del Soccorso, seit langem ein vielbesuchtes Wall-
fahrtsziel.

Stadtmauern

Lohnend ist ein Rundgang entlang der sehr gut erhaltenen mittelalterlichen Stadtmauer mit ihren sechs Toren und ursprünglich 19 Türmen.

Monte Amiata   **D 3**

Provinzen: Siena (SI) und Grosseto (GR)
Höhe: 1738 m ü.d.M.

Lage

Im Süden der Toskana, auf der Grenze zwischen den Provinzen Siena und Grosseto, zwischen den Flußtälern von Orcia, Fiora und Paglia, erhebt sich aus einem weitaus tieferen Hügelland heraus das Massiv des Monte Amiáta, des höchsten Berges in der Toskana.

Landschaftsbild

Monte Amiata: Gipfelkreuz

Der Monte Amiata (im Altertum Mons Tuniae oder Mons ad Meata genannt) ist ein erloschener Vulkan und besitzt zahlreiche Quellen, die Wasser bis nach Siena und Grosseto abgeben. Das Bergmassiv ist reich an abbauwürdigen Mineralien (Quecksilber, Antimon), deren Lagerstätten schon von Etruskern und Römern ausgebeutet wurden.

An den fruchtbaren Abhängen wachsen Getreide, Wein und Oliven; darüber dehnen sich Kastanien-, Eichen- und Buchenwälder, die von Wanderwegen durchzogen sind. In den letzten Jahren wurden ein weites Wintersportgebiet erschlossen sowie Straßen (im Winter Räumdienst) und Hotels gebaut.
Der Gipfelbereich des Monte Amiata ist von einer 13 km langen, teils steilen, aber lohnenden Ringstraße umzogen, die am besten von →Abbadia San Salvatore zu erreichen ist. Von deren Südabschnitt führt eine Stichstraße bis auf den Gipfel, auf dem eine Funkstation errichtet wurde und ein stählernes Gitterkreuz steht. Hier eröffnet sich ein umfassender Rundblick.

Monte Argentario   **D 3**

Provinz: Grosseto (GR)
Höhe: 635 m ü.d.M.

Lage

Der Monte Argentário erhebt sich an der Küste des Tyrrhenischen Meeres, rund 35 km südlich von Grosseto.

*Landschaftsbild

In vorgeschichtlicher Zeit war das der Küste vorgelagerte Promontorio dell'Argentario eine Insel. Durch Anschwemmung entstand zunächst eine sich vom Festland vorschiebende, 4 km lange und 500–600 m breite Landzunge, auf der heute die Stadt →Orbetello liegt. Später bildeten sich außerdem zwei Sandbänke, der Tombolo di Feniglia im Süden und der Tombolo di Giannella im Norden, so daß die Lagune von Orbetello entstand.
Das Vorgebirge des Argentario (,Silberberg') ist 11,5 km lang, bis 7 km breit und erreicht im Monte Telegrafo 635 m Höhe.
Die reizvolle Landschaft mit abwechslungsreichen, teils flachen und teils felsigen Küstenabschnitten hat bewirkt, daß der

Monte Argentario: Blick auf die Westküste

Monte Argentario immer mehr Urlauber anlockt; Tourismus-
zentren sind vor allem Porto Santo Stefano an der Nordküste
und Port'Ercole an der Ostküste, ferner der moderne Jachthafen Cala Galera.

Porto Santo Stefano

Der Fischerort und Fährhafen (Verbindung zu einigen Inseln
des →Arcipelago Toscano) liegt prächtig in einer sich zum
Meer öffnenden Talsenke. Im Zweiten Weltkrieg erlitt der Ort
schwere Schäden. Von der erhöht gelegenen Rocca (Festung;
17. Jh.) hat man einen höchst reizvollen Blick auf den Ort und
die Bucht.

Lohnend ist eine Fahrt auf der die Westseite des Monte Argentario umziehenden Küstenstraße.

Monte Telegrafo

Der im südöstlichen Teil der Halbinsel sich erhebende Monte
Telegrafo (635 m), der höchste Punkt des Argentario, ist von
Porto Santo Stefano auf einer 17 km langen Straße zu erreichen. An der Stichstraße, die von der SS 440 (nach Orbetello)
südlich abzweigt, liegt in 275 m Höhe der aussichtsreiche Convento dei Padri Passionisti (Passionistenkonvent), das Stammkloster des 1720 von Paolo Francesco Danei (hl. Paulus vom
Kreuz) gegründeten Ordens. Die Straße endet kurz unterhalb
des Gipfels. Auf diesem befindet sich eine Sendestation mit

Monte Argentario: Porto Santo Stefano

Monte Argentario,
Monte Telegrafo (Fortsetzung)

großer Antennenanlage. Der höchst eindrucksvolle Blick reicht bei guter Sicht seewärts bis zur französischen Insel Korsika, landwärts bis zum → Monte Amiata.

Port' Ercole

Der seit der Antike bestehende Fischerhafen Port' Ércole ist zugleich das wichtigste Seebad an der Ostküste des Argentario. Er liegt hübsch an einer kleinen Bucht, die im Süden von einem Bergsporn mit einer alten Festung abgeschlossen ist. In der Altstadt hat sich noch altertümliches Kolorit erhalten.
In Port' Ercole starb 1610 der Maler Michelangelo da Caravaggio an der Malaria; sein Grab ist in der Pfarrkirche.

Cala Galera

Unweit nördlich liegt der neu eingerichtete Jachthafen von Cala Galera.

Bootsverbindung von Port' Ercole nach → Giannutri.

Montecatini Terme   C 2

Provinz: Pistoia (PT)
Höhe: 27 m ü.d.M.
Einwohnerzahl: 22000

Lage

Das berühmte Staatsbad Montecatíni Terme liegt weit im Nordwesten der Toskana, knapp 30 km östlich von Lucca bzw. 15 km westlich von Pistoia.

Montecatini Terme: Stabilimento Tettuccio

Es ist wahrscheinlich, daß die heilkräftigen Quellen bereits in der Antike bekannt waren, denn in der Leopoldina-Quelle wurden römische Kleinplastiken gefunden, die man als Votivgaben deutete. In seinem Buch über italienische Bäder erwähnt der Arzt Ugolino Simoni im Jahre 1417 den Ort und drei bereits bestehende Badehäuser. Unter den Medici, zu deren Privateigentum Montecatini seit 1583 gehörte, ging die Bedeutung des Bades allerdings erheblich zurück, und erst das späte 18. Jh. brachte einen neuen Aufschwung. Vor allem der Initiative von Großherzog Leopold I. (dem späteren Kaiser Leopold II.) ist es zu verdanken, daß der Ort modernisiert und die Etablissements Regina, Terme Leopoldine, Tettuccio und Palazzina Regia gebaut wurden. Auch als die Badeeinrichtungen 1784 den Benediktinern von Florenz übereignet worden waren, wurde der Ausbau fortgesetzt. Heute ist Montecatini Terme das größte Thermalbad Italiens; seine Quellen (19–25°C; tägliche Schüttung 2592 m^3) sind vor allem bei Gallen- und Leberleiden, Magen- und Darmerkrankungen wirksam.

** Kurbezirk

Montecatini Terme liegt in einer Talweitung des Valdinievole, umgeben von freundlichem Hügelland. Hauptplatz der Stadt ist die Piazza del Popolo mit der modernen Kirche Santa Maria Assunta; unweit nordwestlich der Kursaal. Von der Piazza del Popolo zieht die breite Viale Verdi nordöstlich zum Kurviertel. Am Rande des prächtigen, großen Kurparks liegen mehrere Thermalbäder: Zunächst links das 1968 erweiterte Stabilimento Excelsior, dann die klassizistischen Terme Leopoldine und das

Montecatini Alto (Val di Nievole)

Montecatini Terme
Kurbezirk

THERMALBÄDER

1 Terme Leopoldine
2 Excelsior
3 Tamerici
4 Torretta
5 Rinfresco
6 Tettuccio
7 Regina
8 La Salute
9 Terme F. Redi

A Accademia d' Arte
(Kunstakademie,
Museum)

F Talstation der
Standseilbahn
(Funicolare) nach
Montecatini Alto
(Val di Nievole)

300 m

© Baedeker

Kurbezirk
(Fortsetzung)

Stabilimento Tamerici; weiterhin am Ende der Straße das Stabi-
limento Tettuccio, ein großzügiger historisierender Bau (1927)
in Renaissanceformen (schöne Kolonnaden). Dicht dabei das
Stabilimento Regina an der Viale A. Diaz; gegenüber von diesem die Accademia d'Arte (Kunstakademie) mit kleinem Museum. Nordwestlich vom Stabilimento Tettuccio die kleineren
Quellhäuser Torretta und Rinfresco.
An der nordöstlichen Ecke des Kurparkes befindet sich die
Talstation der Standseilbahn nach Montecatini Alto (s. unten).
Im Südwesten der Stadt sind das Sportstadion und der Pferde-
rennplatz (Ippodromo) zu finden.

Montecatini Alto (Montecatini Val di Nievole)   C 2

Lage
5 km nordöstlich
Standseilbahn
ab Montecatini Terme

Grotta Maona

Rund 260 m über dem Thermalbad liegt auf dem Gipfel eines
Hügels der altertümliche Ort Montecatini Val di Niévole (meist
kurz Montecatini Alto genannt).
An der Zufahrtsstraße vom Thermalbad aus befindet sich der
Eingang zur Grotta Maona, einer im 19. Jh. entdeckten Tropf-
steinhöhle.

Von dem einstigen Schloß in Montecatini Alto sind nur geringe Reste erhalten. Die Propsteikirche San Pietro, ursprünglich romanisch, wurde im Barock umgestaltet; im angrenzenden kleinen Museum eine Sammlung sakraler Kunst.

Montecatini Alto
(Fortsetzung)

Buggiano   C 2

Zwischen Montecatini Terme und Pescia liegt an der Durchgangsstraße der Ort Borgo a Buggiano. Eine Nebenstraße führt bergauf zu dem 1,5 km entfernten Ort Buggiano Castello. Von den alten Häusern dieses wehrhaften Bergdorfes ist vor allem der Palazzo Pretorio aus dem 13. Jh. beachtenswert, dessen Fassade mit Wappenschilden aus dem 15. und 16. Jh. geschmückt ist. An dem kleinen Platz steht die romanische Pfarrkirche, 1038 für eine Benediktinerabtei gegründet und später teilweise erneuert; das dreischiffige Innere ist rechts von Säulen mit antiken Kapitellen, links von Pfeilern geteilt. Beachtenswerte Marmorarbeiten und Wandgemälde.

Lage
3 km westlich

Montecristo (Isola di Montecristo)   D 2

Provinz: Livorno (LI)
Inselfläche: 10,39 km^2

Die kleine Insel Montecristo liegt 40 km südlich von Elba bzw. 45 km westlich der Insel Giglio im Tyrrhenischen Meer.

Lage

Keine regelmäßige Schiffsverbindung.

Zufahrt

Landschaftsbild

Die zum → Arcipelago Toscano gehörende, nahezu kreisrunde Insel Montecristo erreicht im Monte Fortezza 645 m Höhe. Die ringsum felsige, zerklüftete Küste macht das aus Granit aufgebaute Eiland fast unzugänglich. Einzige Siedlung ist La Villa an der Westküste. Da die Insel Naturschutzgebiet ist, darf sie nur mit Erlaubnis der Staatlichen Domänenverwaltung betreten werden.

Monte Oliveto Maggiore, Abbazia di

→ Abbazia di Monte Oliveto Maggiore

Montepulciano   C 3

Provinz: Siena (SI)
Höhe: 605 m ü.d.M.
Einwohnerzahl: 14000

Montepulciáno liegt in der östlichen Toskana, annähernd 70 km südöstlich von Siena und 20 km westlich von dem bereits

Lage

zur Region Umbrien gehörenden Trasimenischen See (Lago Trasimeno).

Geschichte

Angeblich wurde Montepulciano, im 8. Jh. n. Chr. als ‚Mons Policianus' erwähnt, von Porsenna gegründet. Diese Überlieferung legt zumindest die Vermutung nahe, daß Montepulciano etruskischen Ursprungs ist. Von ‚Policianus' leitet sich auch der Name ‚Poliziani' her, mit dem die Einwohner sich selbst bezeichnen. Im Mittelalter war die Stadt abwechselnd mit Siena und Florenz verbündet oder einer dieser Stadtrepubliken unterworfen. Adelsfamilien, die hier länger als in anderen toskanischen Städten den Ton angaben, holten bedeutende Künstler hierher. So besitzt Montepulciano stattliche Bauwerke aus Renaissance und Barock.

Zwei Päpste stammen aus Montepulciano: Giovanni Maria del Monte (Julius III., 1550–1555) und Marcello Cervini (Marcellus II., 1555).

Heilquellen

Etwas außerhalb von Montepulciano, an der Strecke nach →Chianciano Terme, liegt der kleine Kurbezirk von San Albino mit zwei kohlensäurereichen Sulfat-Bikarbonat-Quellen (Heilanzeigen: Erkrankungen der Atemwege, Haut- und Frauenleiden).

Piazza Grande

Hauptplatz der mauerumgürteten Altstadt ist die Piazza Grande (offiziell Piazza Vittorio Emanuele), an der einige der wichtigsten Gebäude der Stadt stehen.

Dom

An der Südseite des Platzes erhebt sich der Dom. Er wurde an der Stelle der alten Pfarrkirche errichtet, als der Bischof von Chiusi wegen der Versumpfung des Chiana-Tales seinen Sitz nach Montepulciano verlegte. Nach Plänen von Ippolito Scalza führte man von 1592 bis 1630 den Bau aus. Der Campanile stammt vom Vorgängerbau. Die unvollendete Fassade der dreischiffigen Kirche zeigt noch das rohe Mauerwerk. In ihr öffnen sich drei Portale.
Im Inneren, links vom Hauptportal, befindet sich die liegende Figur des Bartolomeo Aragazzi, des Sekretärs von Papst Martin V. (1417–1431). Das später zerlegte Grabmal, von dem weitere Teile an anderen Stellen des Domes zu finden sind, ist ein Werk von Michelozzo di Bartolomeo, aus der Frühzeit der Renaissance. Hinter dem Hauptaltar ein Triptychon (1401) von Taddeo di Bartolo, das die Himmelfahrt Mariae zeigt.

Palazzo Comunale

Der Palazzo Comunale, ein strenger, wuchtiger Bau, begrenzt die Piazza Grande im Westen. Er wurde gegen Ende des 14. Jh.s begonnen, erhielt seine heutige Gestalt jedoch im Jahre 1424 nach Entwürfen des Florentiner Renaissance-Baumeisters Michelozzo, wie 1965 aufgefundene Pläne dieses Architekten beweisen. Die schlichte, klare Fassade mit dem Zinnenkranz und der Turm mit dem Aufsatz erinnern an den Palazzo Vecchio in →Florenz, wenn dieser auch nicht die Symmetrie des Rathauses von Montepulciano besitzt. Vom Turm (Besteigung möglich) bietet sich ein weiter Blick ins Land.

Montepulciano: Palazzo Comunale ▶

Palazzo Contucci

Gegenüber dem Palazzo Comunale, an der Ostseite des Platzes, steht der Palazzo Contucci. Wie viele andere Bauten von Montepulciano ist er ein Werk von Antonio da Sangallo dem Älteren (um 1455–1534); Auftraggeber war Kardinal Giovanni Maria del Monte, der spätere Papst Julius III. Mit dem zweiten Obergeschoß schloß der Architekt Baldassarre Peruzzi den Bau ab. Im Inneren sind Fresken von Andrea Pozzo (1642–1709) zu sehen.

Palazzo Tarugi

Der massige Palazzo Tarugi, an der Nordseite der Piazza, wird dem Baumeister Antonio da Sangallo d. Ä. zugeschrieben; manches spricht aber auch für eine Urheberschaft des Giacomo da Vignola (1507–1573). Die Fassade ist im unteren Teil durch Halbsäulen gegliedert, die eine Balustrade tragen. Der offenen Loggia des Erdgeschosses entsprach eine ähnliche im zweiten Stock, die heute zugemauert ist.

Montepulciano
Altstadt

1 Palazzo Avignonesi
2 Palazzo Cocconi
3 Palazzo Venturi
4 Palazzo Cervini
5 Palazzo Ricci
6 Palazzo Neri Orselli
   (Museo Civico)
7 Palazzo della Pretura
   (ehem. Palazzo del
   Capitano del Popolo)
8 Palazzo Tarugi
9 Palazzo Comunale
10 Palazzo Contucci
11 Casa del Poliziano
12 Sant' Agnese
13 San Bernardo
14 Santa Lucia
15 San Francesco
16 Kirche Il Gesù
17 Santa Maria dei Servi

200 m

© Baedeker

Montepulciano: Palazzo Tarugi

Neben dem Palazzo steht ein Brunnen, der 1520 unter Verwendung zweier etruskischer Säulen errichtet wurde. Er wird bekrönt von zwei Löwen, die das Wappen der Medici halten, und von zwei Greifen.

Palazzo della Pretura

Gegen den Palazzo Tarugi etwas nach Norden zurückversetzt steht der Palazzo della Pretura (ehem. Palazzo del Capitano del Popolo), ein eher schlichter Bau aus dem 14. Jahrhundert.

Santa Maria dei Servi

Folgt man vom Dom der Via della Fortezza nach Süden, so gelangt man, an der um 1880 in historisierenden Formen neu erbauten Festung vorbei, zur außerhalb der Stadtmauern gelegenen Kirche Santa Maria dei Servi. Sie wurde im 14. Jh. errichtet und zeigt außen noch die Formen der Gotik. Das einschiffige Innere wurde im späten 17. Jh. durch Andrea Pozzo barockisiert. An den Altären z.T. bemerkenswerte Tafelbilder aus dem 13. und 14. Jahrhundert.

Palazzo Neri Orselli

An der von der Piazza Grande nach Norden führenden Via Ricci steht rechts (Haus Nr. 11) der Palazzo Neri Orselli, ein im 14. Jh. entstandenes Gebäude aus Ziegeln und Travertin. In ihm ist das

Museo Civico   Museo Civico (Städtisches Museum) untergebracht, das vor allem Gemälde aus Mittelalter und Renaissance, außerdem einige sehenswerte Terrakotten von Andrea della Robbia enthält.

Palazzo Cervini

Nordöstlich des Museo Civico steht in der Via di Voltaia (Nr. 21) der Palazzo Cervini. Der gegen die Straße etwas zurückversetzte mittlere Gebäudeteil wird von zwei Seitenflügeln flankiert. Der Palazzo wurde im Auftrag von Kardinal Marcello Cervini, dem späteren Papst Marcellus II., von Antonio da Sangallo d. Ä. zwischen 1518 und 1534 errichtet, blieb aber unvollendet.

Sant'Agostino

Unweit nördlich des Palazzo Cervini erreicht man durch die Via di Gracciano die Kirche Sant'Agostino (1427). Die von Michelozzo di Bartolomeo entworfene schöne Renaissancefassade (im Tympanon ein Terrakotta-Relief von Michelozzo) zeigt eigenartige Nachklänge der Gotik. Das Innere der einschiffigen Kirche, im späten 18. Jh. umgestaltet, birgt ein bemerkenswertes hölzernes Kruzifix (15. Jh.) und einige Gemälde, vor allem aus dem 16./17. Jahrhundert.

Palazzo Cocconi

Der vermutlich von Antonio da Sangallo d. Ä. erbaute Palazzo Cocconi steht nur wenige Schritte nördlich der Kirche Sant' Agostino an der rechten Straßenseite.

Palazzo Avignonesi

Nahe dem Nordende der Via di Gracciano erreicht man den Palazzo Avignonesi (links; Haus Nr. 99), dessen Entwurf dem Giacomo da Vignola (eigentlich Giacomo Barozzi; 1507–1573) zugeschrieben wird. Die Spätrenaissance-Fassade, im unteren Teil aus sogenanntem ‚Polstermauerwerk', ist in den beiden Obergeschossen durch je eine Fensterreihe mit abwechselnden Dreiecks- und Segmentgiebeln gegliedert.

Sant'Agnese

Außerhalb des Mauerringes und durch die Porta al Prato, das nördliche Stadttor, zu erreichen, steht die Kirche Sant'Agnese, die der hl. Agnese Segni (gest. 1317) aus Montepulciano geweiht ist. An dieser Stelle stand zunächst die noch von der Heiligen selbst in Auftrag gegebene Kirche Santa Maria Novella. Im Inneren des einschiffigen Gotteshauses u. a. ein Madonnenfresko aus der Schule des Simone Martini (erste Seitenkapelle rechts); am Hauptaltar der Reliquienschrein der hl. Agnes. An die Kirche stößt ein Kreuzgang (Fresken 17. Jh.) an.

*Madonna di San Biagio

Gut 2 km südwestlich von Montepulciano steht eindrucksvoll am Ende einer langen Allee hoher Zypressen die Kirche Madon-

na di San Biagio. Sie wurde nach Plänen von Antonio da Sangallo d. Ä. zwischen 1518 und 1545 als Wallfahrtskirche für ein
von den Gläubigen verehrtes Madonnenbild erbaut. Den
Grundriß bildet ein ‚griechisches Kreuz‘ (mit vier gleichlangen
Armen); über der zentralen Vierung wölbt sich auf einem Tambour die hohe Kuppel. Von den geplanten zwei freistehenden
Türmen wurde nur einer bis zur Spitze fertiggestellt. Die aus
goldgelbem Travertin errichtete harmonische Kirche gilt als eines der schönsten Bauwerke der Renaissance.

Montepulciano,
Madonna di San Biagio
(Fortsetzung)

Im Inneren beeindruckt das reiche Dekor. Im Presbyterium
Fresken (Tod, Himmelfahrt und Krönung Mariae), vermutlich
von den Brüdern Zuccari (16. Jh.). Das Retabel des Hauptaltars
(1584) trägt vier Heiligenstatuen.

Die nahegelegene Canonica (Pfarrhaus), wie der Brunnen davor gleichfalls nach Plänen von Sangallo, doch erst nach seinem Tod errichtet, beherbergt heute eine dem hl. Blasius (San
Biagio) gewidmete kleine Sammlung.

Orbetello   D 3

Provinz: Grosseto (GR)
Höhe: 0–3 m ü.d.M.
Einwohnerzahl: 15000

Die kleine Stadt Orbetéllo liegt an der südtoskanischen Küste in
der 26 km^2 großen Lagune, die sich zwischen dem Festland und
dem Monte Argentario ausbreitet.

Lage

Die vom Festland ausgehende Landzunge war vermutlich
schon im 8. Jh. v. Chr. besiedelt. Die sich im Laufe der Zeit
entwickelnde Stadt wechselte im Mittelalter häufig den Besitzer; um die Mitte des 16. Jh.s war sie Hauptort des von den
Spaniern ausgerufenen ‚Stato dei Presidi‘.
Erst 1842 wurde die Landzunge durch einen künstlichen Deich
zum → Monte Argentario hin verlängert und so die Lagune geteilt.

Geschichte

Stadtbild

Es finden sich noch beachtliche Reste der etruskischen See-
mauer sowie – vor allem an der Piazza Quattro Novembre – der
1557 unter dem spanischen König Philipp II. begonnenen und
1620 unter seinem Sohn und Nachfolger Philipp III. vollendeten
Befestigungsanlagen.

Der Dom wurde 1376 an der Stelle einer älteren Kirche errichtet
und im 17. Jh. durch Anfügung zweier Seitenschiffe erweitert.
In der noch gotischen Travertinfassade ein sorgfältig gearbeitetes Portal, darüber eine Fensterrose sowie eine Büste des hl.
Benedikt.

Dom

Sehenswert ist das Antiquarium Civico (im Justizgebäude),
ein Museum mit archäologischen Funden aus der Umgebung
von Orbetello. Ausgestellt sind u. a. etruskische und römische
Bronzen und Keramik.

Antiquarium Civico

Pescia   C 2

Provinz: Pistoia (PT)
Höhe: 62 m ü.d.M.
Einwohnerzahl: 19000

Lage

Das Städtchen Péscia liegt weit im Norden der Toskana, etwa auf halber Strecke zwischen Lucca und Pistoia. Das Tal des kleinen Flusses Pescia ist äußerst fruchtbar; das Landwirtschaftszentrum ist wegen seiner Spargelkulturen, seines Olivenöls und des Blumenmarktes bekannt.

Stadtbild

Dom

Das augenfälligste Bauwerk in dem links des Flusses gelegenen Stadtteil ist der Dom. Er wurde im späten 17. Jh. auf romanischen Fundamenten neu errichtet und ist seit 1726 Bischofssitz. Die Fassade ist ein Werk aus dem späten 19. Jh.; der mächtige Campanile (1306) ist möglicherweise ein Rest des romanischen Vorgängerbaues. Das Innere des Domes ist barock ausgestaltet.

Sant'Antonio

In dem Kirchlein Sant'Antonio (1361) ist auf Fresken aus dem 15. Jh. das Leben des Abtes Antonius dargestellt.

San Francesco

Ebenfalls links des Flusses steht die Kirche San Francesco, ab 1298 in gotischen Formen erbaut. Die Innenausstattung wurde im Barock teilweise verändert. Das bedeutendste Kunstwerk der Kirche ist das von Bonaventura Berlinghieri im Jahre 1235 gemalte Tafelbild, das den hl. Franziskus mit den Wundmalen und sechs Szenen aus seinem Leben darstellt.

Palazzo dei Vicari

In dem Stadtteil rechts des Flusses, dem weltlichen Zentrum von Pescia, steht an der Piazza Mazzini der Palazzo dei Vicari (13./14. Jh., heute Rathaus), mit wappengeschmückter Fassade und Turm. An der nahegelegenen Piazza Santo Stefano befindet sich das Museo Civico (v.a. Gemälde aus dem 14.–16. Jh.).

Collodi   C 2

Lage
5 km westlich

In dem Dorf Collódi verlebte der in Florenz geborene Carlo Lorenzini (1826–1890) seine Kindheit. Später wurde er unter dem Pseudonym Carlo Collodi weltberühmt: Er ist der Verfasser des Kinderbuches „Pinocchio". Dem Titelhelden ist der Parco del Pinocchio (tgl. 8–20 Uhr) gewidmet, ein Vergnügungspark für Kinder.
Einen Besuch lohnt auch die in einem Barockgarten gelegene Villa Garzoni.

Parco del Pinocchio

San Gennaro

Westlich über Collodi liegt auf einem Hügel der Weiler San Gennaro. Er besitzt eine reizvolle romanische Kirche (12. Jh.) mit einer sehenswerten Kanzel aus der Erbauungszeit.

Segromigno

Noch weiter westlich liegt der Ort Segromigno (→ bei Lucca), der wegen der Villa Mansi, eines schönen Landschlößchens (15. Jh.), und der Villa Torrigiani einen Besuch lohnt.

Pianosa (Isola Pianosa)   D 2

Provinz: Livorno (LI)
Inselfläche: 10,25 km^2

Die kleine Insel Pianósa liegt etwa 15 km südwestlich von Elba   Lage
bzw. 70 km westlich der Festlandsküste im Tyrrhenischen
Meer.

Schiffsverbindung von → Livorno und der Insel → Elba.   Zufahrt

Landschaftsbild

Wie der Name andeutet, ist Pianosa vergleichsweise flach; die
höchste Erhebung beträgt nur 27 m über dem Meeresspiegel.
Aufgebaut ist die Insel aus Muschelkalk und Ablagerungen des
Quartärs. Großenteils wird sie landwirtschaftlich genutzt (Wein,
Getreide).

Auf Pianosa befindet sich eine Strafanstalt; das Betreten der
Insel ist nur mit Sondergenehmigung des italienischen Innen-
ministeriums gestattet.

Pienza   C 3

Provinz: Siena (SI)
Höhe: 491 m ü.d.M.
Einwohnerzahl: 2500

Die kleine Stadt Piénza liegt im Südosten der Toskana, nahe   Lage
der Grenze zur Region Umbria (Umbrien), etwa 55 km südöstlich von Siena bzw. 15 km westlich von Montepulciano.

Daß Pienza eine der reizvollsten Kunststädte in der Toskana ist,   Geschichte
verdankt es einem einzigen Mann, Enea Silvio Piccolomini
(1405–1464), dem späteren Papst Pius II. (Pontifikat seit 1458),

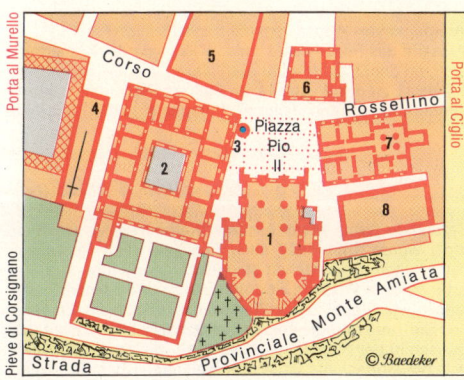

Pienza
Ortskern

1 Kathedrale
2 Palazzo Piccolomini
3 Brunnen
4 Kirche San Francesco
5 Palazzo Ammanati
6 Palazzo Comunale
  (Rathaus)
7 Palazzo Vescovile
  (Bischöflicher Palast)
8 Museo della Cattedrale
  (Kirchenmuseum
  im Haus der Kanoniker)

30 m

© Baedeker

Pienza: Piazza Pio II mit Kathedrale und Palazzo Piccolomini

**Geschichte
(Fortsetzung)**

der seinen bis dahin unbekannten Geburtsort Corsignano unter Mitwirkung des Architekten Bernardo Rossellino nach klaren urbanistischen Leitbildern zu einer Musterstadt umgestalten lassen wollte. Die Arbeiten begannen 1459 und waren drei Jahre später schon so weit gediehen, daß Pius II. mit der Bulle vom 13. August 1462 den Ort zur Stadt und zum Bischofssitz erhob und ihm den Namen Pienza (nach seinem Papstnamen) gab. Nach Pius' Tod kam jedoch die Bautätigkeit zum Erliegen.

✸✸Piazza Pio II

Im Mittelpunkt von Pienza liegt die trapezförmige Piazza Pio II. Die Südseite des Platzes wird von der Fassade der Kathedrale begrenzt, an der Ostseite steht der Palazzo Vescovile (Bischöflicher Palast), an der Westseite der Palazzo Piccolomini. Nördlich bemerkt man den Palazzo Comunale (1463; reizvolle Loggia).

Kathedrale

Die Cattedrale Santa Maria Assunta (Kathedrale Mariae Himmelfahrt) wurde 1459–1462 nach Entwürfen von Rossellino über einer alten romanischen Marienkirche errichtet. Ihre aus Travertin gefügte Fassade ist durch Pfeiler und Blendarkaden gegliedert; im Giebel bemerkt man das päpstliche Wappen Pius' II.: die Tiara und die gekreuzten Schlüssel Petri, dazu das Wappenschild der Piccolomini. Das noch von der Gotik beeinflußte lichte Gotteshaus ist in drei gleichhohe Schiffe gegliedert und repräsentiert so den Typus der Hallenkirche, der sonst in Italien verhältnismäßig selten ist. Das Querhaus setzt sich in einem Kapellenkranz fort. Wegen des abschüssigen Geländes waren für die Apsis umfangreiche Stützkonstruktionen erforderlich. Im Inneren sind besonders beachtenswert das hölzerne gotische Chorgestühl (1462) und das in der Kapelle links vom Chor befindliche berühmte Gemälde „Himmelfahrt Mariae" von Vecchietta (1412–1480). In der Krypta ein Taufbecken nach Entwurf von Rossellino.

Palazzo Piccolomini

Rechts neben dem Dom steht der Palazzo Piccolomini, ein Hauptwerk Rossellinos. Die Fassade aus sorgsam behauenem Werkstein ist durch Halbpfeiler und horizontale Gurtgesimse mit dazwischenliegenden Fenstern gegliedert. Vor dem Palazzo ein von Rossellino entworfener Brunnen.
Um den quadratischen Innenhof zieht sich ein Portikus. Die Gartenfront an der Südseite wird von drei übereinanderliegenden Loggien gebildet; davor befinden sich auf Stützfundamenten die ‚hängenden Gärten'. Im Inneren des Palazzo sind Gemälde, Blank- und Feuerwaffen, antikes Mobiliar u. a. zu sehen.

Palazzo Vescovile

Gegenüber dem Palazzo Piccolomini bzw. links von der Kathedrale steht der Palazzo Vescovile (Bischöflicher Palast), der in seiner heutigen Gestalt aus dem 15. Jh. stammt. Er wurde im Auftrag von Rodrigo Borgia, dem späteren Papst Alexander VI., errichtet.

Diözesanmuseum

Rechts neben dem Palazzo Vescovile, mit ihrer Fassade der linken Seitenfront der Kathedrale zugewandt, steht die Casa dei Canonici, das in schlichten Renaissanceformen errichtete Palais mit den einstigen Wohnungen für die Kanoniker des Domkapitels. Es beherbergt heute das Museo Diocesano di Arte Sacra (auch Museo della Cattedrale genannt). Von den Exponaten sind zwei Pluviale (Priestergewänder) hervorzuheben: das eine von Alessandro Piccolomini, das andere von Pius II., ein Geschenk von Thomasios Palaiologos, dem Titulardespoten der Peloponnes, eine englische Arbeit aus dem 14. Jh., mit lebhaften Darstellungen von Heiligenlegenden.

Palazzo Ammannati

Gegenüber der Nordfassade des Palazzo Piccolomini steht am Corso Rossellino der Palazzo Ammannati. Bauherr war der Kardinal Giacomo Ammannati aus Pavia, ein Freund von Pius II.

Pieve Santi Vito e Modesto

Etwa 1 km westlich außerhalb von Pienza erreicht man die alte Pieve (Pfarrkirche) von Corsignano und Taufkirche Enea Silvio

Piccolominis. Sie entstand im 11./12. Jh.; an den Portalen befindet sich bemerkenswerter Figurenschmuck.

Sant' Anna in Camprena   C 3

Lage
7 km südlich

Das ehemalige Kloster, 1324 gegründet, lohnt einen Besuch vor allem wegen des Refektoriums, in dem sich Fresken (1503–1507) des Malers Sodoma (eigentlich Giovanni Antonio Bazzi) befinden.

Monticchiello   C 3

Lage
5 km südöstlich

Der kleine Ort Monticchiéllo ist mit Mauern, Turm und Burg befestigt. Die Kirche Santi Leonardo e Cristoforo, im 13. Jh. erbaut, besitzt eine gotische Fassade; im Inneren ein Madonnenbild von Pietro Lorenzetti (um 1280–1348).

Pietrasanta   C 2

Provinz: Lucca (LU)
Höhe: 14 m ü.d.M.
Einwohnerzahl: 26000

Lage

Pietrasánta liegt am Abhang der Apuanischen Alpen, weit im Nordwesten der Toskana. Die Stadt ist Zentrum der Versilia, einer sich zwischen Massa und Viareggio erstreckenden Küstenlandschaft. Bis 1590 wurden in der Umgegend Silbererze abgebaut; heute konzentriert man sich auf die Marmorverarbeitung.

Stadtbild

Dom

In der zwischen 1242 und 1255 von Guiscardo Pietrasanta, dem Podestà von Lucca, gegründeten Stadt ist der Dom San Martino (urspr. 13. Jh.) sehenswert; sein Campanile blieb unvollendet. Daneben steht das Baptisterium (im Inneren ein bemerkenswertes Taufbecken von 1509).

Sant'Agostino

Nahebei steht die im 14. Jh. erbaute einschiffige Kirche Sant' Agostino, mit arkadengeschmückter Fassade und angefügtem Kreuzgang (Fresken aus dem 17. Jh.).

Valdicastello Carducci   C 2

Lage
4 km östlich

Der Weiler Valdicastello verdankt seinen Beinamen dem italienischen Schriftsteller Giosuè Carducci (1835–1907; Nobelpreis für Literatur 1906), der hier geboren wurde; in seinem Geburtshaus ein kleines Museum. An der Straße nach Valdicastello steht die Pieve (Pfarrkirche) Santi Giovanni e Felicità, ursprünglich aus dem 6. Jh., im 13. Jh. verändert und später mehrmals restauriert. Im Inneren Fresken (14. Jh.).

Vallecchia   C 2

In dem Dorf Vallécchia steht die dreischiffige Pfarrkirche Santo   **Lage**
Stefano (12.–14. Jh.); im Inneren eine reliefgeschmückte Kanzel   4 km nördlich von Pietrasanta
aus dem 17. Jahrhundert.

Piombino   D 2

Provinz: Livorno (LI)
Höhe: 0–19 m ü.d.M.
Einwohnerzahl: 40000

Die Hafen- und Industriestadt Piombíno liegt ungefähr in der   Lage
Mitte der toskanischen Küste, nordöstlich gegenüber der Insel
Elba. Nördlich über der Stadt erhebt sich der Monte Masson-
cello (286 m).

Die von den Römern gegründete Stadt hieß in der Antike Portus   Geschichte
Falesiae. Die in der Zeit der Völkerwanderung nach Italien vor-
gedrungenen Langobarden zerstörten im 6. Jh. das nahegelegene Populonia, das lange Zeit Piombinos Rivale gewesen war.
Damit wuchs die Bedeutung des Ortes, und im 12. und 13. Jh.
war er ein wichtiger Festungsplatz der Pisaner. Seit dem 13. Jh.
wechselte er häufig den Besitzer, und durch den Wiener Kongreß wurde er im Jahre 1814 dem Großherzogtum Toskana ein-
gegliedert.

Der Name Piombino leitet sich ab von dem italienischen Wort   Metallindustrie
‚piombo' (Blei), womit auf den wichtigsten Wirtschaftszweig
der Stadt, die Metallindustrie, hingewiesen ist. Im nahen Populonia wurde schon im Altertum Erz von der nahen Insel Elba
verhüttet; als im späten 19. Jh. die Industrialisierung in Piombino einzog, begann man neben den Erzen der nahen Colline
Metallifere die aus jener Zeit stammenden riesigen Schlackenhalden mit neuen, effektvollen Methoden nochmals der Metall-
gewinnung zuzuführen. Noch heute bestimmen Hochöfen und
Walzwerke das Aussehen der Industriestadt.

Stadtbild

Im Zentrum (Piazza Giuseppe Verdi) ist ein Fragment der alten
Stadtmauer, bestehend aus einem mächtigen Turm (13. Jh.)
und einem im 14. Jh. erbauten Stadttor, zu sehen. Der Corso
Vittorio Emanuele, die wichtigste Straße der Innenstadt, führt
von hier zum Palazzo Comunale (urspr. 12. Jh.; mehrfach erneuert). Daneben erhebt sich der Uhrturm vom Ende des 16.
Jahrhunderts.

An der Piazza Curzio Desideri steht die Kirche Sant'Antimo, ein   Sant'Antimo
Bau aus dem späten 14. Jh.; im Inneren zwei schöne Grabmäler
aus dem 14. bzw. 15. Jh. sowie ein marmornes Taufbecken
(1470; von Andrea Guardi), ein zweites ist aus einer antiken
Säule gearbeitet.

Sehr reizvoll sind die Ausblicke von den Uferstraßen zur Insel
Elba und auf das Meer.

Pisa C 2

Provinz: Pisa (PI)
Höhe: 4 m ü.d.M.
Einwohnerzahl: 103000

Lage

Die Provinzhauptstadt Pisa liegt im nördlichen Abschnitt der toskanischen Küste am Arno. Noch in römischer Zeit war sie eine bedeutende Hafenstadt, ehe die Arno-Mündung durch Sedimentablagerungen verlandete. Heute liegt Pisa gut 10 km landeinwärts.

Geschichte

Aller Wahrscheinlichkeit nach ist Pisa eine griechische Gründung aus dem 7. oder 6. Jh. v. Chr.; später siedelten hier die Etrusker. Bereits die Römer legten in der damals noch direkt am Meer liegenden Stadt einen Hafen an, der für das Imperium militärisch und wirtschaftlich wichtig war. Diese Stellung als Hafenplatz konnte Pisa später auch gegen die Sarazenen behaupten; der Sieg der mit den Normannen verbündeten Pisaner über die Sarazenen (Araber) bei Messina und Palermo im Jahre 1063 leitete den Aufstieg der Stadt zur Herrin über das westliche Mittelmeer ein; zum Dank für den glänzenden Sieg begann man mit der Errichtung des Domes.

Am ersten Kreuzzug nahmen die Pisaner mit einem starken Flottenverband teil und kehrten mit ungeheurer Beute heim. Handel und Gewerbe blühten auf; Baumeister, Bildhauer und Maler erbrachten bedeutende, in ganz Europa anerkannte Leistungen. Die Pisaner waren gegen Ende des 11. Jh.s die ersten

Pisa: Campo dei Miracoli

Campo dei Miracoli

© Baedeker

BAPTISTERIUM
1 Taufbecken
2 Kanzel

DOM
A Kanzel
B Kuppel

C Apsis
D Sagrestia dei Cappellani
E Porta di San Ranieri

Bürger in Mittel- und Süditalien, die frei über die Geschicke ihrer Stadt entscheiden konnten. Die politische Macht wurde von einem Zwölferrat ausgeübt.

Der römische Kaiser Friedrich Barbarossa gab der ghibellinen-, also kaisertreuen Stadt weite Landstriche an der Küste zwischen den heutigen Orten Portovenere und Civitavecchia. Doch stets hatte sich Pisa der Rivalität anderer Städte zu erwehren: der Landmächte Lucca und Florenz, der Seestädte Amalfi und Genua.

Auf dem Höhepunkt ihrer Macht kontrollierte die Republik Pisa den Nahen Osten, Griechenland, Nordafrika, Sizilien, Sardinien und die Balearen. Doch am 6. August 1284 wurde sie in der Seeschlacht bei Meloria von den Genuesen vernichtend geschlagen und hörte als Großmacht zu bestehen auf. Demokratische und diktatorische Regierungen wechselten ab; Pisa mußte Besitzungen und einträgliche Handelsbeziehungen aufgeben, kam zeitweise unter die Herrschaft der Mailänder Visconti, bis es 1406 von Florenz eingenommen und den Medici unterstellt wurde. Diese wandten Pisa ihre Aufmerksamkeit zu und unterstützten große Bauvorhaben wie die Regulierung der Flüsse Arno und Serchio sowie den Bau von Brücken und Kanälen. Immer mehr wurde das Geschick von Pisa dem von Florenz verbunden; eine eigenständige Entwicklung konnte es nicht mehr geben.

Im Zweiten Weltkrieg erlitt die Stadt durch Bombenangriffe der Alliierten erhebliche Schäden, die jedoch inzwischen behoben sind.

Pisa ist Geburtsstadt des genialen Mathematikers und Naturwissenschaftlers Galileo Galilei (1564–1642).

**Campo dei Miracoli (Piazza del Duomo)

Die im Nordwesten der Altstadt gelegene Piazza del Duomo (Domplatz; auch ‚Campo dei Miracoli' = ‚Platz der Wunder' genannt) umfaßt die bedeutendsten Sehenswürdigkeiten von Pisa: den Dom mit dem Campanile (‚Schiefer Turm von Pisa'), das Baptisterium und den Camposanto (Friedhof).

**Dom

Der Dom Santa Maria Assunta, eine fünfschiffige romanische Basilika (95 m lang, 32 m breit) aus weißem Marmor, mit dreischiffigem Querhaus und einer elliptischen Kuppel über der Vierung, wurde 1063 nach dem Seesieg über die Sarazenen von dem Baumeister Buscheto begonnen und schon 1118, wenngleich noch unvollendet, eingeweiht. Gegen Ende des 12. Jh.s verlängerte man den Bau nach Westen, wo der Architekt Rainaldo die Fassade vorsetzte; mit der Fertigstellung der Hauptapsis war das Werk abgeschlossen.

Die prächtige Fassade ist reich und klar gegliedert. Über dem mit Halbsäulen und Bögen dekorierten und von drei Portalen durchbrochenen Erdgeschoß erheben sich, dem Querschnitt des Langhauses angepaßt, vier Stockwerke mit Zwerggalerien. Den Mittelgiebel krönt eine Madonnenstatue (vermutlich von Andrea Pisano); seitlich davon zwei Evangelisten und Engel.

Die Arkaden der Fassade setzen sich an den Flanken der Seitenschiffe und an den Obergaden fort. Das Querhaus, rechts und links weit über die Seitenschiffe hinausgreifend, ist beiderseits mit einer kleinen Apsis abgeschlossen. Das Halbrund der Hauptapsis ist außen besonders sorgfältig gestaltet. Über der Vierung erhebt sich, alles überragend, die auf ovalem Grundriß errichtete Kuppel.

An der Hauptfassade verdienen die drei bronzenen Türen, 1595 neu geschaffen, Beachtung. Die mittlere zeigt Szenen aus dem Marienleben; die kleineren rechts und links tragen Christusmotive.

*Porta di San Ranieri

Noch weit bedeutender allerdings ist die Porta San Ranieri (in der dem Schiefen Turm zugewandten Seite des südlichen Querhausarmes), durch die man gewöhnlich die Kirche betritt. Die bronzenen Türflügel, um 1180 gegossen, zeigen im Relief das Leben Jesu Christi und seiner Mutter Maria.

Im Inneren des südlichen Querhausarmes befindet sich das nach 1313 von Tino di Camaino geschaffene Grabmal Kaiser Heinrichs VII. (1308–1313), der von Dante in der „Göttlichen Komödie" besungen worden ist.

Domschatz

Rechts von der Hauptapsis liegt die Sagrestia dei Cappellani mit dem Domschatz (u.a. zwei Bronzereliquiare sowie Gold- und Silberschmiedearbeiten). Am rechten vorderen Chorpfeiler eine Darstellung der hl. Agnes (von Andrea del Sarto), links gegenüber Madonna mit dem Kind (von Giovanni Antonio Sogliani). Das Apsismosaik (13./14. Jh.) zeigt den thronenden Christus zwischen Maria und Johannes dem Evangelisten (letzterer ein Werk von Cimabue). Die schöne Bronzelampe (1587)

Pisa: Langhaus des Domes

soll – so die Überlieferung – Galileo Galilei auf die Gesetze der Pendelbewegung aufmerksam gemacht haben.

Das berühmteste Kunstwerk im Inneren des Domes ist jedoch die Kanzel von Giovanni Pisano (ähnlich derjenigen in der Kirche Sant'Andrea zu →Pistoia). Sie wurde 1302–1311 geschaffen, 1599 zerlegt und 1926 nicht ganz korrekt wieder zusammengesetzt. Mit seinem kraftvollen, von neuen Ideen beflügelten Stil führte Giovanni Pisano die strenge Formgestaltung seines Vaters weiter, was sich leicht an dem Unterschied zwischen der eckigen, flächigen Kanzel des Vaters im Baptisterium (s. S. 156) und der nun eher gerundeten des Giovanni hier im Dom erkennen läßt. Die Kanzel wird von Säulen getragen (die kürzeren stehen auf Löwen) und von Plastiken des Erzengels Michael, des Herakles und des Christus (hier am Sockel die vier Evangelisten) sowie der Allegorie der Kirche (mit den vier Kardinaltugenden). Die zentrale Stütze zeigt die Personifikationen von Glaube, Liebe und Hoffnung. Über den Kapitellen Sibyllen, Propheten, Evangelisten und Heilige; in den Relieffeldern lebhaft bewegte Darstellungen: Geburt Johannes' des Täufers, Verkündigung und Heimsuchung Mariae, Geburt Jesu und Verkündigung an die Hirten, Anbetung der Könige, Darstellung Jesu im Tempel, Flucht nach Ägypten, Kindermord zu Bethlehem, Judaskuß und Passion Christi, Jüngstes Gericht.

*Kanzel

**Campanile (‚Torre Pendente' = ‚Schiefer Turm')

Der ‚Schiefe Turm von Pisa', der Glockenturm des Domes, ist sowohl wegen seiner statischen Eigenart als auch wegen sei-

Schiefer Turm (Fortsetzung)

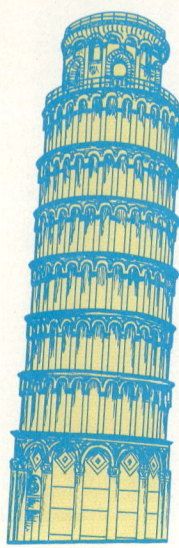

Ansicht von Südwesten

ner architektonischen Schönheit weltbekannt. Mit seinem Bau wurde 1173 oder 1174 begonnen; der Baumeister Bonanus (ein Inschriftenfragment von seinem Sarkophag links vom Eingang) gelangte jedoch nur bis zum 3. Geschoß, da sich der Turm wegen des nachgiebigen Schwemmlandbodens nach Südosten neigte – und dies trotz der Bemühung der Pisaner, für den Dombezirk einen trockenen, festen Grund zu finden. Erst nach mehr als hundert Jahren führte Giovanni di Simone den Bau weiter; das Einsinken der Fundamente, wie es auch bei anderen Türmen der Stadt, z. B. bei denen von San Nicola und San Michele degli Scalzi, zu beobachten ist, suchte er durch das Abknicken der Turmachse zur Senkrechten hin auszugleichen. 1301 wurden die Glocken zunächst im 6. Stockwerk aufgehängt; die Glockenstube, die heute den oberen Abschluß bildet, kam erst um 1350 hinzu. Um 1590 machte sich Galileo Galilei die Neigung des Turmes zunutze, als er seine berühmt gewordenen Experimente zum freien Fall durchführte.

Heute ist der Schiefe Turm an der Nordseite 56,50 m, an der Südseite nur 54,25 m hoch. Die Abweichung von der Senkrechten beträgt etwa 8 Winkelgrad entsprechend 4,54 m, gemessen an der Turmspitze. Die Neigung vergrößert sich jährlich um rund 1 mm. Im gleichen Maß sinkt der Turm tiefer in den Untergrund ein (heutige Einsinktiefe 2,25 m).

Im Inneren des Turmes führt eine Treppe mit 294 Stufen zur oberen Plattform. Das Ersteigen des Turmes ist etwas abenteuerlich, da seine Neigung den Gleichgewichtssinn irreführt. Beim Hinaustreten in eine der sechs Säulengalerien sollte man daher gebührende Vorsicht walten lassen. Von der Turmspitze bietet sich eine lohnende Aussicht über Pisa und seine Umgebung.

✳✳Baptisterium

Baugeschichte

Westlich vom Dom steht auf der Verlängerung der Hauptschiffachse das Baptisterium (Taufkapelle), wie bei anderen Gotteshäusern Italiens von der Hauptkirche getrennt. Mit dem Bau begann man 1153, also fast hundert Jahre nach dem Dom, aber noch immer in der großen Zeit Pisas. Erster Architekt war ein Meister Diotisalvi (Inschrift auf dem Pfeilerpaar beiderseits des Einganges). Die Ähnlichkeit zwischen dem Baptisterium und dem Dom tritt vor allem in den frühen Bauphasen der Taufkirche deutlich hervor: Verwendung des gleichen Baumaterials, Konturierung mit verschiedenfarbigem Gestein, Gliederung durch Blendarkaden und Zwerggalerien. Wegen der durch Unterbrechungen sich über zwei Jahrhunderte hinziehenden Bauarbeiten wechselt das Baptisterium von unten nach oben von romanischen zu gotischen Formen. Im Jahre 1260 wurde Nicola Pisano, 1285 sein Sohn Giovanni (bis 1293) mit der Bauleitung beauftragt. 1358 wurde das Gewölbe vollendet, gegen Ende des Jahrhunderts die 3,30 m hohe Statue Johannes' des Täufers aufgesetzt. Heute sind die meisten der Außenfiguren durch Kopien ersetzt; die Originale befinden sich in Museen.

Inneres

Im Inneren des feierlichen und lichten Rundbaues, dessen kegelförmige Kuppel auf vier Pfeilern und acht Säulen ruht, verdienen das Taufbecken (1246) und von Schülern des Nicola und Giovanni Pisano geschaffenen Heiligenfiguren sowie der Altar Beachtung, insbesondere aber die freistehende Marmorkanzel (1260). Sie ist ein Meisterwerk Nicola Pisanos, der sich

an römischen und etruskischen Vorbildern (vom nahegelegenen Camposanto, s. unten) orientierte. Von eindrucksvoller
künstlerischer Intensität sind die großen Reliefs in den Feldern:
Geburt Jesu mit Verkündigung und Anbetung der Hirten, Anbetung der Könige, Darstellung im Tempel, Kreuzigung, Jüngstes
Gericht. Die Kanzel ist eines der meisterhaftesten Werke romanischer Bildhauerei.

Interessant ist die großartige Akustik im Inneren des Baptisteriums, die meist vom Fremdenführer demonstriert wird.

✳✳Camposanto

Die pisanische Überlieferung berichtet, daß Erzbischof Ubaldo
dei Lanfranchi vom 4. Kreuzzug etliche Schiffsladungen Erde
von Golgatha mitgebracht habe, um den Bürgern der Stadt die
Bestattung in heiligem Boden zu ermöglichen. Doch erst ab
1278 wurden unter Leitung von Giovanni di Simone die Bauten
des Camposanto ('heiliges Feld') ausgeführt.
Dieser Friedhof, der den Campo dei Miracoli nach Norden abschließt, ist ein großer, in Ost-West-Richtung langgestreckter
Kreuzgang, der sich zum Innenhof in Rundbogenfenstern mit
gotischem Maßwerk öffnet. Am Boden des Kreuzganges befinden sich Grabplatten pisanischer Patrizier; an den Seiten stehen antike Sarkophage. Im 14. und 15. Jh. wurden die Wände
mit Fresken geschmückt; diese wurden am 21. Juli 1944 bei
einem durch Artilleriebeschuß ausgelösten Brand von dem her-
abfließenden geschmolzenen Blei der Bedachung teils vollständig zerstört, teils schwer beschädigt. Die Fresken wurden

Pisa: Camposanto

Camposanto
(Fortsetzung)

dann von den Wänden abgenommen, wobei die mit Rötelstift ausgeführten Vorzeichnungen (Sinopien; vgl. Museo delle Sinopie, s. S. 159) zum Vorschein kamen. Die restaurierten Fresken werden in den Räumen beim Nordflügel ausgestellt und sollen wieder an ihren ursprünglichen Platz zurückkehren. Hervorzuheben sind „Triumph des Todes", eines der eindrucksvollsten Großgemälde des 14. Jh.s (von einem namentlich noch nicht bekannten Meister), „Jüngstes Gericht" vom gleichen Maler, ferner Teile eines Passionszyklus von verschiedenen

Meistern. Auch Benozzo Gozzoli, Antonio Veneziano, Spinello Aretino, Lippo Memmi und Taddeo Gaddi haben hier gewirkt.

*Museo delle Sinopie

An der Südseite der Piazza del Duomo ist seit 1979 im Gebäude eines einstigen Spitals das Sinopien-Museum eingerichtet. Unter ‚Sinopie' versteht man die mit Rötelstift auf die Wand aufgetragene Vorzeichnung für ein Fresko. Bei der Restaurierung der Fresken im Camposanto (s. S. 157) wurde eine große Zahl derartiger Zeichnungen freigelegt, die heute besichtigt werden können. Die Sinopie war der wichtigste Beitrag des Künstlers zu einem Fresko, die Komposition in ihr bis ins Detail festgelegt. Oft wurde dagegen die Fertigstellung des eigentlichen Freskos Schülern oder Gehilfen des Meisters anvertraut.
Das Museum zeigt die Sinopien der Camposanto-Fresken in direkter Gegenüberstellung zu Reproduktionen der eigentlichen Wandgemälde.

Palazzo Arcivescovile

Beim östlichen Ende des Campo dei Miracoli, an der Piazza dell'Arcivescovado, steht der Palazzo Arcivescovile (Erzbischöflicher Palast) aus dem 15. Jh.; im Inneren das Erzbischöfliche Archiv. Die Kapelle im ersten Stock ist mit barocken Fresken geschmückt.

Hier wurde 1988 das Museo dell'Opera del Duomo eröffnet, welches in 23 Räumen Gemälde von Nicola und Giovanni Pisano, Tino di Camaino, ferner Gemmen, Paramente und kleinere archäologische Funde von Camposanto zeigt.

Museo dell'Opera del Duomo

Noch weiter östlich gelangt man zu den an der Via Fedeli gelegenen römischen Thermen (Terme Romane, meist ‚Bagno di Nerone' genannt; aus dem 2. Jh. n. Chr.).

Terme Romane

Botanischer Garten

Zwischen den Straßenzügen von Via Roma und Via Porta Buozzi, südlich vom Campo dei Miracoli, wurde schon im Jahre 1543 auf Anordnung von Cosimo de' Medici der Orto Botanico (Botanischer Garten) angelegt, mit dem die Einrichtungen der Universität erweitert wurden (noch heute ist hier der Sitz des Botanischen Instituts). Im Freiland und in Gewächshäusern gedeihen Pflanzen aus den verschiedensten Klimazonen.

Eingang
Via Luca Ghini 5

Öffnungszeiten
Mo.–Fr. 8–12.30 und 14–17

Am Südende des Botanischen Gartens befinden sich das Mineralogisch-Petrographische Museum und das Paläontologische Museum. Die beiden Museen zeigen Fossilien und Mineralien aus den verschiedenen Regionen Italiens.

Museo di Mineralogia e Petrografia
Museo di Paleontologia
Via Santa Maria 53

Domus Galilaeana

Gegenüber dem Museumsgebäude steht das ‚Haus des Galilei' (Domus Galilaeana), eine Gedenkstätte für den 1564 in Pisa geborenen großen Naturwissenschaftler und Mathematiker Galileo Galilei. Hier findet man eine reichhaltige Bibliothek und ein Studienzentrum.

Lage
Via Santa Maria 26

Öffnungszeiten
tgl. 9–12 und 15–18

San Nicola

Lage
Via Santa Maria

Die ursprünglich im 12. Jh. erbaute Kirche San Nicola wurde später mehrfach verändert. Der im 13. Jh. entstandene Glokkenturm ist ähnlich wie der Campanile des Domes geneigt, jedoch viel weniger stark. Im Inneren des unten zylindrischen, oben achteckigen Glockenturmes zieht sich eine Wendeltreppe nach oben.

San Frediano

Lage
Piazza San Frediano

Die Kirche San Frediano steht am gleichnamigen Platz, östlich vom ‚Haus des Galilei'. Sie ist bereits für das Jahr 1061 urkundlich belegt, wurde aber wohl erst im 12. Jh. fertiggestellt. Die heutige Innenausstattung entstand bei den Erneuerungsarbeiten im 16. und 17. Jh.; die durch Blendarkaden gegliederte Fassade ist noch romanisch.

*Palazzo dei Cavalieri

Lage
Piazza dei Cavalieri

An der Piazza dei Cavalieri, östlich vom Botanischen Garten, stand bis 1562 der Palazzo degli Anziani (Palast der Stadtältesten). In diesem Jahr begann Giorgio Vasari damit, ihn zu erweitern, und so entstand der prächtige Palazzo dei Cavalieri (oder Palazzo della Carovana), benannt nach den Erziehungskursen für die Ritter (Cavalieri) des Stephansordens, die hier abgehalten und als ‚carovane' (‚Karawanen') bezeichnet wurden. Die eindrucksvolle Fassade ist mit ornamentalen Sgraffiti

Pisa: Palazzo dei Cavalieri

sowie mit Wappenschilden und den Büsten von sechs toskanischen Großherzögen (von Cosimo I. bis Cosimo III.) geschmückt; das weit vorspringende Dach und die Freitreppe mit
zwei Läufen bestimmen weiterhin das Äußere des Palastes, der
seit 1810 das damals von Napoleon gegründete Universitätskol-
leg „Scuola Normale Superiore", eine Eliteschule, beherbergt.
Vor dem Gebäude das Standbild Cosimos I. (1596; von Piero
Francavilla).

Palazzo dell'Orologio

An der Nordseite der Piazza dei Cavalieri steht der Palazzo dell'
Orologio, der 1607 für den korporativen St.-Stephans-Orden
(gegründet 1554) aus den Resten zweier Turmbauten errichtet
wurde. Vasari war auch hier der Baumeister; er stellte sehr
geschickt die Verbindung her zwischen dem Staatsgefängnis
(Torre delle Sette Vie, nach den sieben Straßen, die auf den
Platz mündeten) und dem Palazzetto dei Gualandi, auch ‚Torre
della Fame' (‚Hungerturm') genannt. Wie Dante in der „Göttlichen Komödie" (Hölle 33) schildert, soll hier Graf Ugolino della
Gherardesca 1288 verhungert sein, dem man (wohl zu Unrecht)
vorgeworfen hatte, während seiner Amtszeit als Capitano del
Popolo ein persönliches Regime durchsetzen zu wollen.

Lage
Piazza dei Cavalieri

Santo Stefano dei Cavalieri

Die Kirche Santo Stefano ist gleichfalls ein von Giorgio Vasari
konzipiertes Werk. Sie wurde 1565–1569 errichtet und 1594
bis 1606 mit einer von Giovanni de'Medici entworfenen
Marmorfassade versehen. Die beiden seitlichen Flügel (17. Jh.)
waren ursprünglich Umkleideräume für die Ritter des
Stephansordens, die zu den Gottesdiensten ihre Tracht anlegten. Erst später wurden sie in die Kirche einbezogen.
Da die Seitenschiffe nur durch jeweils zwei Türöffnungen mit
dem Mittelschiff verbunden sind, hat man zunächst den Eindruck, eine einschiffige Kirche zu betreten. In den Feldern der
Decke ist auf Tafelbildern die Geschichte des Stephansordens
dargestellt, dessen Aufgabe darin bestand, die Stadt vor Über-
fällen zu schützen, wie sie im 16. Jh. vor allem von Nordafrika-
nern (Sarazenen) verübt wurden. An den Wänden erinnern
zahlreiche Siegestrophäen und erbeutete Fahnen an die Tür-
kenkriege der Pisaner. Von der Ausstattung sind ferner beachtenswert der reichgeschmückte Hochaltar von 1709 mit der Ka-
thedra des Märtyrers Papst Stephan I. (254–257) und die Ba-
rockorgeln.

Lage
Piazza dei Cavalieri

San Michele in Borgo

Unweit vom nördlichen (rechten) Ufer des Arno wurde, möglicherweise über einem römischen Mars-Tempel, schon vor
990 die Kirche San Michele erbaut. Der Erneuerung im
14. Jh. ist die Fassade von Fra Agnelli mit ihren von der Romanik zur Gotik wechselnden Formen zu verdanken. Beim Wieder-
aufbau der 1944 durch Bomben schwer beschädigten Kirche
und der damit verbundenen Restaurierung des Innenraumes
kam über dem linken Portal ein Michaelsfresko aus dem 13. Jh.
zum Vorschein.

Lage
Borgo Stretto

San Pierino (San Pietro in Vinculis)

Lage
Piazza Cairoli / Via Palestro

Nahe beim Lungarno Medíceo und nur wenige Schritte südöstlich von San Michele in Borgo steht die 1072–1119 auf vermutlich antiken Fundamenten erbaute dreischiffige Kirche San Pierino (oder San Pietro in Vinculis = Sankt Petrus in Ketten). Beachtenswert die zweistöckige, durch Arkaden gegliederte Fassade sowie im Inneren über dem Portal eine „Verkündigung" (14. Jh.) und hinter dem Hauptaltar ein Kruzifixus (13. Jh.). Die Krypta erstreckt sich unter der ganzen Kirche; der Campanile bestand als Turm eines älteren Gebäudekomplexes schon vor dem Gotteshaus.

Palazzo Medici

Lage
Lungarno Medici / Piazza Mazzini

Die Ursprünge des Palazzo Medici, im Osten der Innenstadt, sind älter als die Medici-Herrschaft in Pisa. Der stattliche Bau (heute Sitz der Präfektur) wurde im 13. Jh. errichtet und im 14. Jh., als das Geschlecht der Appiano Pisa beherrschte, umgestaltet. Später residierte hier Lorenzo de' Medici, genannt ‚il Magnifico' (‚der Prächtige'). Das Erdgeschoß zeigt Pfeilerarkaden; in der Fassade öffnen sich zwei- und dreibogige Fenster.

*Museo Nazionale di San Matteo

Lage
Lungarno Medíceo

Öffnungszeiten
9–13 und 15–18 (Sommer);
9.30–16 (Winter);
feiertags 9–13, mo. geschl.

Das Gebäude des 1866 aufgehobenen Benediktinerklosters San Matteo, direkt östlich vom Palazzo Medici, ist heute Sitz des Museo Nazionale (Nationalmuseum). Die Sammlung enthält vor allem Skulpturen und Gemälde der toskanischen Schulen vom 12. bis zum 15. Jahrhundert.

Besonders hervorzuheben sind die Skulpturen von verschiedenen Kirchen der Stadt, die wegen immer stärkerer Gefährdung durch Umwelteinflüsse hierher verbracht und an den Originalstandorten durch Kopien ersetzt wurden. Vom Baptisterium stammen die Statuen Giovanni Pisanos; aus der Kirche Santa Maria della Spina die berühmte „Madonna del Latte" (um 1340). Die Malerei ist mit etlichen Kruzifixen aus dem 12. und 13. Jh., ferner mit Tafelbildern von Simone Martini, Giovanni di Nicola, Benozzo Gozzoli u.a., ferner mit Werken der Buchmalerei vertreten.

San Francesco

Lage
Piazza San Francesco

Die Gründung einer kleinen Franziskanerkirche an dieser Stelle (nördlich des Palazzo Medici) ist schon im Jahre 1211, also noch zu Lebzeiten des Franziskus von Assisi, bezeugt, doch geht der heutige einschiffige Bau (1265–1270) wohl auf Giovanni di Simone zurück; die Fassade wurde 1603 vollendet.

In den Fußboden sind zahlreiche Grabsteine, teils mit Wappenschmuck, eingelassen. In der zweiten Seitenkapelle rechts sind seit 1922 Graf Ugolino della Gherardesca und seine Söhne bestattet, die im Palazzo dell'Orologio (s. S. 161) umgekommen sind. Im Kircheninneren sind außerdem mehrere Gemälde, teils mit Darstellungen aus der Franziskuslegende, sowie ein marmornes Polyptychon (von Tommaso Pisano; 14. Jh.) mit der Darstellung Mariae mit dem Kind und Heiligen zu sehen.

Santa Caterina

Der Dominikanerorden ließ 1251–1300 an dieser Stelle (heute im Nordosten der Innenstadt) über einem älteren Gebäude eine Kirche errichten. Um 1330 wurde die in pisanischer Manier mit Rosette und Zwerggalerie geschmückte Fassade angefügt, noch später der schöne Campanile, ein Werk von Giovanni di Simone. Die 1651 eingetretenen Brandschäden wurden zunächst wenig stilsicher behoben. Im Inneren eine marmorne Verkündigungsgruppe (um 1330; von Nino Pisano) mit Spuren der einstigen farbigen Fassung.

Lage
Piazza Santa Caterina

San Zeno

Die weit im Nordosten der Altstadt gelegene kleine romanische Kirche San Zeno gehört zu den ältesten Sakralbauten der Stadt; errichtet wurde sie zwischen 1100 und 1180 von Benediktinern. Beachtenswert ist die Tuffsteinfassade mit ihrer Vorhalle und den darüber gelegenen Arkaden. Die Kapitelle der das Innere in drei Schiffe unterteilenden Säulen stammen zum Teil aus römischer Zeit.

Lage
Via San Zeno

Palazzo Gambacorti

Der im 14. Jh. erbaute Palazzo Gambacorti, heute Sitz der Stadtverwaltung (Municipio), steht im Zentrum der Altstadt am südlichen (linken) Ufer des Arno. Die Fassade ist in den oberen Geschossen durch zweibogige gotische Fenster gegliedert und trägt Wappenschilde. Der einstige Besitzer, Pietro Gambacorti, war Stadtherr von Pisa und wurde 1393 in seinem Palast von Verschwörern erschlagen.

Lage
Lungarno Gambacorti

Logge di Banchi

Südöstlich gegenüber dem Palazzo Gambacorti wurden 1603–1605 die Logge di Banchi, der überdeckte Tuchmarkt, errichtet. In dem später aufgesetzten Obergeschoß sind Bestände des Staatsarchives untergebracht, insbesondere Dokumente des Stephansordens.
Vom Ponte di Mezzo, der hier über den Arno führenden Brücke, überblickt man die Lungarni, die Uferstraßen entlang dem Fluß.

Lage
Piazza Venti Settembre

*Santa Maria della Spina

Die am linken Ufer des Arno, westlich des Palazzo Gambacorti, stehende Kirche Santa Maria della Spina ist wohl die bekannteste der kleineren Pisaner Kirchen. Da durch ihre flußnahe Lage allmählich ernsthafte Fundamentschäden einsetzten, trug man sie im Jahre 1871 Stein für Stein ab und baute sie erhöht wieder auf. Das ursprüngliche kleine Oratorium wurde in der Gotik zu einem reichgeschmückten Kirchenbau ausgestaltet. Seinen Namen verdankt er der Tatsache, daß in ihm ein Dorn (spina)

Lage
Lungarno Gambacorti

163

Pisa: Santa Maria della Spina am Arno

Santa Maria della Spina
(Fortsetzung)

aus der Dornenkrone Christi aufbewahrt wurde, den die Pisaner aus dem Heiligen Land mitgebracht hatten.

Die Westfassade wird von zwei Portalen durchbrochen, über denen in den Rundbogenfeldern Rosetten angebracht sind. Bekrönt wird die Fassade von drei Giebeln. Die Seitenfront öffnet sich in Arkaden mit Portalen und mehrachsigen Fenstern zur Straße; darüber zieht sich eine Aedikula mit den Standbildern Christi und der Apostel hin. Den oberen Abschluß des ganzen Gebäudes bilden Tabernakel mit Figuren, die z.T. durch Kopien ersetzt wurden (Originale im Museo Nazionale, s. S. 162), so die Statue der Maria mit dem Kind (von Nino Pisano) und die Apostelstandbilder (von Schülern des Giovanni Pisano). Auch die bekannte „Madonna del Latte" im Inneren ist eine Replik.

San Paolo a Ripa d'Arno

Lage
Piazza San Paolo a Ripa d'Arno

Die Pauluskirche, im Südwesten der Innenstadt nahe dem Südufer des Arno, besteht seit dem Jahre 805, wurde aber im 11. und 12. Jh. umgestaltet und vergrößert. Unübersehbar ist der Einfluß der Dombauhütte, so z. B. an der durch Rundbogenportale und Zwerggalerien strukturierten Fassade, welche die Charakteristika der pisanischen Romanik zeigt. Das Innere der dreischiffigen Basilika birgt das Grabmal des Gelehrten Burgundio (12. Jh.), für das ein antiker römischer Sarkophag Verwendung fand; ein weiterer wurde über dem Portal des linken Querhausarmes eingemauert.

Sant'Agata

Östlich der Kirche steht das kleine romanische Oratorium Sant' Agata (12. Jh.).

Certosa di Pisa: Kartäuserkloster

Calci   **C 2**

Das Dorf Calci liegt am Südwesthang des Monte Pisano im Valgraziosa, einem an Olivenkulturen reichen Tal. In der Ortsmitte steht die Pieve (Pfarrkirche) vom Ende des 12. Jh.s mit einer arkadengeschmückten zweistöckigen Fassade und einem unvollendeten Campanile. Das durch alte Säulen in drei Schiffe gegliederte Innere birgt ein beachtenswertes reliefgeziertes Taufbecken (12. Jh.).

Lage
13 km östlich

Certosa di Pisa   **C 2**

In unmittelbarer Nähe östlich von Calci steht die Certosa di Pisa, das 1366 gegründete Kartäuserkloster. Der Gesamteindruck, den das weitläufige Areal heute vermittelt, ist allerdings der konsequenten Barockisierung im 17./18. Jh. zuzuschreiben.

In dem nur mit Führung zugänglichen Klosterkomplex verdienen insbesondere die beiden Kreuzgänge (15. bzw. 16. Jh.) und die in reinen Barockformen errichtete Kirche Beachtung.

Lage
14 km östlich

Führung

*San Piero a Grado   **C 2**

Die Legende berichtet, daß der Apostel Petrus auf der Fahrt nach Rom an dieser Stelle, die damals noch an der Küste lag,

Lage
5 km südwestlich

Pisa, San Piero a Grado
(Fortsetzung)

den Fuß an Land gesetzt haben soll. Die von ihm gegründete ‚Ecclesia ad gradus' (‚Kirche an den Stufen') war schon früh eine wichtige Station für die von Norden kommenden Rompilger.

Die dreischiffige romanische Basilika, unter der man bei Ausgrabungen Reste eines Vorgängerbaues fand, stammt wohl aus dem 11. Jh.; der querschifflose Bau ist im Osten durch eine Chorapsis und zwei Nebenapsiden, im Westen gleichfalls durch eine Apsis abgeschlossen. Im Inneren wurden um 1300 nach allgemeiner, aber vielleicht unbegründeter Ansicht von Deodato Orlandi Fresken angebracht, deren untere Zone Papstporträts, die mittlere Szenen aus dem Leben Petri und die obere das himmlische Jerusalem darstellen.

Pistoia   C 2

Provinz: Pistoia (PT)
Höhe: 65 m ü.d.M.
Einwohnerzahl: 94000

Lage

Die Provinzhauptstadt Pistóia liegt im äußersten Norden der Toskana, am Südhang der Apenninenkette, ungefähr 50 km von der Küste landeinwärts.

Geschichte

In der Römerzeit war ‚Pistoria' ein Oppidum, ein kleiner befestigter Platz, an der Via Cassia von Florenz nach Rom. Nach dem Tode der Markgräfin Mathilde erklärten die Bürger im Jahre 1115 ihre Stadt für unabhängig und schlugen sich auf die Seite der Ghibellinen, was die bestehende Rivalität zu den guelfisch gesinnten Nachbarstädten Lucca, Florenz und Prato verstärkte. Bis zur Mitte des 13. Jh.s konnte sich Pistoia gegen diese behaupten, und Architekten, Bildhauer und Maler fanden

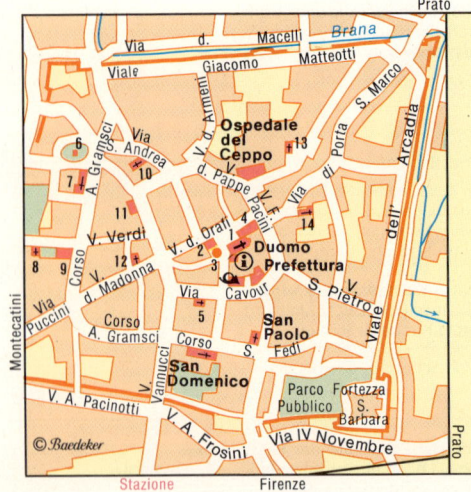

Pistoia

Stadtkern

1 Piazza del Duomo
2 Palazzo del Podestà
3 Baptisterium
4 Palazzo del Comune
5 San Giovanni Fuorcivitas
6 Piazza San Francesco d'Assisi
7 San Francesco
8 Monastero degli Olivetani
9 Teatro Manzoni
10 Sant' Andrea
11 Palazzo Marchetti
12 Madonna dell' Umità
13 Santa Maria delle Grazie
14 San Bartolomeo in Pantano

400 m

Pistoia: Domfassade

ein weites Betätigungsfeld. Dann jedoch mußte sich die Stadt der Überlegenheit von Florenz und Lucca beugen; eine unruhige, von Familienfehden und Parteikämpfen bestimmte Zeit begann. Ein Zeichen der politischen Abhängigkeit ist, daß nur der Dom einen Turm besitzt, nicht jedoch die Palazzi des Gemeinwesens.

*Dom

Im Mittelpunkt der Altstadt steht an der Südseite der Piazza del Duomo der Dom (Santi Zeno e Jacopo), der im 12./13. Jh. an der Stelle einer aus dem 5. Jh. stammenden Kirche neu erbaut wurde. 1311 wurde die von drei Portalen durchbrochene Fassade mit dem vorgesetzten siebenbogigen Portikus abgeschlossen. In dessen mittlerer Wölbung, welche die anderen überragt, befinden sich Majolika-Kassetten und ein glasiertes Terrakotta-Relief (Maria mit zwei Engeln; 1505) von Andrea della Robbia. Über der Vorhalle trägt die Fassade im Mittelteil eine doppelte Arkadengalerie; darüber an den Seiten des Hauptschiffgiebels die Marmorstatuen der beiden Kirchenpatrone Jakobus und Zeno.

An der linken Seite der Fassade erhebt sich der überraschend massige, 67 m hohe Campanile, dessen unterer Teil angeblich schon den Langobarden als Wehrturm gedient hat. Die arkadengeschmückten oberen Etagen wurden im 13. Jh., die Turmspitze im 16. Jh. aufgesetzt. Mit seiner markanten, unverwechselbaren Form ist der Campanile zum Wahrzeichen der Stadt geworden.

Pistoia

Dom (Fortsetzung)

Das weite Innere des Domes ist in drei Schiffe unterteilt; an den Kapitellen der Pfeiler und Säulen reicher Schmuck. Gleich hinter dem rechten Seitenportal das Grabmal des Cino da Pistoia, eine um 1337 entstandene sienesische Arbeit. Vom rechten Seitenschiff aus betritt man die Cappella di San Iacopo. Hier steht

*Silberaltar

der Silberaltar des hl. Jakobus, eine Glanzleistung der italienischen Silberschmiedekunst. Er wurde in verschiedenen Phasen zwischen 1287 und 1456 geschaffen und zeigt daher die unterschiedlichen Stilrichtungen von der frühen Gotik bis zur Renaissance. An der Vorderseite 15 Szenen aus dem Neuen Testament (1316; von Andrea di Iacopo d'Ognabene); an der rechten Seite neun Szenen aus dem Alten Testament (1361–1364; von Francesco di Niccolò und Leonardo di Giovanni); an der linken Seite neun Szenen aus dem Leben des hl. Jakobus (1367–1371; von Leonardo di Giovanni). Die beiden Prophetenfiguren links am Altaraufsatz werden Brunelleschi (1377–1446) zugeschrieben.

Museo Capitolare

Durch die Sakristei betritt man das Museo Capitolare (Museum des Domkapitels) mit der Domschatzkammer, die von Dante in der „Göttlichen Komödie" wegen ihres Reichtums erwähnt wird. Sie enthält u. a. zwei Reliquiare der Kirchenpatrone, illuminierte Handschriften und eine Terrakotta-Madonna von Pollaiuolo (15. Jh.).

Vor der mittleren Chorkapelle des Domes steht ein Bronzeleuchter (1440; von Maso di Bartolomeo); in der linken Chorkapelle eine „Thronende Madonna" (1485; von Verrocchio und Lorenzo di Credi) sowie eine Reliefstele des Bischofs Donato de'Medici (1475; von Antonio Rossellino). Beim linken Seiten-

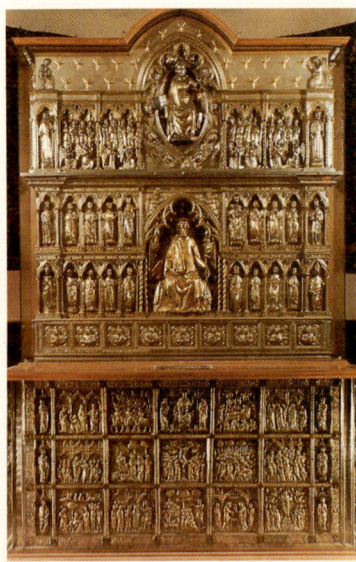

Pistoia: Silberaltar im Dom ...

... und Baptisterium

portal ein Denkmal für Kardinal Niccolò Forteguerri (1419–1473), vermutlich von Verrocchio und seinen Schülern; am Eingang ein Taufbecken nach Entwurf von Benedetto da Maiano.

Palazzo dei Vescovi

An das rechte Seitenschiff des Domes stößt der ehem. Palazzo dei Vescovi (Bischofspalast; 14. Jh.) an, dessen Front mit Wappenschilden geschmückt ist. Das hier untergebrachte Museo Diocesano (Diözesanmuseum) zeigt Gemälde, Gold- und Silberschmiedearbeiten u. a.

*Baptisterium

Westlich gegenüber dem Dom steht das Baptisterium. Der Baumeister Cellino di Nese wurde 1338 beauftragt, nach den Plänen von Andrea Pisano die Taufkirche zu errichten. 1359 war der mit weißem und grünem Marmor verkleidete achteckige Zentralbau vollendet. Im Tympanon des von einem Giebel mit Fensterrose überragten Hauptportals eine Madonnenfigur, darunter im Türsturz Szenen aus dem Leben Johannes' des Täufers; an den Seiten die Statuen des Täufers und des hl. Petrus. Rechts neben dem Portal eine kleine Außenkanzel. Im Inneren ein Taufbecken von Lanfranco da Como (13. Jh.).

Palazzo del Podestà   (Palazzo Pretorio)

Der Palazzo wurde 1367 als Amtssitz für den von Florenz eingesetzten Podestà (Stadtvogt) errichtet. Später diente er als Justizgebäude. Von der ursprünglichen Bausubstanz ist im wesentlichen nur der Innenhof erhalten. Hier befindet sich der steinerne Richtersitz mit der lateinischen Inschrift:

HIC LOCUS ODIT   AMAT PUNIT   CONSERVAT HONORAT
          NEQUITIAM LEGES CRIMINA IURA   PROBOS

(Dieser Ort haßt die Bosheit, liebt die Gesetze, bestraft die Verbrechen, bewahrt die Rechte, ehrt die Rechtschaffenen).

Madonna dell'Umiltà

An der Stelle des alten Kirchleins Santa Maria Forisportae erbaute Ventura Vitoni ab 1495 nach dem Vorbild Brunelleschis die Kirche Madonna dell'Umiltà. Den Anlaß zu diesem Neubau bot ein wundertätiges Marienbild, das 1490 von sich reden machte.

Der Grundriß der Kirche ist durchaus ungewöhnlich: Der Hauptraum hat die Gestalt eines überkuppelten Oktogons. Das vorgelagerte Vestibül übertrifft ihn an Breite deutlich; ihm gegenüber schließt sich an den Zentralraum eine rechteckige Chorkapelle an. Die Tonnengewölbe und das mittlere Kuppelgewölbe des Vestibüls sind kassettiert; die vier Ebenen des Zentralraumes verkürzen sich perspektivisch nach oben. Am Hauptaltar das wundertätige Gnadenbild.

San Giovanni Fuorcivitas

An der Stelle einer außerhalb der damaligen Stadtmauern gelegenen Kirche aus dem 8. Jh. begann man um die Mitte des
12. Jh.s mit dem Bau von San Giovanni Fuorcivitas ('St. Johannes außerhalb der Stadt'); jedoch wurde diese Kirche erst im
14. Jh. vollendet. Während die Hauptfassade das unverkleidete
Ziegelmauerwerk zeigt, beeindruckt die nördliche Seitenfront
durch weiß-grüne Marmorstreifung. Sie ist in drei unterschiedlich hohe Geschosse von Blendarkaden gegliedert, in deren
Bögen sich Rhomben mit phantasievollen Füllungen befinden.
Im Türsturz des Portals, das sich in dieser Fassade öffnet, ist
ein von Gruamonte gefertigtes Relief (um 1160) mit dem Letzten Abendmahl zu sehen. Darüber im Bogenfeld zwei Löwen,
zwischen denen sich früher eine Statue Johannes' des Täufers
befand.

Im einschiffigen Inneren verdient vor allem die Kanzel (1270),
ein Werk des Fra Guglielmo da Pisa, Beachtung. Sie zeigt in
Reliefs Verkündigung und Heimsuchung Mariae, Anbetung der
Könige, Fußwaschung, Kreuzigung, Kreuzabnahme, Christus in
der Vorhölle, Himmelfahrt Christi, das Pfingstwunder und den
Tod Mariae. Das Weihwasserbecken ist mit der Darstellung der
drei theologischen Tugenden und der vier Kardinaltugenden
(letztere ein Frühwerk von Giovanni Pisano) geschmückt. Links
vom Hauptaltar ein Polyptychon (1353–1355) von Taddeo Gaddi; am linken Seitenaltar eine Terrakottagruppe der Heimsuchung Mariae, aus der Werkstatt der Della Robbia.

San Domenico

Südlich von San Giovanni erreicht man die im späten 13. Jh.
erbaute und um 1380 erweiterte Kirche San Domenico. Die
einst zu einem Dominikanerkonvent gehörende Kirche zeigt die
schlichte Gotik der Bettelordensarchitektur. In dem weiten
Inneren sind noch Reste der im 14. Jh. gemalten Fresken zu
sehen; hinter dem ersten Seitenaltar rechts das Grabmal des
Filippo Lazzari (von Bernardo und Antonio Rossellino;
1462–1468), das bemerkenswerteste der Grabmonumente von
San Domenico.

Von der Kirche gelangt man in den Großen Kreuzgang; im Kapitelsaal ein Kreuzigungsfresko aus dem 13. Jh.; in den anstoßenden Räumen weitere Fresken (15. bis 16. Jh.), die ursprünglich
in der Kirche waren.

San Francesco

An der Piazza San Francesco d'Assisi steht die dem hl. Franziskus geweihte Kirche, ein 1294 begonnener und um 1400 vollendeter großer Bau. In späterer Zeit war sie vorübergehend profa-
niert und diente als Speicher und Kaserne, was einige Schäden
verursachte. Die Fassade in weiß-grüner Marmorstreifung kam
erst 1717 hinzu.

Das Innere wurde im Barock neu ausgestaltet, wobei die im
14. Jh. aufgebrachten Fresken sehr in Mitleidenschaft gezogen
wurden. Bei der Restaurierung 1930 konnten sie zum Teil wie-

Pistoia: Kirche Sant'Andrea ...   *... und Kanzel von Giovanni Pisano*

der freigelegt werden. Die Wandgemälde (14. Jh.) der Hauptchorkapelle erzählen Szenen aus dem Leben des hl. Franz von
Assisi; sie sind ein Gemeinschaftswerk von Lippo Memmi, Pietro Lorenzetti und dem Giotto-Schüler Puccio Capanna. Auch
in den Seitenkapellen Fresken jener Zeit. In der Sakristei und
im Kapitelsaal, der an den Kreuzgang stößt, gleichfalls Fresken
mit Motiven der Franziskus-Legende.

Sant'Andrea

Die dreischiffige Kirche Sant'Andrea, unweit östlich von San
Francesco, geht in ihren Ursprüngen auf das 8. Jh. zurück.
Zwar wurden im 12. Jh. die Arbeiten fortgesetzt, aber der
Bau wurde nicht vollendet. Die Fassade trägt eine weiß-grüne
Marmorverblendung, die durch Arkaden optisch gegliedert ist.
Im Hauptportal zwei Löwenplastiken. Auf dem Architrav die
Reliefdarstellung der Heiligen Drei Könige vor Herodes und in
Bethlehem (1166; von Gruamonte und Adeodato). An den Kapi-
tellen der Portalpfeiler links die Darstellung von Zacharias und
dem Engel sowie der Heimsuchung Mariae; rechts die Verkün-
digung Mariae und die hl. Anna.

Das Innere beeindruckt durch das schmale und hohe Mittelschiff, das von einem offenen Dachstuhl abgeschlossen wird.
Die Kanzel (1298–1301) von Giovanni Pisano, ein Hauptwerk   *Kanzel
des Künstlers, ähnelt derjenigen im Dom zu → Pisa. Sie ruht auf
sieben Porphyrsäulen, von denen zwei auf Löwen, eine auf einer gebeugten menschlichen Gestalt und die zentrale auf
einem Löwen und einem Adler stehen. Auf den durch Maßwerk-

bogen miteinander verbundenen Kapitellen stehen die Figuren von Sibyllen und Propheten. In den Feldern der Kanzel sind dargestellt: Verkündigung Mariae und Geburt Jesu, Anbetung der Könige, Traum des Joseph, Kindermord zu Bethlehem, Kreuzigung und Jüngstes Gericht. Zwischen den Feldern Gestalten aus dem Alten und Neuen Testament. Giovanni Pisano schuf auch das hölzerne Kruzifix am Tabernakel der dritten Kapelle links.

Palazzo del Comune

Links neben dem Dom, gegenüber dem Campanile zurückversetzt, steht der glattflächige, abweisende Palazzo del Comune, in seiner Symmetrie und Geschlossenheit ungemein wirkungsvoll. Der Bau wurde im Jahre 1294, unter der Regierung des Florentiner Podestà Giano della Bella, eines für Pistoia guten Herrschers, begonnen, dann zeitweise eingestellt, 1334 wieder aufgenommen und 1385 nach Erweiterung abgeschlossen. 1637 kam der brückenartige Verbindungstrakt zum Dom hinzu. Die Fassade ist vertikal in fünf Achsen gegliedert: im Erdgeschoß die Arkaden der Loggia, im ersten Stock zweibogige und im oberen Stock dreibogige Fenster. In der Mitte der Fassade ist das Medici-Wappen mit den päpstlichen Schlüsseln (für die aus dieser Florentiner Familie stammenden Päpste Leo X. und Clemens VII.) angebracht. Links vom Mittelfenster ein schwarzer Marmorkopf, für den es viele Deutungen gibt, u. a. die, es sei der 1114 von Pisa besiegte Maurenkönig von Mallorca.
Im Inneren stattliche Säle mit Fresken aus dem 15. und 16. Jahrhundert.

Vor dem Palazzo steht der zierliche Pozzo del Leoncino (,Löwenbrunnen').

San Bartolomeo in Pantano

Unweit östlich vom Palazzo del Comune steht die Kirche San Bartolomeo in Pantano (Sankt Bartolomäus im Sumpf). Ihr Beiname leitet sich davon ab, daß der Bau 1159 in einem ursprünglichen Sumpfgebiet errichtet wurde. Die schöne Fassade der dreischiffigen Basilika, durch fünf von Halbsäulen getragene Rundbogen gegliedert, blieb seit altersher unverändert. Das Relief (1167; Gruamonte zugeschrieben) im Türsturz des Mittelportals zeigt den Heiland, der den Aposteln den Aussendungsauftrag gibt. Die Darstellung folgt formal den Reliefs auf römischen Sarkophagen.

In dem schmalen Innenraum ist die Kanzel (um 1250; von Guido da Como) hervorzuheben; sie kennzeichnet mit ihren schön gearbeiteten, doch verhaltenen Figuren aus dem Neuen Testament den Übergang vom einfachen romanischen Stil zu der reichen, dramatischen Gestaltung eines Giovanni Pisano (Kanzel in Sant'Andrea, s. S. 171).

*Ospedale del Ceppo

Das Ospedale (Spital), nördlich vom Palazzo del Comune, wurde im 13. oder 14. Jh. gegründet; seinen Beinamen führt es

Pistoia: Majolikafries vom Ospedale del Ceppo

nach dem Opferstock (ital. ‚ceppo'), in dem man Almosen für die Armen und Kranken sammelte. Zu Beginn des 16. Jh.s wurde es dem Florentiner Ospedale di Santa Maria Nuova unterstellt, und nach florentinischem Vorbild wurde der Portikus der Fassade vorgesetzt. Künstler aus der Werkstatt der Della Robbia (v. a. Santi Buglioni und Giovanni della Robbia) schufen den großartigen polychromen Majolika-Fries. Auf ihm sind die Sieben Werke der Barmherzigkeit zusammen mit den Tugenden dargestellt (von links: die Nackten kleiden; Sphinx; die Fremden beherbergen; Klugheit; die Kranken besuchen; Glaube; die Gefangenen trösten; Liebe; die Toten bestatten; Hoffnung; die Hungernden speisen; Gerechtigkeit; die Dürstenden tränken; Sphinx). Auf den Medaillons Marienthemen.

Pistoia,
Ospedale del Ceppo
(Fortsetzung)

Santa Maria delle Grazie

Nordöstlich vom Altstadtzentrum steht die Kirche Santa Maria delle Grazie, ab 1452 nach Plänen von Michelozzo erbaut und 1484 mit Fertigstellung der schlichten Fassade vollendet, in der sich ein schönes Portal befindet.

Pitigliano   D 3

Provinz: Grosseto (GR)
Höhe: 313 m ü.d.M.
Einwohnerzahl: 4000

Das Städtchen Pitigliáno liegt ganz im Süden der Toskana, etwa 20 km westlich von dem bereits zur Region Lazio (Latium) gehörenden Lago di Bolsena bzw. 50 km östlich der Küste.

Lage

Der Ort war leicht zu verteidigen und unter dem Namen Caletra wohl schon von den Etruskern besiedelt, denen die Römer folgten. Im Mittelalter gehörte Pitigliano der einflußreichen, den Guelfen nahestehenden Familie Orsini, die den Ort zur Stadt erhob. Später kam Pitigliano an die Florentiner Familie Strozzi und 1604 zum Großherzogtum Toskana.

Geschichte

*Stadtbild

Zwischen den Schluchten von Meleta, Leuta und Prochio erhebt sich der gelblichrote Tuff-Felsen, auf dem festungsähnlich die kleine Stadt Pitigliano steht. In das weiche Gestein wurden

173

Pitigliano: Altstadt

Stadtbild
(Fortsetzung)

seit alter Zeit Grabkammern, aber auch Keller für den vorzüglichen Wein der Gegend geschlagen. So bietet Pitigliano einen besonders malerischen Anblick.

Beachtung verdient der zinnengekrönte Palazzo Orsini, der im 14. Jh. erbaut sowie im 15. und 16. Jh. erweitert und verändert wurde.

Dom

An der Piazza Gregorio VII. steht der im Mittelalter erbaute, aber im 18. Jh. wesentlich umgestaltete Dom Santi Pietro e Paolo mit seinem mächtigen Campanile und seiner Barockfassade. Im Inneren Gemälde von Francesco Zuccarelli (1702–1788) sowie zwei großformatige Historienbilder aus dem späten 19. Jahrhundert.
Auf dem Platz steht ein Travertinpfeiler mit dem Bären (ital. ‚orso'), dem redenden Wappenzeichen der Orsini.
Der Wasserversorgung diente einst der mit 15 Bögen das Tal überspannende Aquädukt aus dem 16. Jahrhundert.

*Sorano   D 3

Lage
9 km nordöstlich

Etwas abseits der Straße nach Sorano liegt, etwa 1 km außerhalb von Pitigliano, der sogenannte Parco Orsini, mit den Ruinen einer Villa.

Das Städtchen Sorano wurde, ähnlich wie Pitigliano, auf einem Felsen erbaut und ist von einem mittelalterlichen Mauerring umgeben.

*Sovana D 3

Das kleine Gemeinwesen Sovana wurde schon früh von Pitigliano überflügelt. Sovana ist eine Gründung der Etrusker,
zeigt heute aber mittelalterliches Gepräge. Sehenswert ist der
romanische Dom Santi Pietro e Paolo, der im 12./13. Jh. über
einem Bau des 9. Jh.s neu errichtet und im 14. Jh. umgestaltet
wurde. Nahebei die gleichfalls romanische Kirche Santa Maria;
im Inneren Fresken aus dem frühen 16. Jh. sowie ein vorroma-
nisches Ziborium (Altarbaldachin).

Lage
8 km nordwestlich von
Pitigliano

Ungefähr 1,5 km außerhalb von Sovana befindet sich die etruskische Nekropole (Gräberstadt; 4.–2. Jh. v. Chr.), mit in den
weichen Tuff geschlagenen Kammergräbern.

Etruskische Nekropole

Poppi C 3

Provinz: Arezzo (AR)
Höhe: 437 m ü.d.M.
Einwohnerzahl: 6000

Die kleine Stadt Poppi liegt im Herzen des Casentino, knapp
40 km nördlich von Arezzo bzw. 55 km östlich von Florenz.

Lage

Als ‚Pupium' wird der Ort schon 1169 erwähnt. Nach langer
Unabhängigkeit unter der Herrschaft der Grafen Guidi fiel
Poppi um 1440 an Florenz und wurde lange Zeit von Florentiner
Kommissaren und Vikaren verwaltet.

Geschichte

Poppi: Festungsmauer

Castello Pretorio in Poppi

Im 13. Jh. wurde das Kastell für die Grafen Guidi errichtet. Den glattflächigen, wehrhaften Bau überragt ein Turm; der Zinnenkranz wurde in der Zeit der Florentinerherrschaft aufgesetzt. Der zweistöckige Flügel des Gebäudes umgibt einen eleganten Innenhof, der mit Wappen der Florentiner Statthalter versehen ist. Die Kapelle ist mit Fresken aus dem 14. Jh. geschmückt. Neben dem Palazzo steht die Torre dei Diavoli ('Teufelsturm') sowie eine große Zisterne.

San Fedele

Die ehemalige Klosterkirche San Fedele stammt aus dem späten 13. Jh.; sie wurde für die Benediktinerkongregation der Vallombrosaner errichtet. In der dreischiffigen Krypta die vergoldete Bronzebüste des hl. Victoriello; im Chor mehrere Gemälde aus dem 16./17. Jahrhundert.

Populonia   D 2

Provinz: Livorno (LI)
Höhe: 181 m ü.d.M.
Einwohnerzahl: 150

Lage

Der kleine Ort Populónia liegt rund 15 km nördlich von Piombino über dem Golf von Baratti.

Populonia: Rocca

Schon in prähistorischer Zeit war der Platz besiedelt. Die Etrusker verhütteten bereits früh in dem von ihnen ‚Pupluna' genannten Ort die Kupfererze der Colline Metallifere und die
Eisenerze der Insel Elba. Die Bedeutung von Populonia
schwand, als im 9. Jh. der Bischof seinen Sitz nach → Massa
Marittima verlegte.

*Rocca

Hoch über dem Golf von Baratti steht die mächtige mittelalterliche Burg (Rocca) mit einem großen zylindrischen Turm und
einem vierkantigen Bergfried, von dem sich ein lohnender
Rundblick bietet.

Museo Etrusco

Das Etruskische Museum (Museo Etrusco) zeigt zahlreiche
Grabbeigaben aus der nahen Nekropole (Totenstadt).

*Etruskische Nekropole

Die etruskische Gräberstadt (9.–2. Jh. v. Chr.) liegt östlich unterhalb von Populonia. Bis zum Beginn des 20. Jh.s war sie
unter den aus dem Altertum stammenden Schlackenhalden der
Metallhütten verborgen, so daß zwar die Decken der Gräber
eingedrückt wurden, aber der ganze Reichtum der Grabbeigaben erhalten geblieben ist. Die meisten Funde sind heute im

Populonia: Etruskergräber ...　　　　　*... und Golf von Baratti*

Archäologischen Museum von →Florenz zu sehen. Die Schlak-
ken wurden wegen ihres noch immer hohen Metallgehaltes in
neuester Zeit erneut verhüttet.
Im wesentlichen sind drei Grabtypen zu unterscheiden: sogenannten Tumuli mit einem aus Kragsteinen gefügten ‚unechten
Gewölbe‘; in den Tuff geschnittene Grabkammern; sogenannte
Ädikula-Gräber, freistehend aus Quadern errichtet und mit einem Satteldach aus Steinplatten.

Prato   C 3

Provinz: Florenz/Firenze (FI)
Höhe: 63 m ü.d.M.
Einwohnerzahl: 160000

Lage

Prato liegt in einer Talweitung zu beiden Seiten des Bisenzio,
ungefähr auf halber Strecke zwischen Florenz und Pistoia.

Geschichte

Vermutlich war der Ort des heutigen Prato bereits in etruskischer Zeit besiedelt. Im 10. Jh. ist Prato erstmals urkundlich
erwähnt; die Stadtrechte erhielt es 1653.
Schon im Mittelalter war Prato für seine Wollwebereien bekannt; heute ist es so stark von der Textilindustrie geprägt, daß
es als ‚Manchester der Toskana‘ bezeichnet wird. Dies ist zwar
nicht unbedingt ein Lob für das äußere Erscheinungsbild, sagt
jedoch etwas über den Wohlstand der Stadt. Im historischen
Zentrum von Prato ist eine Anzahl großartiger Baudenkmäler
erhalten geblieben.

*Castello dell'Imperatore

Die zinnengekrönte, trutzige Burg ließ Friedrich II. zwischen
1237 und 1248 an der von Norden nach Süditalien führenden
Straße anlegen. Vergleichbar ist das Stauferschloß Castel del
Monte in Apulien. Zwei Türme aus dem 10. Jh. sind in den Bau
einbezogen.

Santa Maria delle Carceri

Gegenüber der Nordecke der Burg steht die Kirche Santa Maria
delle Carceri. Ihren Namen verdankt sie einem wundertätigen
Marienbild, das an die Wand eines hier bestehenden Gefäng-
nisses (ital. ‚carcere‘) gemalt war. Für dieses Bild errichtete
Giuliano da Sangallo von 1484 bis 1495 einen schönen Renais-
sance-Kirchenbau auf dem Grundriß eines griechischen Kreuzes. Die Vierung ist von einer Kuppel überwölbt; das Äußere
wurde mit farbigem Marmor verkleidet. Die im Inneren ange-
brachten blaugrundigen Terrakottamedaillons der Evangelisten sind von Andrea della Robbia.

Palazzo Pretorio

Im Mittelpunkt der Altstadt steht der Palazzo Pretorio (der frü-
here Palazzo Comunale), der um die Mitte des 14. Jh.s aus
einem Kern von Häusern und Türmen des 13. Jh.s errichtet

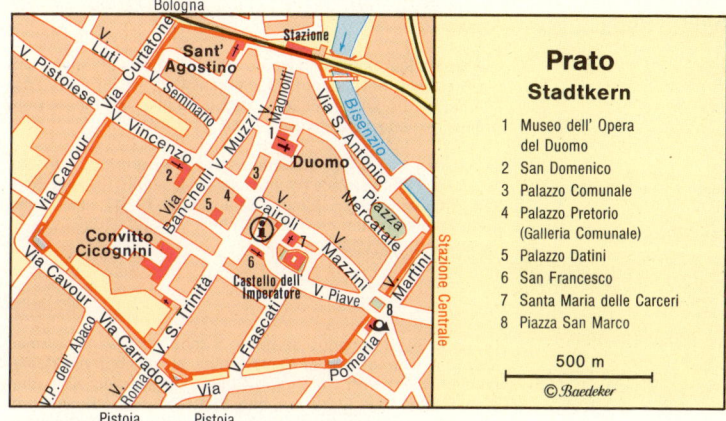

Prato
Stadtkern

1 Museo dell' Opera
del Duomo
2 San Domenico
3 Palazzo Comunale
4 Palazzo Pretorio
(Galleria Comunale)
5 Palazzo Datini
6 San Francesco
7 Santa Maria delle Carceri
8 Piazza San Marco

500 m

© Baedeker

wurde. Der Capitano del Popolo erwarb den Komplex 1284, um hier den Sitz der Stadtregierung einzurichten. Die Freitreppe (16. Jh.) und der Balkon sowie die alte, völlig unregelmäßige Fassade geben dem Palast ein strenges Aussehen. Die Zinnen und der kleine Glockenturm wurden im 16. Jh. angefügt.

Die 1850 gegründete Galleria Comunale (Städtische Galerie) enthält eine bedeutende Sammlung von Kunstwerken, vor allem der florentinischen Schulen des 14. und 15. Jh.s. Besonders beachtenswert sind im 1. und 2. Stockwerk:
das Tabernakel der hl. Margherita, von Filippino Lippi (1498; nach einem Bombenangriff 1944 aus Bruchstücken wieder zusammengesetzt); der Bacchus-Brunnen, von Ferdinando Tacca (1665); Szenen aus der Legende des Heiligen Gürtels (vgl. Dom, Cappella del Sacro Cingolo, S. 181), Bernardo Daddi zugeschrieben (14. Jh.); das Polyptychon „Madonna mit Kind und Heiligen", von Bernardo Daddi (um 1328); das Polyptychon „Thronende Madonna mit Heiligen", von Giovanni da Milano (um 1354); „Madonna del Ceppo", von Filippo Lippi (1453); „Madonna mit Heiligen", von Francesco Botticini (15. Jh.); „Maria mit Kind", von Filippino Lippi (1503); das Fresko „Maria mit Kind", von Fra Bartolommeo (15./16. Jh.).
Im 3. Stock sind Kunstwerke des 16. bis 18. Jh.s zu sehen.

Galleria Comunale

Gegenüber steht der jetzige Palazzo Comunale, der durch Restaurierungsarbeiten im 19. Jh. sein originales Aussehen verloren hat.

Palazzo Comunale

Palazzo Datini

Der südlich von der Piazza del Comune stehende Palazzo war der Wohnsitz des Kaufmanns und Bankiers Francesco di Marco Datini (1330–1410), eines der reichsten Männer seiner Zeit. Nach dem Tode Datinis wurden die Fassaden des Gebäudes mit Fresken geschmückt, die Szenen aus seinem Leben zeigten. Leider sind nur geringe Reste der Sinopien (Vorzeichnungen) erhalten.

Lage
Via Ser Lapo Mazzini /
Via Rinaldesca

Prato

San Domenico

Die Kirche San Domenico wurde 1283–1322 erbaut, doch blieb die Fassade unvollendet. Bemerkenswert ist das reichgeschmückte Portal der linken Langhausflanke. Im Inneren ein großes gemaltes Kruzifix (um 1400).

Museo di Pittura Murale

Durch den im 15. Jh. erbauten Kreuzgang erreicht man das Museo di Pittura Murale (Wandmalerei-Museum). Es zeigt Fresken, Vorzeichnungen (Sinopien) aus dem 13.–17. Jh., ferner eine Dokumentation der Freskotechnik und der verschiedenen Restaurierungsverfahren.

*Dom

Die dem hl. Stephanus geweihte Kirche mit dem Beinamen ,Borgo al Cornio' (so der Name Pratos, als es noch ein kleiner ländlicher Ort war) wurde von Guido da Como ab 1211 über einer älteren Pfarrkirche errichtet. Später erfolgten Erweiterungen und Umbauten (1317–1368 Querschiff mit fünf Kapellen). Zum Dom erhob man die Kirche im Jahre 1653, als Prato Bischofssitz und Stadt wurde.

Äußeres

Die Fassade präsentiert sich in prächtiger weiß-grüner Marmorstreifung; im Bogenfeld über dem Hauptportal eine Majolikagruppe („Madonna mit Kind und Heiligen"; 1489) von Andrea della Robbia.

*Außenkanzel

Rechts die berühmte Außenkanzel (,Pergamo del Sacro Cingolo' = ,Kanzel des Heiligen Gürtels'), ein Werk von Donatello und Michelozzo. Die Runde der tanzenden Putten (die Originalreliefs sind heute durch Kopien ersetzt und im Dommuseum untergebracht) ist ein durch Harmonie der Schmuckformen und Heiterkeit der Darstellung ausgezeichnetes Werk Donatellos. Beachtung verdient auch der Campanile (Glockenturm; 1340–1356) mit den sich von Stockwerk zu Stockwerk vergrößernden Fensteröffnungen.

Inneres

Das dreischiffige Langhaus ist romanisch; die Gewölbe wurden erst 1676 eingezogen. Das von gotischen Rippengewölben überspannte Querhaus entstand 1317–1368. Die grün-weiße Marmorstreifung folgt pisanischen und lucchesischen Vorbildern. Bemerkenswert sind die links vor der Vierung stehende Kanzel, ein Werk von Mino da Fiesole und Antonio Rossellino (1473), der vor dem Presbyterium stehende Bronzeleuchter von Maso di Bartolomeo und das Bronzekruzifix von Ferdinando Tacca (1653) auf dem Hauptaltar.

An den Wänden des Hauptchores befinden sich zwei Freskenzyklen, die Fra Filippino Lippi 1452–1466 malte. Auf der linken Seite sind Szenen aus dem Leben des hl. Stephanus, des Kirchenpatrons, dargestellt, auf der rechten Seite des Lebens Johannes' des Täufers (hier vor allem bemerkenswert das „Gastmahl des Herodes"; in der Gestalt der anmutig tanzenden Salome sieht die Überlieferung die Nonne Lucrezia Buti, die der Künstler heiratete und mit der er den Sohn Filippino hatte). Rechts vor dem Chor befindet sich die Schutzengelkapelle, mit Fresken von zwei unbekannten Meistern aus dem 15. Jh.; weiterhin die Kreuzigungskapelle (Wandmalereien 19. Jh.).

Prato: Außenkanzel ...   *... und Inneres des Domes*

Links an den Chor anschließend gleichfalls zwei Kapellen; in der ersten Fresken aus dem 15. Jh. (Legende Jakobus' d. Ä. und Legende der hl. Margaretha von Antiochia). Die zweite Kapelle birgt das Grabmal des Filippo Inghirami, ein Werk aus dem 15. Jh., das dem Florentiner Simone di Niccolò de' Bardi zugeschrieben wird.

Am Anfang des linken Seitenschiffes befindet sich die Cappella del Sacro Cingolo, im späten 14. Jh. eingefügt, um den Heiligen Gürtel aufzunehmen. Hier erzählen die von Agnolo Gaddi geschaffenen Fresken (1392–1395) die Legende dieser berühmten, hochverehrten Reliquie: Bei ihrer Himmelfahrt überläßt Maria ihren Gürtel dem Apostel Thomas, der ihn einem Priester schenkt. Der Kaufmann Michele Dagomari aus Prato erhält die Reliquie als Mitgift, als er im Heiligen Land ein Mädchen namens Maria heiratet. Er bringt den Gürtel in seine Heimatstadt und schenkt ihn auf Geheiß von Engeln den Vertretern der Kirche und der Stadt. Daher besitzen noch heute der Bischof und der Bürgermeister zwei verschiedene Schlüssel.
Nur mit beiden gemeinsam kann der Schrein aufgeschlossen werden, wenn die Reliquie an Feiertagen zur Schau gestellt werden soll.

Cappella del Sacro Cingolo

Links neben dem Dom befindet sich an der Stelle des in Resten erhaltenen romanischen Kreuzganges das Museo dell'Opera del Duomo (Dommuseum). In ihm sind neben Altargemälden, Meßbüchern und Goldschmiedearbeiten besonders der kostbare Schrein für den Heiligen Gürtel (Legende s. oben) sowie die Originalreliefs der Außenkanzel von Donatello (s. S. 180) beachtenswert.

Dommuseum

*Centro per l'Arte Contemporanea Luigi Pecci in Prato

Lage
Via della Repubblica

Südlich der Altstadt erreicht man das 1988 eröffnete Zentrum zeitgenössischer Kunst, ein Forum für Malerei, Plastik, Design und Video (zahlreiche Veranstaltungen).

Poggio a Caiano   C 3

Lage
8 km südlich

Jenseits der Autobahn liegt am Fuße des Monte Albano der Ort Póggio a Caiáno, berühmt wegen der prächtigen Medici-Villa. Der Landsitz wurde um 1480 nach Entwurf von Giuliano da Sangallo erbaut (nur der schöne Park zugänglich).

Artimino   C 3

Lage
13 km südlich

Hinter Poggio a Caiano, am Rande des Hügellandes, liegt der von einer mittelalterlichen Mauer umgebene Weiler Artimíno. Beachtenswert die romanische Kirche San Leonardo sowie die seit 1970 freigelegte etruskische Nekropole.
Außerhalb steht die schöne Villa dell'Artimino, im späten 16. Jh. für Großherzog Ferdinand I. erbaut.

San Galgano, Abbazia di

→ Abbazia di San Galgano

San Gimignano   C 3

Provinz: Siena (SI)
Höhe: 332 m ü.d.M.
Einwohnerzahl: 7500

Lage

Das Städtchen San Gimignáno liegt weithin sichtbar auf einem Hügel, etwa 35 km nordwestlich von Siena bzw. 50 km südwestlich von Florenz.

Geschichte

Der Hügel, auf dem San Gimignano liegt, war schon von Etruskern besiedelt. Doch in die Geschichte tritt die nach einem heiligen Bischof von Modena aus dem 4. Jh. benannte Kommune erst im Mittelalter ein, als eine Burg und eine Kirche erwähnt werden. Die durch den Ort führende ,Frankenstraße' von Norden nach Rom bescherte einträglichen Handel, der den Anbau von Safran (einer Krokusart) brachte großen Wohlstand. Als ,freie Kommune' wurde San Gimignano zunächst durch Konsuln, dann durch einen Podestà regiert, geriet aber 1353 unter florentinische Herrschaft. Innenpolitisch spielten bis zu diesem Zeitpunkt die langdauernden Kämpfe zwischen den guelfischen Ardinghelli und den ghibellinischen Salvucci eine noch heute sichtbar sich manifestierende Rolle: Die Rivalität führte zur Errichtung immer neuer und immer höherer sog. ,Geschlechtertürme' (insgesamt einst 56), von denen heute noch 13 das Bild des mauerumgebenen Ortes prägen.

**Stadtbild

Als in den Flußtälern bequemere Verkehrswege angelegt wurden, vernachlässigte der Handel die Frankenstraße, und das

Certaldo, Pisa

Pieve di Cellole

Sant' Agostino

Via Bagnaia

Via Folgore da S. Gimignano

Via d. Fonti

Via delle Romite

Via Garibaldi

Via S. Matteo

Fonti

Rocca

Collegiata

Via Quercecchio

Via Castello

Via d. Innocenti

Palazzo Pratellesi

Via Bernigona

Via S. Giovanni

Via del Fossi

Piazzale Martiri di Monte Maggio

Bus Stop

Volterra, Siena, Firenze

© Baedeker

250 m

San Gimignano
Historischer Ortskern

 1 Piazza della Cisterna
 2 Palazzo Tortoli
 3 Arco dei Becci
 4 Palazzo del Podestà
 5 Piazza del Duomo
 6 Palazzo del Popolo
    (Palazzo Comunale;
    Pinacoteca Civica)
 7 Museo d' Arte Sacra,
    Museo Etrusco
 8 Torri Salvucci
 9 Palazzo Cancelleria
10 Palazzo Pesciolini
11 Palazzo Tinacci
12 San Pietro
13 Piazza Sant' Agostino
14 San Iacopo
15 Porta San Iacopo
16 Porta d. Fonti
17 San Lorenzo in Ponte
18 Porta San Giovanni
19 Porta Quercecchio
20 Porta San Matteo

Gemeinwesen verarmte; an Neubauten war nicht zu denken, und nur mit Mühe konnten die Bauten vor dem Verfall gerettet werden. So blieb San Gimignano (das „Manhattan des Mittelalters") als ganzer Stadtorganismus nahezu unverändert, wofür schon im Jahre 1602 entsprechende Verordnungen erlassen wurden. In letzter Zeit haben die von der Unesco geförderten Restaurierungsarbeiten ein übriges zur Konservierung wertvoller Substanz geleistet.

*Piazza della Cisterna

Die stimmungsvolle Piazza della Cisterna, der Hauptplatz der Stadt, erhielt ihren Namen nach dem 1273 hier angelegten Ziehbrunnen. Das Pflaster des 1346 erweiterten dreieckigen Platzes besteht aus Ziegelsteinen in Fischgrätenmuster.

Rund um die Piazza erheben sich (von rechts nach links, am Bogen beginnend) im Süden die Casa Razzi (Nr. 28) mit einem Turmstumpf, die Casa Salvestrini (Nr. 9), ehemals Ospedale degli Innocenti (jetzt ‚Albergo della Cisterna'), der Palazzo Tortoli mit einem Turmstumpf des Palazzo del Capitano del Popolo; im Norden der Palazzo dei Cortesi mit der hohen ‚Torre del Diavolo' (‚Teufelsturm'); im Westen die Zwillingstürme der Ardinghelli.

San Gimignano: Geschlechtertürme

*Collegiata Santa Maria Assunta

Lage
Piazza del Duomo

Die Kirche Santa Maria Assunta (Himmelfahrt Mariae) steht an der Westseite des Domplatzes (der Name ‚Piazza del Duomo' ist allerdings irreführend, denn San Gimignano war niemals Bischofssitz, konnte daher auch keinen Dom haben). Während des Zweiten Weltkrieges erlitt die Kirche Schäden durch Artilleriebeschuß, die jedoch inzwischen behoben sind.

Äußeres

Der dreischiffige romanische Bau aus dem 12. Jh. erhebt sich über einer breiten Freitreppe. Im Jahre 1456 erweiterte ihn der Baumeister Giuliano da Maiano auf dem Grundriß eines lateinischen Kreuzes um Querschiff und Seitenkapellen. Die Fassade, im Laufe der Zeit mehrmals umgestaltet, ist nie verkleidet worden.

Inneres

An der Innenseite der Fassade zeigt ein Fresko (1456) von Benozzo Gozzoli das Martyrium des hl. Sebastian; hier auch die beiden Holzstatuen der Verkündigung (um 1421) von Iacopo della Quercia.

Im rechten Seitenschiff ein monumentaler Freskenzyklus (14. Jh.) von Barna da Siena, mit in drei Reihen angeordneten Darstellungen aus dem Neuen Testament; in der ersten von der Verkündigung bis zur Flucht nach Ägypten, in der zweiten von Jesus im Tempel bis zum Triumph in Jerusalem, in der dritten vom Letzten Abendmahl bis zum Pfingstwunder. Wie Giorgio Vasari (1511–1574) in der Lebensbeschreibung Barnas angibt, stürzte dieser beim Malen der Kreuzigung vom Gerüst und starb; das Werk sei von seinem Neffen und Schüler Giovanni d'Asciano vollendet worden. Seine Entsprechung findet dieser Zyklus im linken Seitenschiff, wo in ähnlich großartigen Fresken (um 1356) von Bartolo di Fredi Szenen des Alten Testamentes dargestellt sind (starke Übermalungen).

Am Ende des rechten Seitenschiffes befindet sich die in reinsten Renaissanceformen errichtete Cappella di Santa Fina, ein Werk von Giuliano und Benedetto da Maiano (1468). Die hl. Fina (1238–1253) ist die wegen ihrer Wundertätigkeit besonders verehrte Stadtheilige von San Gimignano. Der Altar ist gleichfalls ein Werk von Benedetto da Maiano, wurde jedoch mehrmals barock umgestaltet und erst 1881 unter teilweiser Erneuerung in den ursprünglichen Zustand versetzt.

Cappella di
Santa Fina

Auf dem Altar der reliefgeschmückte Altaraufsatz; er trägt den Sarkophag, der bis 1738 die Gebeine der hl. Fina enthielt. Darüber, von zwei Engeln flankiert, die Madonna mit dem Kind.

In den seitlichen Arkaden zeigen Fresken von Domenico Ghirlandaio (1475) Leben und Tod der hl. Fina.

Museo d'Arte Sacra / Museo Etrusco

Das Museo d'Arte Sacra (Museum religiöser Kunst) liegt neben der Collegiata. Es enthält Skulpturen aus dem 14./15. Jh., einen orientalischen Teppich in der Form eines griechischen Kreuzes (16. Jh.) und Paramente (liturgische Gewänder).

Anschrift
Piazza Pecori

Im gleichen Gebäude hat auch das Museo Etrusco seinen Sitz, eine kleine Sammlung von etruskischen Urnen, Vasen, Münzen u. a., die auf Gemeindegebiet gefunden worden sind.

Palazzo del Popolo

Links neben der Collegiata steht der 1288 begonnene und 1323 erweiterte Palazzo del Popolo (auch Palazzo Nuovo del Podestà), in dem seit dem Ende des 13. Jh.s die Stadtregierung ihren Sitz hatte. Heute dient er als Rathaus. Der Turm ('Torre Grossa' = 'Dicker Turm'; schöner Ausblick) ist mit 54 m Höhe der höchste der Stadt. Eine Verordnung schrieb vor, daß kein anderer Turm seine Höhe übertreffen durfte.

Der Palazzo del Popolo beherbergt das Museo Civico. Durch einen malerischen Innenhof mit einem Ziehbrunnen von 1361 gelangt man in die Sala Dante, so benannt nach einem Aufenthalt des Dichters im Jahre 1300, als er die Räte der Stadt dazu bewegen wollte, der Guelfischen Liga beizutreten (die Jahreszahl 1299 der Inschrift ist unrichtig). An der rechten Wand des Raumes eine Maestà (Thronende Madonna; 1317) von Lippo Memmi.

Museo Civico

Die Pinakothek enthält u. a. ein gemaltes Kruzifix von Coppo di Marcovaldo (13. Jh.), eine „Madonna mit dem Kind" von Pinturicchio (1512), ferner eine aus zwei Rundtafeln ('tondi') bestehende Verkündigungsgruppe von Filippino Lippi (1483) und andere hervorragende Werke der florentinischen und sienesischen Malerei des 13. bis 15. Jahrhunderts.

Palazzo del Podestà

Gegenüber der Fassade der Collegiata erhebt sich der alte Palazzo del Podestà, der 1239 auf den Häusern der Familie Mantellini errichtet und 1337 vergrößert wurde. Die Fassade öffnet sich in einer Loggia; der Palazzo wird von dem ‚Rognosa' genannten 51 m hohen Turm überragt, der vor der Errichtung des Palazzo del Popolo Maßstab für die Höhe der Geschlechtertürme war.

Torri Salvucci

Links von hier, am Anfang der Via San Matteo, stehen die beiden Torri Salvucci, einst der mächtigen Familie Ardinghelli gehörend. Weiter in der Via San Matteo die Casa-Torre Pesciolini (Nr. 32) und der Palazzo Tinacci (Nr. 60/62).

Rocca

Wenige Schritte westlich der Collegiata steht an der Stadtummauerung die Burg (Rocca), die 1353 von den Florentinern an der höchsten Stelle des Stadthügels angelegt, doch 1555 auf Befehl Cosimos I. von Medici geschleift wurde. Teile der Mauern und ein Turm blieben erhalten. Von oben bietet sich ein großartiger Blick über die Stadt und das Umland.

San Iacopo

Nahe bei der Porta San Iacopo, dem Nordtor von San Gimignano, steht die kleine romanische Kirche San Iacopo, die im 13. Jh. von den Templern errichtet wurde. Die Fassade, unten in Backstein, oben in Travertin, besitzt ein Portal in pisanischem Stil mit einer schönen Rosette. In dem einschiffigen Inneren mit seinen Kreuzrippengewölben besonders eindrucksvoll das Kreuzigungsfresko von Memmo di Filippuccio (13./14. Jh.).

Sant'Agostino

Unweit nördlich der Porta San Matteo steht ganz im Norden der ummauerten Altstadt die Kirche Sant'Agostino. Der einschiffige Backsteinbau wurde 1280–1298 im kargen Stil der Bettelordensarchitektur von Augustiner-Chorherren errichtet.

In dem von einem offenen Dachstuhl überspannten Inneren gleich rechts die Cappella di San Bartolo mit einem prachtvollen Marmoraltar von Benedetto da Maiano (1494), darin die Gebeine des hl. Bartolo aus San Gimignano. Am Hauptaltar befindet sich ein Tafelbild der Marienkrönung, von Piero del Pollaiuolo (1483).

∗Fresken

Besonders sehenswert ist der Freskenzyklus (1464–1465) in der Chorkapelle, ein Werk von Benozzo Gozzoli. In 17 Bildern schildert der Maler mit großem Können und reicher Phantasie die Lebensstationen des hl. Augustinus (354–430), eines der großen lateinischen Kirchenväter. In der untersten Reihe: Augustinus als Kind in Tagaste (Nordafrika); als Jüngling in Karthago; die hl. Monika betet für ihren Sohn Augustinus; der Heilige reist zu Schiff nach Italien; sein Empfang an Land; Augustinus lehrt in Rom; seine Abreise nach Mailand. In der mittleren Reihe:

Audienz bei Ambrosius, Bischof von Mailand, und bei Kaiser Theodosius; Monika bittet um die Bekehrung ihres Sohnes; Disputation zwischen Augustinus und Ambrosius; Augustinus liest den Paulusbrief (Römer 13, 13; Bekehrungserlebnis des Heiligen); Taufe durch Ambrosius; Augustinus und der Knabe am Meer; Erklärung der Ordensregeln; Tod der hl. Monika. In der oberen Reihe: Augustinus als Bischof von Hippo; Bekehrung eines Ketzers; Vision des hl. Hieronymus; Tod des hl. Augustinus. Weitere Fresken befinden sich im Kirchenschiff: Bekleideter Sebastian, von Benozzo Gozzoli (1524); thronende Madonna, von Lippo Memmi (1330); segnender hl. Bartolo, von Sebastiano Mainardi (1487); Marienleben, von Bartolo di Fredi (um 1400).

San Gimignano, Sant'Agostino (Fortsetzung)

Durch die Sakristei betritt man den südlich an die Kirche anstoßenden, im 15. Jh. erbauten Kreuzgang mit dem Kapitelsaal.

Pieve di Cellole   C 2/3

Auf einer von Zypressen bestandenen Anhöhe steht die Pieve (Pfarrkirche) des kleinen Ortes Céllole, vermutlich an der Wende vom 12. zum 13. Jh. erbaut. Die Fassade ist schlicht, aber das Äußere der Apsis zeigt reichen dekorativen Figurenschmuck. Im Inneren ein schönes Taufbecken.

Lage
4,5 km nordwestlich von San Gimignano

San Giovanni Valdarno   C 3

Provinz: Arezzo (AR)
Höhe: 134 m ü.d.M.
Einwohnerzahl: 20000

Die industriereiche Stadt San Giovanni liegt im Arnotal, etwa auf halber Strecke zwischen Arezzo und Florenz sowie in unmittelbarer Nähe der Provinzgrenze. Jenseits des Flusses zieht die Autobahn (Autostrada del Sole) vorbei.
Von wirtschaftlicher Bedeutung sind die in der Nähe befindlichen Braunkohlevorkommen, ferner Stahl-, Keramik- und Glasproduktion.

Lage

San Giovanni Valdárno ist der Geburtsort des Renaissancemalers Masaccio (eigentlich Tommaso di San Giovanni di Simone Guidi; 1401–1428).

Stadtbild

In der Mitte des Hauptplatzes (Piazza Cavour und Piazza Masaccio) steht der im 13. Jh. erbaute Palazzo Pretorio, vermutlich ein Werk von Arnolfo di Cambio. An seiner Außenseite zahlreiche Wappen der Florentiner Podestà und Vikare aus dem 15. und 16. Jh.; davor auf einer Säule der ‚Marzocco‘, das Wappentier von Florenz. Im Hintergrund die Pfarrkirche San Giovanni Battista (14. Jh.), mit schönem Portikus.

Palazzo Pretorio

Hinter dem Palazzo Pretorio erhebt sich die Basilika Santa Maria delle Grazie (15. Jh.), mit neuklassizistischer Fassade von

S. Maria delle Grazie

| San Giovanni Valdarno, S. Maria delle Grazie (Fortsetzung) | 1840. Im dreischiffigen Inneren ein als wundertätig verehrtes Gnadenbild (um 1400). |

Pinacoteca
Parrocchiale

Neben der Kirche die kleine, aber beachtenswerte Pinacoteca Parrocchiale (Gemäldesammlung der Pfarrei). Schließlich, ebenfalls am Hauptplatz, das Oratorio di San Lorenzo (14. Jh.), mit zwei unterschiedlich hohen Schiffen; auf dem Hauptaltar ein großes Polyptychon von Giovanni del Biondo (14. Jh.).

*Convento di Montecarlo   C 3

Lage
2 km südlich

Der besuchenswerte Convento di Montecarlo ist eine hochgelegene Klosteranlage, die im 15. Jh. gegründet wurde. In der Kirche (San Francesco) eine schöne „Verkündigung" von Fra Angelico (um 1440).

Sammezzano   C 3

Lage
20 km nördlich

Der kleine Weiler Sammezzano im Arnotal ist über die SS 69 zu erreichen. Hier steht das bombastische Schloß, das zwar schon im Mittelalter bestand, aber im 19. Jh. in historisierendem maurischem Stil völlig neu gestaltet wurde. Heute beherbergt es ein Hotel.

San Miniato al Tedesco   C 2

Provinz: Pisa (PI)
Höhe: 156 m ü.d.M.
Einwohnerzahl: 23000

Lage

San Miniato liegt erhöht am südlichen Rand des Arnotales, 45 km östlich von Pisa.

Geschichte

Der auf einem Höhenzug gelegene Ort war wegen seiner strategisch günstigen Lage schon in der Römerzeit und später den Langobarden bekannt. Seinen Beinamen ‚al Tedesco' (tedesco = deutsch) verdankt San Miniato seiner engen Beziehung zur Geschichte des Deutschen Reiches, denn im Mittelalter war es ein Hauptpfeiler kaiserlicher Macht: Unter Otto I. stieg es zum Amtssitz der kaiserlichen Vikare auf. Friedrich II. ließ, wie Dante in der „Göttlichen Komödie" (Die Hölle) berichtet, seinen Berater Pier delle Vigne in dem Turm auf der Spitze des Hügels einsperren und blenden. Im 14. Jh. kam San Miniato unter florentinische Herrschaft.

Stadtbild

S. Domenico

An der Piazza del Popolo steht die Kirche San Domenico (auch Santi Iacopo e Lucia de Forisportam genannt) von 1330, mit unverkleideter Fassade; in dem einschiffigen Inneren Fresken (Leben des hl. Dominikus; um 1700) sowie das Grabmal des Arztes Giovanni Chellini (gest. 1461).

San Miniato: Kirche San Francesco

Nahebei der Palazzo Vescovile (Bischöflicher Palast), im 13. Jh. errichtet und seit 1622 Residenz der Bischöfe.

San Miniato al Tedesco (Fortsetzung)

Auf einem aussichtsreichen Platz (Prato del Duomo) steht der dreischiffige Dom (der hl. Maria und dem hl. Genesio geweiht), ursprünglich aus dem 12. Jh., aber später mehrmals verändert. Im 15. Jh. wurde ein mächtiger Turm der Zitadelle einbezogen, der seither als Glockenturm dient; im Barock folgte eine weitere Umgestaltung, von der nur die Fassade ausgenommen blieb. Das in historischen Formen erneuerte Innere enthält einige Gemälde aus dem 16. Jahrhundert.

Dom

Die Kirche San Francesco, ein mächtiger Backsteinbau, wurde 1276 über einer wesentlich älteren Kirche errichtet, die dem hl. Miniatus geweiht war. Im 15. Jh. erfolgten Erweiterungen.

S. Francesco

Der Palazzo Comunale (heute Rathaus) stammt aus dem 14. Jh., besitzt aber eine neuzeitliche Fassade. Im Ratssaal Fresken aus der Schule Giottos (14. Jh.).

Palazzo Comunale

San Quirico d'Orcia

C 3

Provinz: Siena (SI)
Höhe: 409 m ü.d.M.
Einwohnerzahl: 2500

Das Städtchen San Quírico d'Órcia liegt über den Flußtälern von Orcia und Asso, knapp 45 km südöstlich von Siena.

Lage

San Quirico d'Orcia: Collegiata

Geschichte

In der Römerzeit war die Siedlung an der Via Cassia als ‚Vicus Alecinus' bekannt. Im Mittelalter war San Quirico lange Zeit Sitz eines kaiserlichen Vikars, ehe es 1256 unter die Herrschaft Sienas kam. Es verblieb bei dieser Stadtrepublik und ging mit ihr im Großherzogtum Toskana auf.

Collegiata

Schon im 8. Jh. wird an der Stelle der heutigen Collegiata (auch Pieve di Osenna genannt) eine Kirche erwähnt. Im 12. Jh. entstand der romanische Bau von Santi Quirico e Giulitta, der durch Erweiterungen im 13. Jh. seine heutige Gestalt erhielt. Die schlichte Fassade besitzt ein eindrucksvolles romanisches Portal (im Türsturz: Kampf der Ungeheuer). Das rechts sich öffnende Portal ist wahrscheinlich ein Werk von Giovanni Pisano oder seiner Schule (13. Jh.); kräftige Atlanten, die auf Löwen stehen, tragen eine kleine Vorhalle. Das Portal des rechten Querschiffes (1298) ist gotisch. Im einschiffigen Inneren befinden sich ein intarsiengeschmücktes Chorgestühl (1482–1502) von Antonio Barili sowie der Epitaph des Grafen Heinrich von Nassau (gest. 1451).

Palazzo Chigi

In der Nähe der Collegiata steht der um 1680 in strengen Barockformen errichtete Palazzo Chigi, ein Werk von Carlo Fontana. Im Zweiten Weltkrieg wurde der Palazzo erheblich beschädigt.

San Salvatore, Abbadia

→ Abbadia San Salvatore

Sansepolcro

Provinz: Arezzo (AR)
Höhe: 330 m ü.d.M.
Einwohnerzahl: 16000

Die Industrie- und Handelsstadt Sansepólcro liegt im oberen   Lage
Tibertal, gut 35 km nordöstlich von Arezzo.

Seinen Namen führt Sansepolcro (= Heiliges Grab) auf die Pil-   Geschichte
ger Arcano und Egidio zurück, die im 10. Jh. aus dem Heiligen
Land Reliquien vom Grabe Christi mitgebracht haben sollen, zu
deren Aufnahme und Verehrung sie hier ein Oratorium errichteten. Zunächst widmeten sich die Kamaldulenser (→Camaldoli)
der Pflege der Stätte und gründeten hier auch eine Abtei. In
späteren Jahren wechselten die Stadtherren häufig, bis Sansepolcro um die Mitte des 15. Jh.s an Florenz fiel. Papst Leo X.
(1513–1521) erhob den Ort zum Bischofssitz.

Sansepolcro ist Geburtsort des Malers Piero della Francesca
(um 1416 bis 1492).

Dom

Der Dom San Giovanni Evangelista, dem Evangelisten Johannes geweiht, steht an der Via Matteotti, der Hauptstraße der
kleinen Stadt. Er gehörte zu dem schon 1012–1049 errichteten
Kloster der Kamaldulenser und wurde später mehrfach verändert. In der romanischen Fassade der dreischiffigen Basilika
öffnen sich drei Portale und eine später eingefügte Fensterrose. Das Innere zeigt bereits den Übergang zur Gotik, besonders
in der polygonalen Apsis. Die Kirche birgt einige Kunstwerke,
darunter eine „Himmelfahrt" nach Entwurf von Perugino sowie
im Presbyterium ein Terrakotta-Tabernakel aus der Werkstatt
der Della Robbia.

Palazzo delle Laudi

Links vom Dom steht der Palazzo delle Laudi, der 1591–1609 an
der Schwelle von der Renaissance zum Barock entstand. Bemerkenswert ist der von Arkaden umgebene Innenhof. Heute
beherbergt der Palazzo die Gemeindeverwaltung.

*Pinacoteca Comunale

Gegenüber dem Dom, gleichfalls an der Via Matteotti, erhebt
sich der ehemalige Palazzo Comunale, in dem die sehenswerte
Städtische Gemäldegalerie untergebracht ist. Ihre Bedeutung
verdankt sie in erster Linie den in ihrem Besitz befindlichen

Sansepolcro,
Pinacoteca Comunale
(Fortsetzung)

Werken von Piero della Francesca (um 1416–1492), einem der
bedeutendsten Maler und Theoretiker der italienischen Frührenaissance (besonders beachtenswert „Auferstehung Christi"
sowie der sog. Misericordienaltar). Ferner Gemälde aus dem
14.–16. Jh., u.a. von Luca Signorelli, Santi di Tito (in Sansepolcro geboren), Terrakotten aus der Werkstatt der Della Robbia. –
Angeschlossen ist eine Bibliothek.

San Francesco

Die Kirche San Francesco steht am gleichnamigen Platz. Vom
ursprünglichen Bau (13. Jh.) sind die Fassade und der Glokkenturm erhalten; der übrige Bau wurde im Spätbarock erheblich verändert. Im Inneren ein gotischer Hochaltar (1304).

Festung

Die Fortezza Medicea wurde im frühen 16. Jh., als Sansepolcro
längst florentinisch war, auf älteren Fundamenten neu erbaut.
Die Pläne sind möglicherweise von Giuliano da Sangallo
(1445–1516).

Monterchi   C 4

Lage
17 km südlich

Der kleine Ort Montérchi ist besuchenswert wegen seiner
Friedhofskapelle, in der sich ein schönes Madonnenfresko von
Piero della Francesca befindet, und wegen des in der Pfarr-
kirche befindlichen Ziboriums aus der Della-Robbia-Werkstatt.

Sant' Antimo, Abbazia di

→Abbazia di Sant' Antimo

Siena   C 3

Provinz: Siena (SI)
Höhe: 322 m ü.d.M.
Einwohnerzahl: 64000

Lage

Die Provinzhauptstadt Siéna liegt mitten im toskanischen Hügelland, zwischen den Colline Metallifere und den Hügeln des
Chianti. Früher wurde die Erde der Gegend als natürliches Pig-
ment in Malerfarben verwendet (,gebrannte Siena').

Geschichte

Siena, im Altertum als ,Saena Iulia' unbedeutend, erhielt in der
fränkischen Zeit eigene Grafen. Nach dem Tode der Markgräfin
Mathilde von Tuscien (1115) errang die Stadt wie Pisa, Lucca,
Florenz und andere ihre Unabhängigkeit. Die Regierung blieb
in den Händen des ghibellinischen Adels. Dies brachte Siena in
scharfen Gegensatz zu dem guelfischen Florenz, mit dem es
fortwährend im Kampfe lag und an Macht und Reichtum wett-
eiferte.

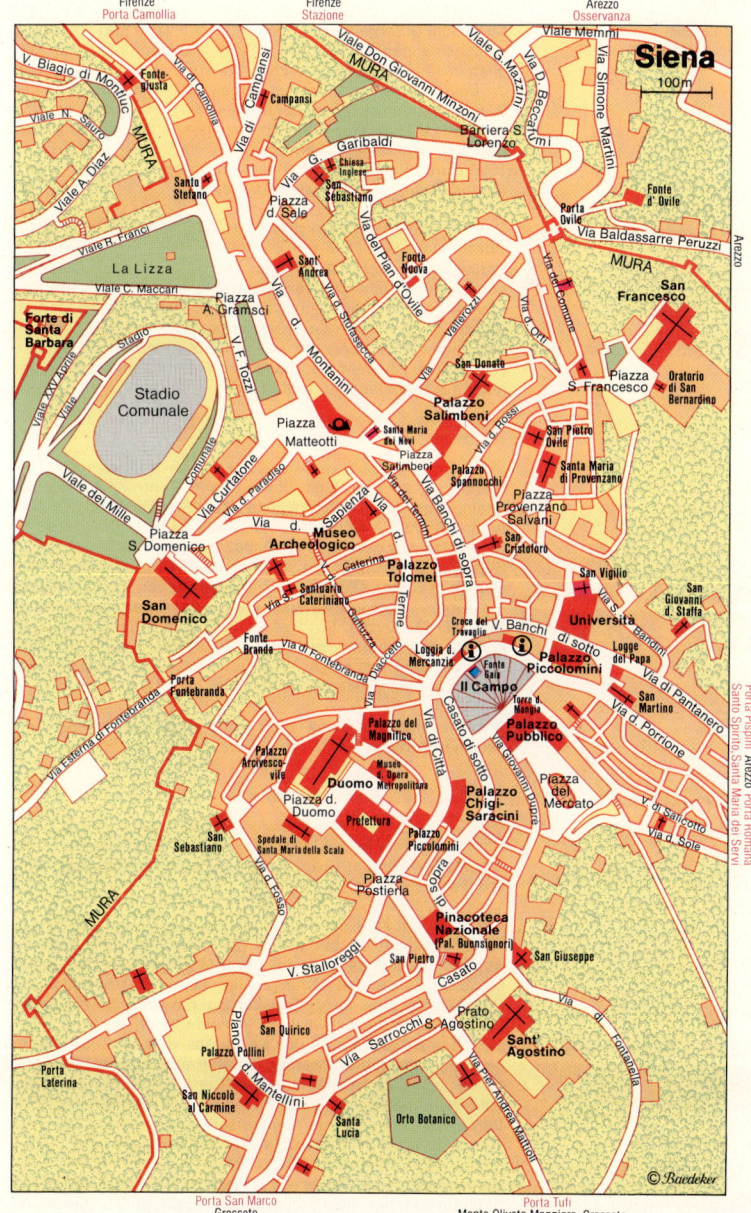

Siena

Firenze
Porta Camollia

Firenze
Stazione

Arezzo
Osservanza

Siena

100 m

V. Biagio di Montluc

Viale N. Sauro

Viale A. Diaz

Viale R. Franci

Viale C. Maccari

Via di Camollia

MURA

Fontegiusta

Santo Stefano

La Lizza

Forte di Santa Barbara

Stadio

Stadio Comunale

Viale XXV Aprile

Viale dei Mille

Piazza S. Domenico

San Domenico

Porta Fontebranda

Via Esterna di Fontebranda

Via di Fontebranda

Porta Laterina

MURA

Campansi

Viale G. Garibaldi

Chiesa Inglese

San Sebastiano

Piazza d. Sale

Sant' Andrea

Via d. Pian d' Ovile

Piazza A. Gramsci

Via F. Tozzi

Piazza Matteotti

Via Curtatone

Via d. Paradiso

Comunale

Via Montanini

Fonte Nuova

Via d. Stufasecca

Via del Comune

Via d'Olii

San Donato

Palazzo Salimbeni

Santa Maria dei Novi

Piazza Salimbeni

Palazzo Spannocchi

Via Banchi di sopra

Via d. Rossi

San Pietro Ovile

Santa Maria di Provenzano

Piazza Provenzano Salvani

San Cristoforo

San Vigilio

Viale Don Giovanni Minzoni

Viale G. Mazzini

Via G. Becarini

Via Simone Martini

Barriera S. Lorenzo

Porta Ovile

Fonte d' Ovile

Via Baldassarre Peruzzi

MURA

San Francesco

Piazza S. Francesco

Oratorio di San Bernardino

Arezzo

Piazza Matteotti

Museo Archeologico

Via d. Sapienza

Via Caterina

Via d. Terme

Santuario Cateriniano

Fonte Branda

Palazzo Tolomei

Croce del Travaglio

Loggia d. Mercanzia

V. Banchi di sotto

Università

Logge del Papa

San Giovanni d. Staffa

San Giovanni d. Banchini

Via d. Pantaneto

San Martino

Via d. Porrione

Piazza del Mercato

V. di Salicotto

Via d. Sole

Fonte Gaia

Il Campo

Torre d. Mangia

Palazzo Pubblico

Palazzo Piccolomini

Via Giovanni Dupré

Via di Città

Palazzo del Magnifico

Palazzo Arcivescovile

Piazza d. Duomo

Duomo

Museo d. Opera Metropolitana

Palazzo Chigi-Saracini

Prefettura

Spedale di Santa Maria della Scala

Palazzo Piccolomini

Via del Fosso

Piazza Postierla

Via di S. Agata

Casato di sotto

San Sebastiano

San Pietro

Pinacoteca Nazionale (Pal. Buonsignori)

San Giuseppe

San Quirico

Palazzo Pollini

V. Stalloreggi

Casato

Piano

d. Mantellini

San Niccolò al Carmine

Santa Lucia

Orto Botanico

Prato S. Agostino

Sant' Agostino

Via Sarrocchi

Via per Andrea Mattioli

Via d. Fontanella

Porta San Marco
Grosseto

Porta Tufi
Monte Oliveto Maggiore, Grosseto

© Baedeker

193

Porta Pispini Arezzo Porta Romana
Santo Spirito, Santa Maria dei Servi

Siena

Geschichte
(Fortsetzung)

Nach dem Untergang der Staufer gewann 1270 Karl von Anjou entscheidenden Einfluß auf die Stadt und machte sie zum Mitglied des toskanisch-guelfischen Städtebundes. 1348 versetzte die Pest Siena einen schweren Schlag. In den Streitigkeiten der Bürger erhoben sich Zwingherren, um 1487 Pandolfo Petrucci, genannt ‚il Magnifico', dessen strenges, aber segensreiches Regiment Machiavelli rühmt.
1555 wurde Siena von den Spaniern besetzt und 1559 an den Herzog Cosimo I. von Toskana abgetreten.

Kunstgeschichte

Den Höhepunkt der sienesischen Kunst bildete das 13. und 14. Jahrhundert. Der Dom und zahlreiche Paläste sind herrliche Denkmäler gotischer Architektur. Die gute Ziegelerde der Umgebung verursachte die Bevorzugung des Backsteinbaues. Die Sieneser Malerei des 13. und 14. Jh.s (Duccio, Simone Martini, Ambrogio und Pietro Lorenzetti) überragte mit ihrem zarten, anmutigen Stil anfangs die von Florenz. Iacopo della Quercia (1374–1438) ist ein Mitbegründer der Renaissanceskulptur, der noch auf Michelangelo gewirkt hat.

*Stadtbild

Siena liegt auf drei Hügelrücken, die im Zentrum der Altstadt aneinanderstoßen. Entsprechend ist die Stadt in ‚terzi' (‚Drittel') unterteilt: im Süden das Terzo di Città (Hauptstraße: Via di Città), im Norden das Terzo di Camollia (Hauptstraße: Banchi di Sopra) und im Osten das Terzo di San Martino (Hauptstraße: Banchi di Sotto). Die drei Hauptstraßen treffen sich an der sogenannten Croce del Travaglio (‚Kreuz der Arbeit') bei der Loggia della Mercanzia. Da die drei Talsenken, welche die Hügel voneinander trennen, nicht von Straßen durchquert werden, führt der Weg von einem Stadtdrittel ins andere fast zwangsläufig über die Croce del Travaglio.

Hinweis

Die Innenstadt von Siena ist für den privaten Kraftfahrzeugverkehr gesperrt.

**Dom

Der Dom (Santa Maria) steht an der höchsten Stelle der Stadt, südwestlich von der Croce del Travaglio. Er gehört zu den eindrucksvollsten Kirchen Italiens.

Baugeschichte

Der Zeitpunkt der Kirchengründung ist unbekannt. Der Dom in seiner heutigen Gestalt wurde 1229 begonnen und 1264 im Kuppelbau vollendet, der Chor um 1317 östlich über dem Baptisterium (Taufkapelle) verlängert. Im Jahre 1339 beschloß die Bürgerschaft eine riesige Erweiterung, die den Dom zum größten gotischen Bauwerk Italiens gemacht hätte: Die bereits bestehende Bausubstanz sollte als Querhaus in eine über 100 m lange Kirche integriert werden, deren Hauptachse rechtwinklig zu der bisherigen verlaufen wäre. Die Arbeiten gerieten aber bald ins Stocken, einerseits wegen unzureichender und nicht tragfähiger Fundamente, andererseits auch infolge der Pest von 1348, welche die Stadtbevölkerung dezimiert hatte.

Die Fassade des Altbaues wurde erst 1380 vollendet, der reiche Skulpturschmuck 1869 größtenteils erneuert, die Mosaiken erst

Siena: Dom und Piazza del Campo

1877 eingesetzt. Der Campanile (Glockenturm) stammt vom Ende des 14. Jahrhunderts.

Die Fassade, in den Jahren 1284–1299 von Giovanni Pisano errichtet, ist eine der besten Leistungen der italienischen Gotik. Sie beeindruckt durch die polychrome Gestaltung mit weißem, grünem und rotem Stein. Drei gleichhohe, von Giebeln bekrönte Portale nehmen fast die ganze Breite der Schauseite ein, die von zwei Ecktürmen flankiert wird. Über dem Mittelportal öffnet sich eine Fensterrose. Die Fassade ist reich mit Figuren geschmückt; fast alle sind heute durch Kopien ersetzt. Die goldgrundigen Mosaiken in den Giebelfeldern sind 1877/1878 von venezianischen Künstlern geschaffen worden.

In dem Winkel zwischen Langhaus und rechtem Querhausarm erhebt sich der romanische Glockenturm, dessen hell und dunkel gestreifte Marmorverkleidung dem Bau eine überraschende Leichtigkeit gibt. Verstärkt wird dieser Eindruck durch die von unten nach oben anwachsende Zahl der Fensteröffnungen. Im Bogenfeld des Turmportals ein Rundrelief (Maria mit dem Kind, sog. ‚Madonna del Perdono‘), vermutlich von Donatello (15. Jh.).

Über der Vierung der ursprünglichen Anlage wölbt sich auf sechseckigem Grundriß die Kuppel. Sie wurde fertiggestellt, ehe man das Hauptschiff erhöhte, so daß der Tambour von oben in das Langhaus eingesenkt erscheint. In der Verlängerung des rechten Querhauses steht der Rest des niemals vollendeten ‚Neuen Domes‘: das fünfjochige nordöstliche Seitenschiff (hier das Dommuseum; s. S. 199), die gewaltige ‚Große

Äußeres

195

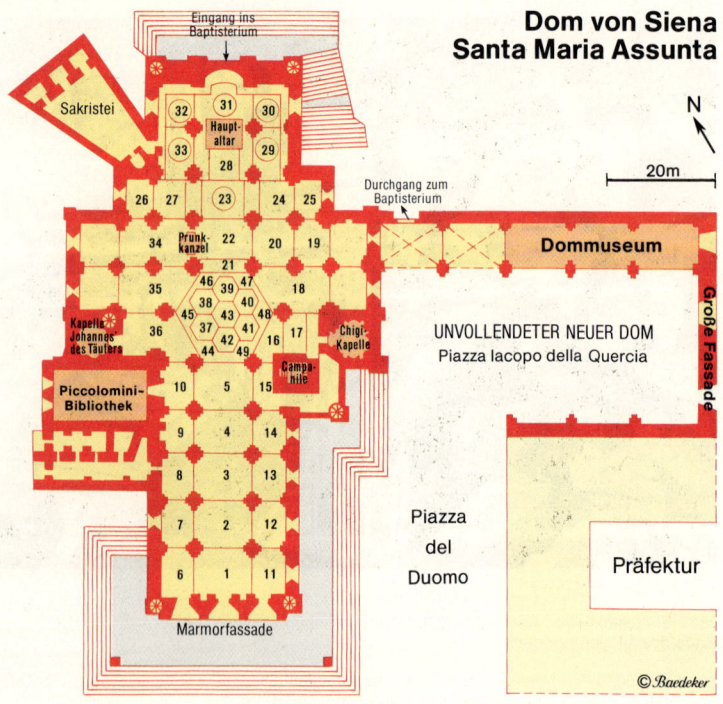

Dom von Siena
Santa Maria Assunta

N

20m

Eingang ins Baptisterium

Sakristei

Haupt-altar

Durchgang zum Baptisterium

Dommuseum

Prunk-kanzel

Kapelle Johannes des Täufers

Chigi-Kapelle

Campa-nile

UNVOLLENDETER NEUER DOM
Piazza Iacopo della Quercia

Große Fassade

Piccolomini-Bibliothek

Piazza

del

Duomo

Präfektur

Marmorfassade

© Baedeker

Marmorne FUSSBODENBILDER im Dom (entstanden zwischen 1372 und 1562)
teils Nachbildungen, teils Kopien (Originale im Dommuseum)

1 Hermes Trismegistos
2 Stadtwappen von Siena (Mitte), Pisa, Lucca, Florenz, Arezzo, Orvieto, Rom, Perugia, Viterbo, Massa, Grosseto, Volterra und Pistoia
3 Kaiseraltar
4 Glück
5 Glücksrad, Vier Philosophen
6–15 Sibylle
16 Sieben Menschenalter

17 Glaube, Hoffnung, Nächstenliebe, Religion
18 Iephthes besiegt die Ammoniter
19 Absaloms Tod
20 Kaiser Siegmund
21 Moses' Quellwunder
22 Tanz um das Goldene Kalb
23 David und Goliath
24 Moses
25 Samson besiegt die Philister

26, 27 Josua
28 Abrahams Opfer
29 Klugheit
30 Mäßigung
31 Barmherzigkeit
32 Gerechtigkeit
33 Tapferkeit
34 Judith schlägt Holo- phernes den Kopf ab
35 Kindermord zu Bethlehem
36 Herodes' Sturz
37–49 Ahab und Elias

Dom (Fortsetzung)

Fassade' (,facciatone') und drei Joche der südwestlichen Lang-hauswand. Sie umschließen die Piazza Iacopo della Quercia. Die linke Langhausflanke des alten Domes wird großenteils von der Piccolomini-Bibliothek (s. S. 197) verdeckt. An der linken Ecke der Freitreppe steht auf einer Säule die Plastik der Wölfin mit den Zwillingen (Kopie; Original im Dommuseum).

Inneres

Das 89,40 m lange Innere des Domes macht mit seinen gleich-mäßig abwechselnden Lagen schwarzen und weißen Marmors zunächst einen fremdartigen Eindruck, dessen Strenge jedoch durch die Ausmalung der Gewölbe mit Goldsternen auf blauem

Grund gemildert wird. Das Langhaus ist durch hohe, von Bündelpfeilern getragene Rundbögen in drei Schiffe gegliedert. Unter den Obergaden läuft ein Gesims hin, an dem die Büsten von Christus und 171 Päpsten (bis Lucius III.) angebracht sind; in den Arkadenzwickeln die Büsten von 36 römischen Kaisern (Terrakotta; 15./16. Jh.). Wo das Hauptschiff in die Vierung übergeht, ist ein Teil der Zwerggalerie zu sehen, die den Tambour der Kuppel umzieht.

Die Innenseite der Fassade ist mit Reliefs (Marienleben, 1483; Legende des hl. Ansano, um 1480) geschmückt; im Rundfenster zeigt ein Glasgemälde (1549) das Letzte Abendmahl. In die Chorwand ist ein weiteres Glasgemälde eingefügt (s. S. 198).

Ein einzigartiges Kunstwerk ist der Fußboden des Domes. In 56 Feldern zeigt er Sibyllen, biblische Szenen, Allegorien u. a. Im Verlauf der rund 200 Jahre (seit etwa 1370), über die sich die Entstehung der Bildwerke hinzog, verfeinerte sich die Technik immer mehr. Zunächst beschränkte man sich darauf, die Zeichnung in den Marmor zu ritzen und die Rillen mit Asphalt auszufüllen; dann ging man mehr und mehr dazu über, verschiedenfarbigen Marmor in der Art der Intarsientechnik oder im Mosaik zu verwenden.

**Fußboden

Vom linken Seitenschiff gelangt man in die Piccolomini-Bibliothek. Die Eingangswand (von Lorenzo di Mariano, 1497) ist ein Meisterwerk dekorativer Plastik der Hochrenaissance. Durch ein Bronzegitter betritt man die Bibliothek, eine der schönsten und am besten erhaltenen Schöpfungen der Frührenaissance. Mit ihrem Bau wurde 1495 begonnen; Auftraggeber war der Kardinal Francesco Piccolomini (später Papst Pius III.), der damit seinen Verwandten Enea Silvio Piccolomini (Papst Pius II., 1458–1464; vgl. → Pienza) ehren wollte.

**Piccolomini-Bibliothek

Die farbenfrohen Fresken wurden 1502–1508 von Pinturicchio und seinen Schülern gemalt. Sie zeigen (beginnend beim rechten Fenster) folgende zehn Szenen: Enea Silvio Piccolomini begleitet den Kardinal Capranica zum Konzil von Basel (1432); als Gesandter des Konzils vor dem schottischen König Jakob I.; Kaiser Friedrich III. krönt Piccolomini zum Dichter ("poeta laureatus"); Piccolomini unterwirft sich dem Papst Eugen II.; als Erzbischof von Siena führt er Friedrich III. und Eleonore von Aragon einander zu; Papst Kalixtus III. reicht ihm den Kardinalshut; Piccolomini wird als Pius II. zum Papst gekrönt; Pius versucht in Mantua die christlichen Fürsten gegen die Türken zu einen; Heiligsprechung der Katharina von Siena; Pius trifft zur Vorbereitung des Türkenfeldzuges in Ancona ein.

Auch die Decke der Bibliothek ist mit Fresken von Pinturicchio bedeckt: Um das Wappen der Piccolomini gruppieren sich Felder mit mythologischen Gestalten, von Ornamentbändern unterteilt. Rings an den Wänden sind reich mit Miniaturmalerei geschmückte Notenhandschriften aus dem 15. Jh. ausgestellt.

Im linken Querschiff befindet sich die Cappella San Giovanni Battista (Kapelle Johannes' des Täufers). Das schöne Portal ist ein Werk von Lorenzo di Mariano (1476–1534). In der Kapelle steht eine Bronzestatue des Täufers (von Donatello, 1457), ferner ein Standbild der hl. Katharina von Alexandria (von Neroccio, 1487). Die Fresken sind (wie die der Piccolomini-Biblio-

Cappella San Giovanni

Dom (Fortsetzung)

thek) ein Werk von Pinturicchio; dargestellt sind Szenen aus dem Leben des Johannes und zwei Bildnisse.

*Kanzel

Zu den bedeutendsten Kunstwerken im Dom zählt die weiße Marmorkanzel, die 1265–1268 von Nicola Pisano und seinen Schülern geschaffen wurde. Die achteckige Kanzel ruht auf neun Säulen aus Granit, Porphyr und grünem Marmor. Die äußeren Säulen stehen abwechselnd auf dem Podest und auf Löwenfiguren, die mittlere auf den Allegorien der Sieben Freien Künste und der Philosophie. Über den Kapitellen die Personifikationen der Tugenden. Die Kanzelbrüstung selbst zeigt sieben hervorragend gearbeitete Reliefs: Geburt Christi, Anbetung der Könige, Flucht nach Ägypten, Kindermord zu Bethlehem, Kreuzigung, dazu das Jüngste Gericht mit Auserwählten und Verdammten. Die Kanzeltreppe wurde erst im 16. Jh. angefügt.

Presbyterium

Das Presbyterium wird beherrscht von dem großen marmornen Hauptaltar, den Baldassarre Peruzzi im Jahre 1532 geschaffen hat. Auf dem Altar das bronzene Ziborium (1467–1472) von Vecchietta, flankiert von kerzentragenden Engeln. Die Apsis trägt Fresken von verschiedenen Künstlern des 16. und 17. Jh.s; teilweise ist die Restaurierung aus dem 19. Jh. deutlich zu sehen. Bemerkenswert ist das spätgotische geschnitzte Chorgestühl (1363–1397), von dessen ursprünglich mehr als 90 Sitzen noch 36 erhalten sind. An den Rückwänden wurden reich mit Intarsien gezierte Tafeln (von Fra Giovanni da Verona; 1503) angebracht.

Sakristei

Die Tür zur Sakristei befindet sich links im Presbyterium. In den drei Kapellen, die den Raum abschließen, sind Freskenreste aus dem 15. Jh. zu sehen.

Ganz oben in der Chorwand befindet sich ein Rundfenster mit dem vermutlich ältesten erhaltenen Glasgemälde Italiens. Es zeigt Begräbnis, Himmelfahrt und Krönung Mariae, dazu die vier Evangelisten und vier Stadtpatrone. Das Fenster ist 1288 entstanden und wurde 1365 an seinen jetzigen Platz verbracht.

Chigi-Kapelle

Im rechten Querhausarm befindet sich der Zugang zur Cappella Chigi (auch Cappella della Madonna del Voto = Votivkapelle; 1659–1662), die nach einem Entwurf Gian Lorenzo Berninis, des genialen italienischen Barockmeisters, errichtet worden ist. Von den Statuen der Kapelle sind die des hl. Hieronymus und der hl. Maria Magdalena Werke Berninis; die beiden anderen Statuen, Werke von Bernini-Schülern, stellen den hl. Bernhard und die hl. Katharina von Siena dar.

Campanile

Ursprünglich stand der Glockenturm in dem Winkel, den Langhaus und rechter Querhausarm bildeten. Durch die Erweiterung des Domes ist er heute völlig in das Gebäudeinnere gerückt. Über der Tür, die vom letzten Joch des rechten Seitenschiffes in die Turmbasis führt, befindet sich an der Wand das Grabmal des Bischofs Tommaso Piccolomini del Testa, ein Werk von Neroccio aus dem Jahre 1484.

Krypta

Zur Krypta gelangt man, wenn man außen am rechten Querhausarm vorbei und durch das Portal geht, das sich im ersten Joch des unvollendeten Neuen Domes befindet. Auf dem ersten Absatz der nun folgenden Treppe liegt der Eingang zur Krypta. Hier im ersten Raum die Originale einiger Statuen vom Dom, die dort durch Kopien ersetzt wurden; im zweiten Raum Reste von Fresken aus dem späten 13. Jh. mit Szenen aus dem Neuen Testament.

Einige Treppenstufen tiefer als die Krypta liegt das Fußboden-niveau des Baptisteriums. Dieser Raum entstand bei der Verlängerung des Chores, die wegen des abfallenden Geländes eine Unterkonstruktion nötig machte, und ähnelt daher einer Krypta. Das Gewölbe wird von Spitzbogen und Kreuzrippen getragen, die auf gedrungenen Bündelpfeilern ruhen. Es ist völlig mit Fresken bedeckt, die ursprünglich um 1450 von Vecchietta (eigentlich Lorenzo di Pietro; 1412–1480) und anderen Künstlern gemalt wurden, aber durch unsachgemäße Restaurierung im späten 19. Jh. ihren künstlerischen Wert nahezu vollständig eingebüßt haben.

*Baptisterium

Vor der Apsis steht auf einem zweistufigen, sechseckigen Podest der 1417–1430 vermutlich von Iacopo della Quercia geschaffene marmorne Taufbrunnen. Die sechs Seitenflächen des Beckens tragen Bronzereliefs, welche Stationen aus dem Leben Johannes' des Täufers zeigen und von Iacopo della Quercia, Giovanni di Turino, Lorenzo Ghiberti und Donatello zu dem Werk beigesteuert wurden. Bekrönt wird der Taufbrunnen von einer Marmorstatue des Johannes.

Das Dommuseum (Museo dell'Opera Metropolitana) befindet sich in drei Langhausjochen des Neuen Domes. Fast alle hier gezeigten Stücke stammen aus dem Neuen Dom.

*Dommuseum

Die reichen Bestände des Museums umfassen Reliefs von Nicola Pisano, Werke von Giovanni Pisano bzw. aus seiner Werk-

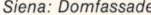

Siena: Domfassade

Verkündigungsengel (Pinacoteca Nazionale)

statt, ein großartiges Relief („Madonna mit dem Kind, dem hl. Antonius und Kardinal Casini") von Iacopo della Quercia, die Skulpturen, die Giovanni Pisano für die Domfassade geschaffen hatte; des weiteren Tafelgemälde, u. a. die weitberühmte „Maestà" des Duccio di Buoninsegna, die „Geburt der Jungfrau" von Pietro Lorenzetti und das im 13. Jh. entstandene Bild der „Madonna dagli occhi grossi" („Madonna mit den großen Augen"). In der Schatzkammer Reliquiare (beachtenswert das silbervergoldete Kopfreliquiar des hl. Galgano sowie das Reliquiar des hl. Clemens, aus vergoldeter Bronze), Holzplastiken u. a.

Spedale di Santa Maria della Scala

Gegenüber der Domfassade steht das Spital; benannt ist es nach der Treppe (ital. ‚scala') des Domes. Es besitzt noch die ursprüngliche Gestalt des 13. und 14. Jh.s. Im Inneren (in der Sala del Pellegrinaio) ist auf Fresken die Krankenpflege im 15. Jh. dargestellt.

Santissima
Annunziata

Zu dem Gebäudekomplex gehört auch die im 15. Jh. grundlegend erneuerte Kirche Santissima Annunziata (auch Santa Maria della Scala genannt); in ihrem einschiffigen Inneren einige Plastiken aus dem 15. bis 17. Jh. sowie ein kleiner Kirchenschatz.

Palazzo Arcivescovile

Gegenüber der nördlichen Langhauswand des Domes steht der 1718–1723 erbaute Palazzo Arcivescovile (Erzbischöflicher Palast). Mit seinen der Gotik des 14. Jh.s nachempfundenen Formen ist er ein überraschend frühes Beispiel historisierender Architektur. Mit diesem stilistischen Rückgriff sollte die Einheit der Platzanlage gewahrt werden. Auch die zweifarbige Marmorverkleidung des Domes findet im Erdgeschoß des Palazzo ihre Entsprechung.

Palazzo Piccolomini (Palazzo delle Papesse)

Der 1460–1495 errichtete Bau wird deshalb auch ‚Palazzo delle Papesse' (‚Palast der Päpstinnen') genannt, weil er für Caterina Piccolomini, die Schwester von Papst Pius II., gebaut wurde. Die Pläne stammen von Bernardo Rossellino; der Palast ist ein schönes Beispiel der florentinischen Renaissance.

Palazzo Chigi-Saracini

Der Palazzo Chigi-Saracini, im Grundriß an die Biegung der Via di Città angepaßt, stammt ursprünglich aus dem 12. Jh., wurde im 14. Jh. fertiggestellt, 1787 vergrößert und zu Beginn des 20. Jh.s gründlich restauriert. Seine von einem mächtigen zinnengekrönten Turm überragte und von spitzbogigen Fenstern durchbrochene Fassade gehört zu den schönsten der Stadt; reizvoll ist der Kontrast zwischen grauem Naturstein in den beiden unteren Stockwerken und dem Backstein im dritten Geschoß.

Seit 1930 beherbergt der Palazzo die Accademia Musicale Chigiana (Musikhochschule), die u.a. Meisterkurse und im Sommer öffentliche Konzerte veranstaltet. Im Inneren des Gebäudes (Besichtigung nur nach Voranmeldung) sind Gemälde von Botticelli, Neroccio, Pinturicchio, Sodoma und Spinello Aretino zu sehen.

*Pinacoteca Nazionale

Die Pinacoteca Nazionale (Nationale Gemäldesammlung) ist im Palazzo Buonsignori untergebracht, der südöstlich vom Dom steht und im frühen 15. Jh. errichtet wurde. Der zinnengekrönte spätgotische Bau gilt als einer der elegantesten Paläste der Stadt.

Die Gemäldegalerie, aus einer Privatsammlung des 18. Jh.s hervorgegangen, bietet einen ausgezeichneten Überblick über die Sieneser Malerei vom 12. bis zum 16. Jh. und besitzt Bilder fast aller in Siena tätig gewesenen Künstler. Zu nennen sind vor allem Gemälde von Guido da Siena (13. Jh.; Auferweckung des Lazarus, Einzug in Jerusalem, Verklärung; Thronender Petrus), Duccio di Buoninsegna (um 1255–1319; Madonna mit Kind, Madonna der Franziskaner), Ambrogio Lorenzetti (14. Jh.; Madonna mit Kind, Grablegung, Thronende Madonna, Verkündigung), Pietro Lorenzetti (14. Jh.; Johannes der Täufer, Vier Apostel, Allegorie von Sünde und Erlösung), Giovanni di Paolo (1403–1482; Flucht nach Ägypten, Kreuzigung), Pinturicchio (um 1454–1513; Heilige Familie), Sodoma (eigentlich Giovanni Antonio Bazzi, 1477–1549; Christus an der Geißelsäule, Judith, Christus in der Vorhölle) u. a. Interessant sind ferner die ‚Kartons‘ (Vorzeichnungen im Maßstab 1:1) von Beccafumi, die dieser für die Marmorinkrustation des Fußbodens im Dom (s. S. 196/197) angefertigt hat.

Sant'Agostino

Noch weiter südöstlich, am Prato Sant'Agostino, steht die gleichnamige Kirche, die einst zu einem Augustinerkloster gehörte und 1258 erbaut, Ende des 15. Jh.s und 1755 umgestaltet wurde. In dem barockisierten einschiffigen Inneren befinden sich Gemälde von Perugino (Kreuzigung; 1506), Matteo di Giovanni (Kindermord zu Bethlehem; 1482) und Sodoma (Anbetung der Könige; 1528).

**Piazza del Campo

Mittelpunkt der Altstadt ist die Piazza del Campo, der weite Vorplatz der mächtigen Rathausfront. In seiner Geschlossenheit zählt er zu den schönsten städtebaulichen Raumschöpfungen. Das durch radiale Bänder aus hellem Stein in neun Sektoren geteilte Ziegelpflaster steigt zu dem Halbrund der Häuser an, die den Platz im Nordwesten begrenzen. Den oberen Abschluß des mittleren Sektors bildet die Fonte Gaia (‚Freudenbrunnen‘). Das reichgeschmückte rechteckige Bassin, ein Meisterwerk von Iacopo della Quercia (1419), wurde 1868 zu einem erheblichen Teil erneuert; die Originalreliefs befinden sich im Palazzo Pubblico (s. S. 202). – ‚Palio‘ (Reiterspiele) s. S. 249.

Der harmonische Gesamteindruck der Platzanlage rührt zu einem großen Teil davon her, daß die dem Palazzo Pubblico gegenüberstehenden stattlichen Häuser dessen wesentliche Stilmerkmale in ihrer eigenen Fassadengestaltung widerspiegeln, besonders augenfällig der Palazzo Sansedoni (rechts hinter dem Brunnen), dessen Bau 1216 begonnen und 1339 abgeschlossen wurde.

**Palazzo Pubblico

An der Südseite der Piazza del Campo erhebt sich der Palazzo Pubblico, ein großartiger gotischer Bau aus Travertin und Backstein, 1288–1309 errichtet. Das oberste Geschoß der niedrigeren Seitenflügel wurde erst 1680 aufgesetzt. Zunächst waren Aufschüttungen und umfangreiche Fundamentierungsarbeiten notwendig, wovon an der Rückseite des Palastes Spuren zu sehen sind.

Äußeres

Die Fassade ist durch Fensterreihen, Rundbogenfriese und einen Zinnenkranz gegliedert; in den Bogenfeldern ist überall das weiß-schwarze Wappen Sienas, die sogenannte ‚Balzana‘, angebracht. Der Zinnenkranz des Mittelbaues wird durch zwei Glockengiebel seitlich abgeschlossen. Darunter ist auf einer runden Scheibe das Monogramm Christi (IHS) angebracht, Attribut des hl. Bernardino von Siena (1380–1444), der auf dem Campo gepredigt hat. In der Mitte des ersten Obergeschosses sieht man das Wappen der Medici (seit 1569 Großherzöge von Toskana). An der Fassade und auf einer freistehenden Säule rechts davor finden sich mehrere Darstellungen der Kapitolinischen Wölfin.

Torre del
Mangia

An der linken Gebäudeecke erhebt sich die Torre del Mangia, einer der kühnsten Turmbauten des Mittelalters. Der Schaft besteht aus Ziegeln, die zinnenbewehrte Plattform mit Konsolen und Aufbauten aus Travertin. Bis zur Spitze des metallenen Glockenkäfigs (Glocken von 1666) ist der Turm 102 m hoch. Die Brüder Minuccio und Francesco di Rinaldo erbauten ihn von 1338 bis 1348; das Projekt galt als so waghalsig, daß sie das Risiko selbst tragen mußten. Von der Turmplattform (Besteigung) bietet sich ein prächtiger Panoramablick über die Stadt und das Umland.

Cappella di
Piazza

An der Turmbasis ist der Fassade die Cappella di Piazza (‚Platzkapelle‘) vorgesetzt, die 1352 zum Dank für die Erlösung von der Pest des Jahres 1348 errichtet und 1463 erheblich verändert wurde. Mit ihren antikisierenden Renaissanceformen bildet sie einen auffallenden Kontrast zu der klar gegliederten Fassade des Palazzo Pubblico.

Inneres

In dem außergewöhnlich gut erhaltenen Inneren des Palazzo befinden sich zahlreiche Fresken der Sieneser Schule, die einen Einblick in die Anschauungen der stolzen Bürgergeschlechter des 14. und 15. Jh.s geben. In der Sala della Pace bemerkenswert „Das gute und das schlechte Regiment" (mit dem Stadtbild von Siena), von Ambrogio Lorenzetti; in der Sala del Mappamondo das großartige Fresko der „Maestà", gegenüber die Darstellung des Feldherrn Guidoriccio Fogliani, der

Siena: Palazzo Pubblico und Torre del Mangia ▶

Palazzo Pubblico
(Fortsetzung)

zur Belagerung von Montemassi zieht. Beide Gemälde stammen von Simone Martini. Die weiteren Fresken in diesem Raum zeigen den Sieg der sienesischen Truppen bei Poggio Imperiale sowie Heiligendarstellungen. An die Sala del Mappamondo ist die Kapelle mit ihrem Vorraum (Anticappella) angefügt. Hier sind Fresken von Taddeo di Bartolo (nach antiken Vorbildern) zu sehen. In der Kapelle selbst steht ein intarsiengeschmücktes Chorgestühl (um 1420).

Museo Civico

Im Palazzo Pubblico hat auch das kleine Museo Civico eine Heimstatt gefunden. Es zeigt Gegenstände zur Stadtgeschichte und eine Münzsammlung.

Loggia della Mercanzia

Nahe dem Platz Croce del Travaglio, wo die drei Hauptstraßen der Innenstadt zusammentreffen, steht die Loggia della Mercanzia (1417–1438), das alte Handelsgericht. Der Bau zeigt den Übergangsstil von der Spätgotik zur Renaissance; das Obergeschoß wurde im 17. Jh. aufgesetzt. An den Pfeilern, über denen sich offene Arkaden wölben, befinden sich Statuen: Hll. Petrus und Paulus (1458–1460; von Vecchietta) sowie Hll. Viktor und Ansano (1456–1463; von Antonio Federighi). Die Pfeilerkapitelle sind reich geschmückt. Im Inneren der Loggia Marmorbänke mit den Figuren von bedeutenden Römern der Antike bzw. mit den Allegorien der Tugenden.

Palazzo Piccolomini/Archivio di Stato

An der Nordostecke der Piazza del Campo, mit der Hauptfassade an die Banchi di Sotto anstoßend, steht der Palazzo Piccolomini, der nach Plänen von Bernardo Rossellino 1469 von Pietro Paolo Porrina errichtet wurde. Bauherr war Nenni Piccolomini, der Vater des späteren Papstes Pius III. Der Renaissancebau beherbergt heute das Staatsarchiv (Archivio di Stato), mit historischen Dokumenten, Verwaltungsakten, Handschriften u.a. Beachtenswert ist die Sammlung der sogenannten Biccherna-Tafeln, bemalter Holztafeln, die als Deckel für die Geschäftsbücher der Finanzverwaltung dienten und kunstvoll gearbeitet sind, teils von den berühmtesten Meistern der Stadt.

Logge del Papa

Unweit östlich des Palazzo Piccolomini stehen die zierlichen Logge del Papa (1462), ein dreibogiger Bau des Architekten Antonio Federighi. Ihren Namen verdankt die Loggia Papst Pius II. (Enea Silvio Piccolomini), der das Gebäude zu Ehren seiner Familie stiftete.

Santa Maria degli Servi

Durch den die Banchi di Sotto fortsetzenden Straßenzug erreicht man die weit im Südosten der Altstadt gelegene Kirche Santa Maria degli Servi, einen Bau aus dem 13. Jh., der aber im 15./16. Jh. im Geschmack der Zeit verändert wurde. Die schlichte Fassade ist unvollendet; neben ihr ragt der romanische Cam-

Siena: Porta Romana

panile auf, dessen nach oben an Zahl zunehmende Fensteröffnungen den perspektivischen Eindruck unterstreichen.
Im dreischiffigen Inneren rechts das „Madonna del Bordone"
genannte Bild der Maria mit dem Kind und zwei Engeln, von
Coppo di Marcovaldo (1261); in der zweiten Kapelle des rechten Querhauses das berühmte Fresko „Kindermord zu Bethlehem" (um 1330) von Pietro Lorenzetti; am Altar die „Madonna
del Popolo" (um 1317) von Lippo Memmi.

Unweit südlich öffnet sich in der Stadtmauer die Porta Romana,
ein massiges Stadttor von 1327.

Porta Romana

Palazzo Tolomei

Von der Croce del Travaglio verläuft der Straßenzug der Banchi
di Sopra nach Norden. An seiner linken Seite steht zunächst
der im Jahre 1205 erbaute und 1267 umgestaltete Palazzo Tolomei, einer der ältesten Stadtpaläste von Siena. Die zweistöckige Gebäudefront besitzt Spitzbogenfenster mit gotischem Maßwerk.

San Cristoforo

Östlich gegenüber dem Palazzo Tolomei steht die ursprünglich
romanische, jedoch im 18. Jh. völlig neu gestaltete Kirche San
Cristoforo. In ihrem Inneren ein bemerkenswertes hölzernes
Kruzifix aus dem 14. Jh.; am Hauptaltar ferner die Darstellung
des seligen Bernardo Tolomei (gest. 1348), eine barocke Mar-
morplastik von B. Mazzuoli.

Siena: Altstadtgasse ...   *... und Kirche San Domenico*

Museo Archeologico

Nordwestlich vom Palazzo Tolomei hat das Museo Archeologico Nazionale (Archäologisches Nationalmusum) seinen Sitz.
Die Sammlungen umfassen Fundstücke, namentlich aus der
Umgebung der Stadt, von der Steinzeit bis zum Verfall des
römischen Imperiums, wobei das Hauptgewicht auf der Kultur
der Etrusker liegt. Zu sehen sind u. a. Urnen, Aschenzisten,
Bronzearbeiten, ferner eine beachtliche Münzsammlung.

Santuario Cateriniano

Zwischen dem Museo Archeologico und der Kirche San Domenico steht in einer engen Gasse das kleine Heiligtum, das schon
1464 zu Ehren der hier geborenen hl. Katharina von Siena eingerichtet wurde. In dem schönen Renaissanceportal die lateinische Inschrift „Sponsae Kristi Catherinae Domus" (,Haus der
Katharina, Braut Christi').

San Domenico

Äußeres

Westlich vom Archäologischen Museum, nahe an der Stadtmauer, steht die Kirche San Domenico, ein strenger Ziegelbau
im Stil der Zisterziensergotik, mit dessen Errichtung 1226 begonnen wurde. Später veränderte und erweiterte man die Kirche mehrmals; so kam der Glockenturm mit seinem Zinnenkranz, der in dieser Art der Zisterzienserbaukunst fremd ist,
1340 hinzu.

Die Kirche besteht aus einem einschiffigen Langhaus mit rechteckig geschlossenem Chor sowie einem überraschend geräumigen und hohen Querhaus, von dem die beiden den Chor flankierenden Kapellen ausgehen.

Das Innere wirkt vor allem durch seine Schmucklosigkeit, die den Raumeindruck verstärkt. In der nordwestlichen Querwand des Langhauses öffnet sich der Zugang zu einer überwölbten Kapelle, in der sich das älteste bekannte Bildnis der hl. Katharina von Siena (1347–1380), ein von Andrea Vanni um 1400 gemaltes Fresko, befindet. Die an die rechte Langhauswand angefügte Katharinenkapelle birgt zwei Hauptwerke von Sodoma: „Ekstase der hl. Katharina" und „Ohnmacht der hl. Katharina" (beide um 1525); hier ferner ein Marmortabernakel (1466) von Giovanni di Stefano, in welchem das Haupt der in Rom verstorbenen und dort in der Kirche Santa Maria sopra Minerva beigesetzten Heiligen bewahrt wird.

Inneres

Auf dem im Chor stehenden Hauptaltar ein Ziborium und zwei Leuchterengel (um 1475) von Benedetto da Maiano. In der ersten Seitenkapelle rechts Fresken von Matteo di Giovanni, in der zweiten Kapelle links Wandbilder von ihm und Benvenuto da Giovanni. Von einem Apsisfenster bietet sich ein herrlicher Panoramablick über die Stadt.

Unterhalb der Apsis von San Domenico befindet sich hinter drei Spitzbogenarkaden der schon 1081 erwähnte Brunnen. Seine heutige Ausgestaltung erfuhr er im wesentlichen durch Giovanni di Stefano.

Fonte Branda

Palazzo Salimbeni

An den Banchi di Sopra öffnet sich unweit nördlich des Palazzo Tolomei die Piazza Salimbeni; an diesem Platz steht der gleichnamige Palazzo, ein wehrhafter gotischer Bau aus dem 14. Jh. Seine schöne dreigeschossige Fassade ist besonders eindrucksvoll, weil man sie aus größerem Abstand (nämlich über den Platz hinweg) betrachten kann, was bei anderen Palazzi in Siena kaum möglich ist. Im Palazzo Salimbeni hat eine der ältesten Banken Italiens, der seit 1624 bestehende „Monte dei Paschi di Siena", ihren Sitz.

Palazzo Spannocchi

Rechts vom Salimbeni-Palast steht der Palazzo Spannocchi. Bauherr war Ambrogio Spannocchi, Schatzmeister des Piccolomini-Papstes Pius II.; als Architekt fungierte Giuliano da Maiano. Das elegante Renaissancegebäude wurde 1880 durch Giuseppe Partini um die Loggien bereichert.

San Francesco

Mit dem Bau der nordöstlich von der Piazza Salimbeni stehenden gotischen Kirche San Francesco, einer Gründung der Franziskaner, wurde im Jahre 1326 begonnen, doch erst 1475 waren die Arbeiten abgeschlossen. Ähnlich wie San Domenico (s. S. 206) zeigt auch San Francesco die Merkmale der Bettel-

ordenarchitektur, die auf Seitenschiffe und Chorapsis verzichtet. Der Campanile wurde 1765 angefügt.
Das von einem offenen Dachstuhl überspannte Innere ahmt mit der schwarz-weißen Bemalung der Wände die Marmorverkleidung des Domes nach. An den Langhauswänden hängen die Standarten der alten Handwerkszünfte. Im linken Querschiff ein großartiges Fresko (um 1330) der Kreuzigung, von Pietro Lorenzetti; ferner eine Darstellung des hl. Ludwig von Toulouse (1274–1297) vor Papst Bonifaz VIII. sowie des Martyriums der Franziskaner in Ceuta, von Ambrogio Lorenzetti (um 1330).

Oratorio di San Bernardino

An der Stelle, wo der dem Franziskanerorden angehörende hl. Bernhardin von Siena gewöhnlich gepredigt hatte, wurde im 15. Jh. neben der Kirche San Francesco ein Oratorium errichtet. Im ersten Stock dieses kleinen Kirchenbaues verdienen die Fresken aus dem 16. Jh., von Sodoma, Domenico Beccafumi und Girolamo del Pacchia, besondere Beachtung (von Sodoma: hl. Ludwig; Maria im Tempel; hl. Antonius von Padua; hl. Franz von Assisi; Heimsuchung, Himmelfahrt und Krönung Mariae. – Von Beccafumi: Vermählung Mariae; Madonna mit Engeln; Tod Mariae. – Von Pacchia: Mariae Geburt; hl. Bernhardin von Siena; Gabriel; Mariae Verkündigung).

Chiesa di Fontegiusta

Weit im Nordwesten von Siena, direkt an der Porta Camollia, steht die Chiesa di Fontegiusta, eine 1482–1484 von Francesco di Cristoforo Fedeli und Giacomo di Giovanni erbaute dreischiffige Hallenkirche. Die Backsteinfassade trägt ein wertvolles Marmorportal (1489) von Urbano da Cortona. Im Kircheninneren ein schönes marmornes Tabernakel (16. Jh.) und an der linken Seitenwand ein Fresko (Die Sibylle kündigt dem Kaiser Augustus die Geburt des Erlösers an), von Baldassarre Peruzzi, um 1528.

Forte di Santa Barbara

Westlich jenseits des Sportstadions bzw. südwestlich der ‚La Lizza' genannten Platzanlage steht das Forte di Santa Barbara, die 1560 im Auftrag von Cosimo I. erbaute Medici-Festung. Von diesem Bollwerk aus bietet sich ein reizvoller Rundblick. In der ersten Bastion links ist die Enoteca Italica (Italienische Vinothek) eingerichtet, eine Ausstellung über den italienischen Weinbau.

Chiesa dell'Osservanza   C 3

Lage
3 km nördlich

Die Chiesa dell'Osservanza liegt nahe bei der Stadt in der lieblichen Hügellandschaft. Die Kirche wurde nach 1476 über einer älteren, vom hl. Bernhardin gestifteten gemäß den Plänen von Giacomo Cozzarelli errichtet. Nach weitgehender Zerstörung durch einen Luftangriff im Jahre 1944 wurde sie originalgetreu wiederaufgebaut.

Das einschiffige Langhaus besitzt acht Seitenkapellen. In der dritten Kapelle rechts das Reliquiar des hl. Bernhardin, von Francesco d'Antonio (1454), in der vierten Kapelle ein schönes Triptychon (Madonna mit den hll. Ambrosius und Hieronymus; 1436), dessen Schöpfer nach diesem Werk den Notnamen ,Maestro dell'Osservanza' erhalten hat. An den Pfeilern des Triumphbogens (zwischen Langhaus und Chor) eine Verkündigungsgruppe aus farbig gefaßter Terrakotta, von Andrea della Robbia; in der Sakristei eine Pietà (15. Jh.) von Giacomo Cozzarelli.

Siena,
Chiesa dell'Osservanza
(Fortsetzung)

Im neben der Kirche gelegenen Museo Aurelio Castelli sind Skulpturen, Gemälde, Drucke, illuminierte Handschriften u.a. ausgestellt.

Museo Aurelio
Castelli

Toskanischer Archipel

→ Arcipelago Toscano

Valdichiana (Val di Chiana)   C 3

Provinzen: Arezzo (AR) und Siena (SI)

Die Valdichiána, das Tal des Flusses Chiana, erstreckt sich mit rund 70 km Länge von Arezzo nach Süden bis Chiusi.

Lage

Landschaftsbild

Die Valdichiana (auch Val di Chiana) ist die natürliche Fortsetzung des oberen Arno-Tales, die in vorgeschichtlicher Zeit nach dem Tiber entwässerte, bis die Schuttmassen der Nebenbäche den Arno zu der Wendung nach Nordwesten zwangen. Ein Teil des Wassers, der Clanis (Chiana), behielt jedoch die südliche Richtung bei, der seltene Fall einer echten Bifurkation (Flußgabelung). Das Tal versumpfte und wurde ein berüchtigter Fieberherd, bis es seit der Mitte des 18. Jh.s ausgetrocknet und damit zu einem der fruchtbarsten Gebiete Italiens wurde. Die wasserreiche toskanische Chiana fließt durch den Canal Maestro dem Arno zu, während sich die römische Chiana (meist Chiani genannt) bei Orvieto mit dem zum Tiber fließenden Paglia vereinigt.

Verna, La

→ La Verna

Vetulonia   D 2

Provinz: Grosseto (GR)
Höhe: 345 m ü.d.M.
Einwohnerzahl: 700

Vetulonia: Tomba della Pietrera ...   *... und Tomba del Diavolino*

Lage	Der zur Gemeinde Castiglione della Pescáia gehörende kleine Ort Vetulónia liegt gut 20 km nordwestlich von Grosseto erhöht über der von Kanälen durchzogenen Mündungsebene des Ombrone.
Geschichte	Vatluna (so der damalige Ortsname) war Mitglied des etruskischen Zwölfstädtebundes. Die Bodenschätze der Umgebung (Gold, Silber u. a.) brachten die Stadt im 7. und 6. vorchristlichen Jahrhundert zu großem Wohlstand. Über die Gründe und den Zeitpunkt des Niederganges ist nichts bekannt; die Spuren der einst mächtigen Stadt wurden so stark verwischt, daß die Archäologen das von antiken Schriftstellern bezeugte Vetulonia zunächst viel weiter nördlich, in der Umgebung von Massa Marittima, suchten.

*Etruskische Nekropolen

Die Totenstädte (Nekropolen) der Etrusker liegen im Nordosten und im Westen der einst von einer rund 5 km langen Mauer umgebenen antiken Stadt. Im wesentlichen sind zwei Grabtypen zu unterscheiden: Steinkreisgräber und Kammergräber. Das bedeutendste Kammergrab ist die von einem ,unechten Gewölbe' bedeckte zweistöckige Tomba della Pietrera (nordöstlich der Siedlung), die an die Kuppelgräber von Mykene in Griechenland erinnert. Weiter nördlich gelangt man zur ,Tomba del Diavolino', die nach einer hier gefundenen Statuette benannt ist, die man als Teufelchen deutete. Der größte Teil der überaus reichen Grabfunde gehört heute zu den Beständen der Museen in → Grosseto und → Florenz.

Viareggio

Provinz: Lucca (LU)
Höhe: 2 m ü.d.M.
Einwohnerzahl: 60000

Das Seebad Viaréggio liegt am Fuß der Apuanischen Alpen,   Lage
rund 25 km westlich von Lucca.

Stadtbild

Dank seines langen, feinsandigen Strandes gehört Viareggio zu
den bedeutendsten Badeorten der italienischen Westküste. Das
Stadtbild wird geprägt von dem Netz gerader, einander rechtwinklig kreuzender Straßen; der überwiegende Teil des Tourismus spielt sich in dem Stadtgebiet ab, das sich von der Durchgangsstraße strandwärts erstreckt. Im nördlichen Stadtbereich
liegt die große, parkähnliche Pineta del Ponente. Weiter südlich
zieht der Burlamacca-Kanal zu den Anlagen des Jachthafens;
reizvoll ist ein Spaziergang auf der Mole, die sich etliche hundert Meter ins Meer hinausschiebt. Jenseits des Kanals beginnt
die 6 km lange Riviera di Levante mit dem Sportstadion.

Viareggio ist eine Hochburg des Karnevals. Tausende von mas-   *Karneval
kierten Personen nehmen an den farbenprächtigen Umzügen
teil, bei denen buntgeschmückte und prachtvoll dekorierte
Festwagen auf der breiten Küstenpromenade entlangziehen.
Schon im Sommer kann man die Werkstätten besichtigen, in

Viareggio: Karnevalszug

Viareggio (Fortsetzung)
denen die Festwagen hergerichtet werden und die oft anzügli-
chen Figurengruppen entstehen.

Parco Naturale Massaciuccoli

Südlich von Viareggio erstreckt sich bis nahe Livorno entlang
der Küste der Parco Naturale Migliarino – S. Rossore – Massaciuccoli, ein überwiegend aus Pineta und Marschland beste-
hender Naturpark. Er besitzt eine bemerkenswerte Flora und
Fauna (Reiher, Rohrdommeln, Säbelschnäbler, Greifvögel;
Rot- und Schwarzwild u. a.).

Torre del Lago Puccini   C 2

Lage
6 km südlich

Das im Lago di Massaciuccoli gelegene Torre del Lago führt
seinen Beinamen darauf zurück, daß der italienische Komponist Giacomo Puccini (1858–1924) lange hier gelebt hat. Seine
von einem Park umgebene Villa kann besichtigt werden.

Vinci

→ bei Empoli

Volterra   C 2

Provinz: Pisa (PI)
Höhe: 531 m ü.d.M.
Einwohnerzahl: 15000

Lage

Voltérra liegt knapp 50 km von der Küste der Maremma landeinwärts und 65 km südöstlich von Pisa in einem stark erodierten
Hügelland.

Geschichte

Ausgrabungen haben gezeigt, daß der Hügel zwischen den
Flüssen Cecina und Era schon in prähistorischer Zeit besiedelt
war. Die Stadt Velatri gehörte dem etruskischen Zwölf-Städte-
Bund an; zu jener Zeit hatte sie im Vergleich zur Gegenwart die
dreifache Ausdehnung. Seit dem 3. Jh. v. Chr. war die Stadt
unter dem Namen ‚Volaterrae‘ ein römisches Municipium; im
Mittelalter wurde sie Freistaat und behauptete bis zur Unter-
werfung durch Florenz (1361) ihre Unabhängigkeit. Berühmt ist
die im 19. Jh. wiederbelebte Alabasterverarbeitung.

Palazzo dei Priori

An der Piazza dei Priori, dem mittelalterlichen Platz, der das
Zentrum der Altstadt bildet, steht der 1208–1254 errichtete Palazzo dei Priori (heute Rathaus), der älteste toskanische Stadt-
palast. Er war Amts- und Wohnsitz des Podestà, dann der Prio-
ren und Kommissare aus Florenz, von denen die Wappen an
der Fassade zeugen. Diese ist nur von wenigen, zum Teil unregelmäßig angeordneten Fenstern durchbrochen und durch
schmale horizontale Gesimse gegliedert. Zu beiden Seiten des
Erdgeschosses stehen auf Pfeilern zwei Löwenplastiken.

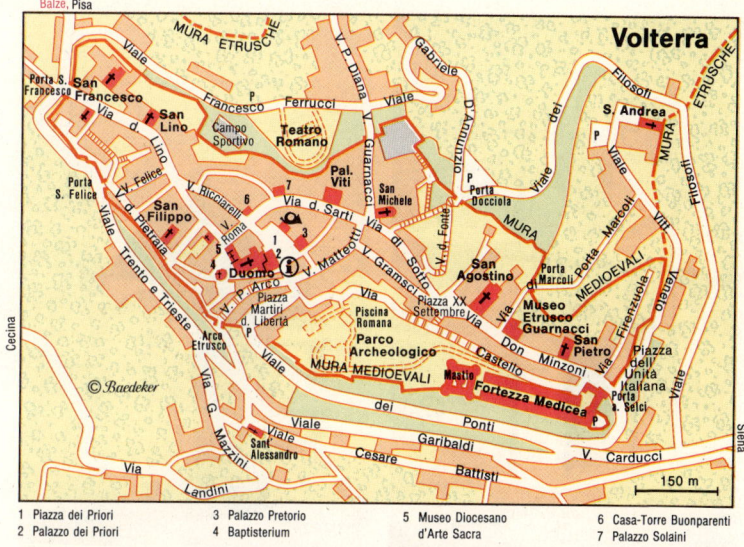

Balze, Pisa

© Baedeker

1 Piazza dei Priori	3 Palazzo Pretorio
2 Palazzo dei Priori	4 Baptisterium

5 Museo Diocesano d'Arte Sacra

6 Casa-Torre Buonparenti
7 Palazzo Solaini

Der Ratssaal, von außen an der dichteren Abfolge der Fenster
im ersten Stock zu erkennen, enthält Fresken, zum größten Teil
im historisierenden Stil des 19. Jahrhunderts.

Palazzo Pretorio

Gegenüber dem Palazzo dei Priori steht der im 13. Jh. erbaute
Palazzo Pretorio (bis 1511 Sitz des Capitano del Popolo), der
aus mehreren Gebäuden entstanden ist und von der zinnenbe-
wehrten Torre del Podestà überragt wird. Oben auf diesem
Turm eine im Volksmund ‚Porcellino' (‚Schweinchen') genannte Tierfigur.

*Dom

Westlich hinter dem Palazzo dei Priori erhebt sich der 1120
geweihte, jedoch 1254 im Pisaner Stil erweiterte Dom. Der aussichtsreiche Campanile wurde nach einem Einsturz 1493 neu
errichtet, aber aus statischen Gründen mußte nachträglich ein
Geschoß wieder abgetragen werden.

Das dreischiffige Innere wurde im 16. Jh. erheblich verändert
und präsentiert sich heute überwiegend in Formen der Renaissance. Von den hier befindlichen Kunstwerken sind vor allem
bemerkenswert: an der Innenfassade ein schönes Antepen-
dium mit acht Feldern von dem romanischen Altar; in der ersten Kapelle des rechten Querschiffes der Reliquienschrein des
hl. Ottaviano (1522; von Raffaele Cioli); im Chor an den Seiten

Volterra: Dom ...   *... und Arco Etrusco*

Dom (Fortsetzung)

des Hochaltars zwei leuchtertragende Engel und auf dem Altar ein großartiges marmornes Ziborium (15. Jh.; von Mino da Fiesole); links zwischen der 7. und 8. Säule eine eindrucksvolle Kanzel, die unter Verwendung von Teilen unterschiedlicher Herkunft im 17. Jh. zusammengesetzt wurde (die aus dem 12. Jh. stammenden Reliefs zeigen alt- und neutestamentliche Szenen); in der Cappella dell'Addolorata (am linken Seitenschiff) eine farbig gefaßte Terrakottagruppe (Maria und Joseph mit dem Kind) vor dem von Benozzo Gozzoli gemalten Hintergrundfresko mit der Ankunft der Heiligen Drei Könige, gegenüber die Darstellung der Anbetung der Weisen, gleichfalls in polychromer Terrakotta.

Baptisterium

Gegenüber der Domfassade erhebt sich das auf achteckigem Grundriß errichtete zweigeschossige Baptisterium, ursprünglich aus dem 13. Jh., aber später mehrfach erneuert. Die dem Dom zugewandte Front ist mit weißen und grünen Marmorstreifen verkleidet und von dem figurengeschmückten romanischen Portal durchbrochen. In dem von einer Kuppel aus dem frühen 16. Jh. überwölbten schlichten Inneren ist das schöne Taufbecken (1502; von Andrea Sansovino) mit seinen Reliefs beachtenswert.

*Arco Etrusco

Von der Stadtmitte führt eine Treppengasse (Via Porta all'Arco; zahlreiche Alabasterwerkstätten) südwestlich zum Arco Etrusco (Etruskischer Bogen), einem Stadttor im antiken Mauerring.

Aus dem 4./3. Jh. v. Chr. stammen die Quadersteine der Seiten und die drei stark verwitterten steinernen Köpfe; der Gewölbebogen wurde von den Römern erneuert, und das Mauerwerk stammt aus dem Mittelalter. Auf einer heute im Museo Etrusco Guarnacci (s. S. 216) befindlichen etruskischen Aschenurne aus dem 1. Jh. v. Chr. (Urne Nr. 371) ist ein ähnliches Tor dargestellt.

Eine Gedenktafel erinnert daran, daß im Zweiten Weltkrieg das Tor vor der Sprengung durch deutsche Truppen bewahrt wurde.

Museo Diocesano d'Arte Sacra

Das Diözesanmuseum für sakrale Kunst befindet sich in einem Teil des Kreuzganges, wenige Schritte nordwestlich vom Dom. Es enthält kirchliche Gegenstände aus dem Bistum Volterra, u.a. eine glasierte Terrakottabüste des hl. Linus (erster Nachfolger des hl. Petrus) von Andrea della Robbia; ein Büstenreliquiar des hl. Ottaviano aus getriebenem Silber (15. Jh.; von Antonio del Pollaiuolo) und ein ähnliches des hl. Viktor aus emailliertem Silber (sienesische Arbeit aus dem 14. Jh.); ein hölzernes Tabernakel mit Miniaturmalerei (umbrische Schule, 15. Jh.); ein vergoldetes Bronzekruzifix (16. Jh.; von Giambologna); schließlich kostbare Meßgewänder aus dem 16. bis 18. Jahrhundert.

Casa-Torre Buonparenti

Nördlich vom Dom, an der Kreuzung der Via Roma und der Via Ricciarelli, steht die Casa-Torre Buonparenti, ein im 13. Jh. errichteter Wohnturm.
Nahebei sind noch weitere charakteristische Turmhäuser aus dem Mittelalter zu sehen: Torre Martinoli (13. Jh.), Casa Nannetti e Miranceli, Torre Buonaguidi (12. Jh.). An der Via Ricciarelli der Palazzetto dello Sbarba (Nr. 24) und die Casa Ricciarelli (Nr. 34–36), wo die kleinen Fenster für die Kinder unterhalb der Hauptfenster bemerkenswert sind.

Palazzo Solaini

Unweit nordöstlich der Casa-Torre Buonparenti hat im Palazzo Solaini die Galleria Pittorica (Gemäldegalerie) ein neues Domizil gefunden. Sie enthält Werke von Künstlern aus Florenz, Siena und Volterra; hervorzuheben sind: „Kreuzabnahme" (1521; von Rosso Fiorentino), „Verkündigung" und „Madonna mit Kind und Heiligen" (1491; von Luca Signorelli), zwei Triptychen (14./15. Jh.; von Taddeo di Bartolo), „Geburt Jesu" (1470; von Benvenuto di Giovanni) und „Christus mit Heiligen" (15. Jh., von Ghirlandaio).

Galleria Pittorica

Teatro Romano

In einer Einbuchtung am Nordabschnitt der mittelalterlichen Stadtmauer liegt außerhalb das im 1. Jh. n. Chr. erbaute römische Theater, dessen Reste seit 1951 freigelegt werden. Etwas weiter abwärts befindet sich eine ehem. Thermenanlage (3. Jh. n. Chr.).

Parco Archeologico

Der Archäologische Park erstreckt sich am westlichen Fuß der Festung. Hier wurden im Jahre 1926 bei Ausgrabungen Reste der antiken Akropolis, u. a. Fundamente von zwei Tempeln aus dem 2. Jh. v. Chr. und eine Zisterne (sog. ,Piscina'), freigelegt.

Festung

Auf dem höchsten Punkt des Hügels von Volterra erhebt sich die gewaltige Festung (Fortezza Medicea; heute Strafanstalt und daher nicht zugänglich), eines der mächtigsten Bollwerke der Renaissance-Architektur in Italien. Die Rocca Vecchia (Alte Burg) im Osten wurde im 14. Jh. errichtet; die Rocca Nuova (Neue Burg) entstand 1472–1475 im Auftrag von Lorenzo de'Medici. Der mittlere Rundturm der Neuen Burg, nach 1472 erbaut, wird ,Maschio' (,Männchen') genannt, der halbelliptische Turm der Alten Burg heißt ,Femmina' (,Weibchen').

*Museo Etrusco Guarnacci

In und um Volterra wurden erstaunliche Funde aus der Zeit der Etrusker gemacht. Das reichhaltige Etruskische Museum verdankt seine Existenz dem Geistlichen Mario Guarnacci (1701–1785). Zusammen mit der von P. Franceschini bis 1732 angelegten Sammlung von etruskischen Urnen wurde der reichhaltige Nachlaß Guarnaccis zum Grundstock der heutigen Bestände. Zu den zahlreichen Funden aus der Epoche der Etrusker gesellen sich solche aus vorgeschichtlicher und römischer Zeit. Die Etruskische Abteilung vermittelt einen ausgezeichneten Einblick in die Kultur und das Leben dieses noch immer von Geheimnissen umgebenen Volkes. Die Abteilung enthält mehr als 600 etruskische Aschenurnen, zumeist aus dem 4. bis 1. Jh. n. Chr., aus Tuff, Alabaster oder Terrakotta. Hier sind zwei Urnen beachtenswert, auf denen im Relief die Belagerung von Theben dargestellt ist (auf der Urne Nr. 371 ist ein Torbogen zu sehen, der dem auf S. 215 genannten Arco Etrusco gleicht). Ferner besitzt das Museum einen Krater (Henkelschale) aus Attika, Grabstelen, Schmuck, Münzen u.a.

Etruskische Stadtmauern

Von den Mauern, welche die Etrusker zur Verteidigung der wohlhabenden Stadt Velathri angelegt haben, finden sich überall Reste, malerisch von Efeu, Steineichen und kleinen Zypressen überwachsen. Der 7 km lange Mauerring umgab eine wegen der Höhenunterschiede äußerst unregelmäßige Fläche, die wesentlich größer war als das Stadtgebiet des Mittelalters. Besonders im Norden und Nordwesten verläuft er weit außerhalb der Altstadt. An manchen Stellen ragen die Mauerreste bis 11 m empor. Besonders sehenswert sind die Mauern bei der kleinen Kirche Santa Chiara (Mura Etrusche di Santa Chiara).

*Balze   C 2

Lage
nordwestlich von Volterra

Höchst eindrucksvoll sind die unmittelbar nordwestlich der Stadt gelegenen Bálze, eine unwirtliche, nahezu vegetations-

Volterra: Römisches Theater   *Larderello: Geothermisches Kraftwerk*

lose Landschaft, deren Hügel von Erosionsrinnen zerrissen sind. Der beständig fortschreitenden Verwitterung sind in historischer Zeit schon etruskische Nekropolen, ein Abschnitt der antiken Mauern sowie eine mittelalterliche Kirche zum Opfer gefallen.

Larderello   C 2

Das Dorf Larderéllo liegt etwas abseits der Durchgangsstraße von Volterra nach Massa Marittima am 691 m hohen Monte Cérboli. Die ,soffioni' genannten vulkanischen Dampfquellen, die ihren Gehalt an Borsäure und anderen Substanzen in unterirdischen Wasseransammlungen (,lagoni', wörtlich ,große Seen') abgeben und deren Dampfsäulen weithin sichtbar sind, dienen zum Antrieb für ein Dampfkraftwerk.

Lage
35 km südlich

Praktische Informationen von A bis Z

Warnung!

In Italien achte man sorgfältig auf sein Eigentum! Besonders im Bereich der städtischen Ballungsräume sind Diebstähle, Entreißen von Taschen, Koffern, Fotoapparaten, Ferngläsern, Uhren, Schmuck oder anderen Wertgegenständen, Raubüberfälle in Hotels, Lokalen, Geschäften, Eisenbahnzügen, an Tankstellen wie auch auf offener Straße, ja sogar während der Fahrt (z. B. beim langsamen Annähern an eine haltgebietende Verkehrsampel), zudem das Aufbrechen, Plündern und Entwenden von Kraftfahrzeugen (auch von Leihwagen mit italienischen Kennzeichen, insbesondere aber von Wohnwagen, Kleinbussen und auch größeren Reisebussen) an der Tagesordnung!

Es ist daher dringend angeraten, alle Wertsachen (v. a. Papiere, Geld, Schecks. Scheckkarten und Schlüssel) stets direkt auf dem Körper zu tragen sowie absolut keine Gegenstände in frei zugänglich abgestellten Fahrzeugen zu belassen (Handschuhfach und Kofferraum leeren und nicht abschließen!). Über Nacht verwahre man sein Auto nach Möglichkeit in einer verschlossenen Garage (mit Versicherungsschutz).

Die italienische Polizei ist zwar hilfsbereit, steht dem nicht selten organisierten Bandenunwesen jedoch praktisch machtlos gegenüber. Nach einem erfolgten Überfall, Raub oder Diebstahl kann sie in der Regel lediglich ein Protokoll aufsetzen (wichtig für die Schadensmeldung bei der Versicherung!).

Bei Verlust von Schecks und/oder Scheckkarten ist das heimatliche Geldinstitut unverzüglich telegrafisch in Kenntnis zu setzen, damit die entsprechenden Konten gesperrt werden können. Seit einiger Zeit gibt es für solche Fälle auch den rund um die Uhr dienstbereiten Zentralen Annahmedienst für Verlustmeldungen von Eurocheque-Karten in Frankfurt am Main. Telefon aus Italien: (004969) 740987.

Andenken

→Souvenirs

Anreise

Mit dem Auto   Für die Anreise in die Toskana empfehlen sich die Autobahnen (ital. Autostrade; z.T. gebührenpflichtig).

Aus der Bundesrepublik Deutschland und dem westlichen Österreich:
Autobahn (München) – Kufstein – Brennerpaß – Bozen – Verona – Modena – Bologna – Florenz.

Anreise mit dem Auto (Fortsetzung)

Aus dem östlichen Österreich:
Autobahn Villach – Udine – Venedig – Bologna – Florenz.

Aus der östlichen Schweiz:
Autobahn Lugano – Mailand – Parma – Modena – Bologna – Florenz.

Aus der westlichen Schweiz:
Autobahn Martigny – E 21 a Aosta (Variante: Staatsstraße Brig – Varese) – Autobahn Genua – La Spezia – Florenz oder Livorno.

Einziger internationaler Flughafen in der Toskana ist Pisa/Florenz (Galileo Galilei); es besteht Direktverbindung mit Frankfurt am Main.

Mit dem Flugzeug

Sehr gut an das internationale Liniennetz angeschlossen ist Rom (Leonardo da Vinci / Fiumicino); es bestehen Direktverbindungen mit Düsseldorf, Frankfurt am Main, München, Stuttgart; Wien; Basel, Genf und Zürich.

Die Hauptstrecken bilden zwischen Florenz und Rom einen Ring um die Toskana. Die Küstenlinie verläuft von Pisa über Livorno und Grosseto nach Rom, die im Landesinneren von Pisa über Florenz nach Rom.

Mit der Eisenbahn

Eisenbahnlinien von regionaler Bedeutung sind die Strecken Empoli – Siena – Grosseto; Siena – Chiusi; Asciano – Grosseto und Cecina – Volterra.

Von der Bundesrepublik Deutschland gibt es Autoreisezüge nur nach den außerhalb der Toskana gelegenen Stationen Mailand, Verona und Rimini.

Auto im Reisezug

Ärztliche Hilfe

Vor einem Italien-Aufenthalt empfiehlt es sich, die neuesten Bestimmungen bei der zuständigen Krankenkasse zu erfragen und einen Auslands-Krankenschein zu erbitten.
In manchen Fällen ist auch der gesonderte Abschluß einer Auslandskranken- und Unfallversicherung ratsam.

Kostenregelung für medizinische Betreuung

Auskunft

Ente Nazionale Italiano per il Turismo (ENIT)
Via Marghera 2
I-00185 Roma
Tel. (06) 49711

Staatliches Italienisches Fremdenverkehrsamt ENIT

Berliner Allee 26
D-4000 Düsseldorf
Tel. (0211) 132232

Auslandsbüros

Praktische Informationen von A bis Z

Auskunft,
ENIT-Auslandsbüros
(Fortsetzung)

Kaiserstr. 65
D-6000 Frankfurt am Main
Tel. (069) 235966

Goethestr. 20
D-8000 München
Tel. (089) 530369

Kärntner Ring 4
A-1010 Wien
Tel. (0222) 654374

Uraniastr. 32
CH-8001 Zürich
Tel. (01) 2113633

Rue du Marché 3
CH-1204 Genève (Genf)
Tel. (022) 282922

Regionalverband
Toskana

Assessorato Regionale
al Turismo
Via di Novoli 26
I-50127 Firenze (Florenz)
Tel. (055) 4382111

Auskünfte
innerhalb Italiens

Innerhalb Italiens werden Auskünfte erteilt durch die regionalen Fremdenverkehrsverbände (Assessorati Regionali del Turismo) in den Regionshauptstädten (für die Toskana in Florenz; s. oben) sowie durch die Landesfremdenverkehrsverbände (Enti Provinciali per il Turismo) und die Kurverwaltungen bzw. Fremdenverkehrsämter (Aziende Autonome di Soggiorno, Cura e Turismo) der einzelnen Orte.

Abbadia San Salvatore

Azienda Autonoma di Soggiorno
Viale Matteotti 29
I-53021 Abbadia San Salvatore
Tel. (0577) 778608

Arezzo

Ente Provinciale per il Turismo
Piazza Risorgimento 116
I-52100 Arezzo
Tel. (0575) 23952

Bagni di Lucca

Azienda Autonoma
di Soggiorno e Cura
Via Umberto I
I-55021 Bagni di Lucca
Tel. (0583) 87246

Bibbiena

Azienda Autonoma di Soggiorno
Via Berni 29
I-52011 Bibbiena
Tel. (0575) 593098

Carrara

Ente Provinciale per il Turismo
di Massa-Carrara
Piazza 2 Giugno 14
I-54033 Carrara
Tel. (0585) 70668

Azienda Autonoma di Soggiorno e Turismo
Piazza Garibaldi
I-58043 Castiglione della Pescaia
Tel. (0564) 933678

**Auskunft in
Castiglione della Pascaia**

Azienda Autonoma di Soggiorno e Cura
Via Giuseppe Sabatini 7
I-53042 Chianciano Terme
Tel. (0578) 63538

Chianciano Terme

Associazione Pro Loco
Via Petrarca 4
I-53043 Chiusi
Tel. (0578) 21060

Chiusi

Associazione Pro Loco
Piazza Arnolfo di Cambio 5
I-53034 Colle di Val d'Elsa
Tel. (0577) 921692

Colle di Val d'Elsa

Azienda Autonoma di Soggiorno
Via Nazionale 72
I-52044 Cortona
Tel. (0575) 603056

Cortona

Azienda Autonoma di Cura, Soggiorno e Turismo
dell'Isola d'Elba
Calata Italia 26
I-57037 Portoferraio
Tel. (0565) 92672

Elba

Associazione Pro Empoli
Piazza Farinata degli Uberti 4
I-50053 Empoli
Tel. (0571) 76115

Empoli

Azienda Autonoma di Soggiorno e Turismo
Piazza Mino da Fiesole 45
I-50014 Fiesole
Tel. (055) 598720

Fiesole

Ente Provinciale per il Turismo
Via Manzoni 16
I-50121 Firenze (Florenz)
Tel. (055) 2478141

Florenz
(Firenze)

Azienda Autonoma di Soggiorno
Via de'Tornabuoni 15
I-50100 Firenze
Tel. (055) 216544

Azienda Autonoma di Soggiorno
Piazza Marconi
I-55042 Forte dei Marmi
Tel. (0584) 80091

Forte dei Marmi

Ente Provinciale per il Turismo
Viale Monterosa 206/A
I-58100 Grosseto
Tel. (0564) 22534

Grosseto

Praktische Informationen von A bis Z

Auskunft in Livorno

Ente Provinciale per il Turismo
Piazza Cavour 6
I-57100 Livorno, Tel. (0586) 33111
Informationsbüro am Hafen, Tel. (0586) 25320

Lucca

Ente Provinciale per il Turismo
Piazza Guidiccioni 2
I-55100 Lucca
Tel. (0583) 41205

Massa

s. Carrara

Massa Marittima

Assessorato al Turismo
I-58024 Massa Marittima

Montalcino

Associazione Pro Loco
Via Mazzini 41
I-53024 Montalcino
Tel. (0577) 848242

Monte Argentario

Azienda di Soggiorno e Turismo
della Costa d'Argento
Corso Umberto 55a
I-58019 Porto Santo Stefano
Tel. (0564) 814208

Montecatini Terme

Azienda Autonoma di Cura e Soggiorno
Viale Verdi 68
I-51016 Montecatini Terme
Tel. (0572) 70109

Montepulciano

Ufficio Turistico
Palazzo Comunale
I-53045 Montepulciano
Tel. (0578) 757080

Pisa

Ente Provinciale per il Turismo
Lungarno Mediceo 42
I-56100 Pisa
Tel. (050) 20351

Pistoia

Ente Provinciale per il Turismo
Corso Gramsci 110
I-51100 Pistoia
Tel. (0573) 34326

Prato

Azienda Autonoma di Soggiorno
Via Cairoli 48–54
I-50047 Prato
Tel. (0574) 24112

San Gimignano

Associazione Pro Loco
Piazza del Duomo 1
I-53037 San Gimignano
Tel. (0577) 940008

Siena

Ente Provinciale per il Turismo
Via di Città 5
I-53100 Siena
Tel. (0577) 47051

Azienda Autonoma di Soggiorno
Viale Carducci 10
I-55049 Viareggio
Tel. (0584) 962233

Auskunft in Viareggio

Associazione Pro Volterra
Via Turazza 2
I-56048 Volterra
Tel. (0588) 86150

Volterra

Ausweispapiere

→ Reisedokumente

Autobustouren

In den größeren Städten ansässige Autobusunternehmen führen häufig Besichtigungstouren in die Umgebung durch. Auskünfte erteilen die lokalen Verkehrsbüros (Aziende Autonome di Soggiorno bzw. Associazioni Pro Loco).

Autofähren

Schiffsverbindungen mit Autotransport gibt es zwischen Piombino und der Insel Elba (Portoferraio) sowie zwischen Porto Santo Stefano und der Insel Giglio.

Toremar:

Via Calafati 4
I-57100 Livorno
Tel. (0586) 896163

Fähren nach Elba,
Vorbestellung und Buchung

Piazzale Premuda
I-57025 Piombino
Tel. (0565) 31100

Calata Italia 22
I-57037 Portoferraio
Tel. (0565) 918080

Banchi dei Voltoni 4
I-57038 Rio Marina
Tel. (0565) 962073

Banchina Quattro Novembre 19
I-57036 Porto Azzurro
Tel. (0565) 95004

Via Appalto 114
I-57030 Cavo
Tel. (0565) 949871

Navarma:

Piazzale Premuda 13
I-57025 Piombino
Tel. (0565) 39775

Fähren nach Elba, Vorbestellung und Buchung (Fortsetzung)	Viale Elba 4 I-57037 Portoferraio Tel. (0565) 9181 01
Fähren nach Giglio, Vorbestellung und Buchung	Toremar: I-5819 Porto Santo Stefano Tel. (0564) 8146 15 Maregiglio: I-5819 Porto Santo Stefano Tel. (0564) 8129 20 I-58013 Giglio Porto Tel. (0564) 8093 09

Automobilclubs

Touring Club Italiano (TCI)	Hauptverwaltung: Corso Italia 10 I-20122 Milano (Mailand) Tel. (02) 852 61
Automobile Club d'Italia (ACI)	Hauptverwaltung: Via Marsala 8 I-00185 Roma (Rom) Tel. (06) 499 81

Außenstellen des ACI befinden sich in sämtlichen Provinzhauptstädten sowie an touristisch wichtigen Orten, ferner an den großen Grenzübergangsstellen.

Badestrände

Die toskanischen Mittelmeerstrände sind überwiegend flach und feinsandig; felsige Küstenabschnitte gibt es bei Piombino und Populonia sowie im Bereich des Monte Argentario.

Besonders bekannt sind (von Norden nach Süden) die folgenden Seebäder:
Marina di Carrara, Marina di Massa, der Küstenabschnitt ‚Riviera della Versilia' (mit Forte dei Marmi, Lido di Camaiore, Viareggio u.a.), die ‚Riviera degli Etruschi' (zwischen Livorno und Piombino; weniger stark frequentiert) sowie die Küste der Maremma (mit Punta Ala, Castiglione della Pescaia, dem Naturpark der Monti dell'Uccellina und dem Promontorio dell'Argentario). Natürlich werden die Inseln besonders gern von Wassersportlern besucht.

Wassersport	→ dort

Benzingutscheine

In Italien unterliegen die regulären Kraftstoffpreise spürbaren Schwankungen; auch liegen sie erheblich über dem europäischen Durchschnitt.

Badestrand von Carrara und Apuanische Alpen

Für Touristen werden Benzingutscheine (im allgemeinen als ‚Paket' zusammen mit Benutzungsgutscheinen für die gebührenpflichtigen italienischen Autobahnen) ausgegeben. Informationen erteilen die Automobilclubs und die ENIT (Italienisches Fremdenverkehrsamt; → Auskunft).

Benzingutscheine
(Fortsetzung)

Die Versorgung mit bleifreiem Benzin ist in Italien noch nicht flächendeckend gewährleistet, wird aber weiter ausgebaut.

Bleifreier Kraftstoff

Vom Ente Nazionale Italiano per il Turismo (ENIT; → Auskunft) wird eine Straßenkarte im Maßstab 1:1 500 000 herausgegeben, welche eine aktuelle Liste der entlang der Autobahnen befindlichen Bleifrei-Tankstellen enthält. Die Karte umfaßt ferner Hinweise über Benzingutscheine, Straßenbenutzungsgebühren, Abschleppdienst u. a.

Aus Sicherheitsgründen ist es in Italien untersagt, Reservekanister mitzuführen oder an Tankstellen aufzufüllen.

Hinweis

Camping

Besonders in den touristisch bedeutenden Gegenden Italiens finden sich zahlreiche Campingplätze. Diejenigen in der Toskana gehören zu den am besten ausgestatteten und gepflegten des Landes. Die allermeisten Campingplätze liegen in unmittelbarer Küstennähe, was in der Hauptreisezeit zu starkem Andrang führen kann und für längeren Aufenthalt eine Vorbestellung empfehlenswert macht.

Camping (Fortsetzung)	Freies Campen ist auf öffentlichem Grund nicht gestattet (Ausnahme: einmaliges Übernachten in Reisemobil oder Wohnwagen); auf privatem Grund ist zuvor die Zustimmung des Grundeigentümers einzuholen.

Campingplatzverzeichnisse werden von der ENIT und von der Federazione Italiana del Campeggio herausgegeben.

Einen guten Überblick über ausgewählte und geprüfte Campingplätze bietet der alljährlich überarbeitete ADAC-Campingführer (Band 1, Südeuropa).

Devisen

→ Geld

Diplomatische und konsularische Vertretungen

Bundesrepublik
Deutschland

Botschaft:
Via Po 25c
I-00198 Roma (Rom)
Tel. (06) 869341-43

Honorarkonsulate:
Corso Italia 205
I-52100 Arezzo
Tel. (0575) 22225

Borgo SS. Apostoli 22
I-50123 Firenze (Florenz)
Tel. (055) 294722

Via San Francesco 17
I-57100 Livorno
Tel. (0586) 38008

Deutsche
Demokratische Republik

Botschaft:
Via Trasone 56–58
I-00195 Roma (Rom)
Tel. (06) 8390045/46

Republik
Österreich

Botschaft:
Via Pergolesi 3
I-00198 Roma (Rom)
Tel. (06) 868241–44

Konsulat:
Via dei Servi 9
I-50122 Firenze (Florenz)
Tel. (055) 215352

Schweizerische
Eidgenossenschaft

Botschaft:
Via Barnaba Oriani 61
I-00197 Roma (Rom)
Tel. (06) 803641–45

Konsulate:
Piazzale Galileo 5
I-50125 Firenze (Florenz)
Tel. (055) 222431

Für die Konsularbezirke Arezzo, Grosseto und Siena ist die schweizerische Botschaft in Rom zuständig.

Eisenbahn

→Anreise

Essen und Trinken

In der Toskana steht die landwirtschaftliche Produktion seit Jahrhunderten auf hohem Niveau. Bevorzugt wird – wie im ganzen Land – der ursprüngliche, reine Geschmack, nicht die raffinierte Verfremdung der Zutaten. Man kann pointiert sagen, daß für die toskanische Küche der Landwirt wichtiger ist als der Küchenmeister.
Neben den zahlreichen Nudelgerichten, die in unzähligen Varianten und mit den verschiedensten Soßen serviert werden, sind die vielen Fischgerichte empfehlenswert. Ungewohnt ist manchem deutschen Gast die reichliche Verwendung von Olivenöl. Die Pizza ist ursprünglich ein dünner Hefeteigfladen mit etwas Tomate, Kräutern und Öl, also eine simple, billige, aber wohlschmeckende Brotvariante. Die zahlreichen Abwandlungen mit Schinken, Salami, Käse, Pilzen, Artischockenherzen usw. haben sich erst mit wachsendem Wohlstand und unter dem Einfluß des Tourismus entwickelt.

Küche

Standardgetränke zu allen Mahlzeiten sind Wein und Mineralwasser. Überall gibt es auch Bier, sowohl das italienische als auch importiertes (meist aus Deutschland, den Niederlanden oder Dänemark).

Getränke

→dort

Wein

In manchen Punkten unterscheiden sich die italienischen Eßgewohnheiten grundsätzlich von den deutschen. So frühstückt der Italiener kaum. Die Hotels haben sich jedoch weitgehend nordeuropäischem Brauch angepaßt und servieren neben dem Kaffee auch Brot, Butter und Konfitüre, auf Wunsch auch Ei, Wurst und Käse.
Das Mittagessen (ital. ‚pranzo‘) besteht in der Regel aus mehreren Gängen. Spaghetti und andere Nudelgerichte (ital. ‚pasta‘) sind lediglich ein Ersatz für die Suppe, keinesfalls ein Hauptgang. Ihnen vorangestellt wird oft nur eine Vorspeise (ital. ‚antipasto‘). Nach den Nudeln (die auch als ‚primo‘ = Erster Gang bezeichnet werden) folgt der ‚secondo‘ (Zweiter Gang) auf Fleisch- oder Fisch-Basis. Anschließend wird oft noch etwas Käse und danach Obst oder Kuchen gereicht. Der Espresso (starker schwarzer Kaffee) ist der Abschluß der Mittagsmahlzeit; manche bestellen ihn ‚corretto‘ (‚korrigiert‘ mit Grappa oder Cognac). Auch abends nimmt der Italiener oft ein komplettes Menü zu sich.

Eßgewohnheiten

Praktische Informationen von A bis Z

Essen und Trinken (Fortsetzung)	Die üblichen Essenszeiten unterscheiden sich von denen in Mittel- und Nordeuropa: Mittagessen ca. 13–15 Uhr; Abendessen ca. 19–21 Uhr.
Restaurants	→dort
Hinweis	Jede Gaststätte muß dem Gast eine quittierte Verzehrrechnung ausstellen, die im Umkreis (50 m) des Lokals auf Verlangen der Steuerfahndung vorzuweisen ist. Kann ein solcher Beleg nicht vorgelegt werden, so droht eine Geldbuße; man tut also gut daran, die Quittung sorgfältig aufzubewahren.

Fähren

→Autofähren

Feiertage

1. Januar (Neujahr)
6. Januar (Hl. Drei Könige)
25. April (Tag der Befreiung 1945)
Ostermontag
1. Mai (Tag der Arbeit)
Christi Himmelfahrt
Fronleichnam
2. Juni (Proklamation der Republik; Feiern am darauffolgenden Samstag)
15. August (Ferragosto; Mariae Himmelfahrt; Höhepunkt der inneritalienischen Ferienreisezeit)
1. November (Allerheiligen)
4. November (Tag der Nationalen Einheit; Feiern am darauffolgenden Samstag)
8. Dezember (Mariae Empfängnis)
25. und 26. Dezember

Flugverkehr

Flughäfen	Der wichtigste toskanische Flughafen ist Pisa/Florenz (Flughafen Galileo Galilei). Von weltweiter Bedeutung ist der Flughafen Rom/Fiumicino (Leonardo da Vinci). Es gibt innerhalb der Toskana neben Pisa/Florenz keine weiteren von Linienmaschinen angeflogenen Landeplätze.
Fluggesellschaften	Die staatliche italienische Gesellschaft Alitalia befliegt internationale und Inlandsstrecken. Vertretungen bzw. Buchungsstellen gibt es an allen italienischen und den wichtigen ausländischen Flughäfen.

Deutsche Lufthansa:
Via Pellicceria 6
I-50100 Firenze (Florenz)
Tel. (055) 262890 und 262897

Swissair:
Via del Parione 1
I-50100 Firenze (Florenz)
Tel. (055) 295055–56

Fremdenführer

An den Hauptsehenswürdigkeiten gibt es meist zahlreiche Fremdenführer. Wenn man des Italienischen nicht mächtig ist, erscheint es ratsam, sich zunächst von den Sprachkenntnissen des ‚guida‘ zu überzeugen. Der Fremdenführer erwartet am Ende der Besichtigung ein Trinkgeld.

Die Einheimischen sehen es sehr ungern, wenn Reisegruppen mit eigenen Führern erscheinen; heftige Reaktionen sind nicht ausgeschlossen.

Geld

Die Währungseinheit ist die italienische Lira (Lit; Mehrzahl Lire).
Es gibt Banknoten zu 500, 1000, 2000, 5000, 10000, 20000, 50000 und 100000 Lit sowie Münzen zu 5, 10, 20, 50, 100, 200 und 500 Lit.
Schon seit längerer Zeit ist die Einführung der ‚Lira pesante‘ (= ‚schwere Lira‘) vorgesehen, die 1000 Lire der gegenwärtigen Währung entsprechen wird. Ein Termin ist noch nicht abzusehen.

Währung

100 Lit = 0,14 DM	1 DM = 714 Lit
100 Lit = 1,— öS	1 öS = 100 Lit
100 Lit = 0,11 sfr	1 sfr = 909 Lit

Wechselkurse
(schwankend)

Die Einfuhr ausländischer Zahlungsmittel nach Italien ist frei; jedoch empfiehlt es sich wegen der mitunter strengen Devisenkontrolle bei der Ausreise, die mitgeführten Beträge in jedem Fall auf dem an der Grenze erhältlichen Formblatt ‚Modulo V 2‘ zu deklarieren.

Devisenbestimmungen

An italienischem Geld dürfen pro Person höchstens 500000 Lit eingeführt werden.
Die Ausfuhr von Devisen ist ohne Einreise-Deklaration bis zum Gegenwert von 5000000 Lit pro Person gestattet; in italienischer Währung dürfen nur bis 500000 Lit ausgeführt werden.
Die Mitnahme von Reiseschecks (von der Scheckkarte getrennt aufbewahren!) ist zu empfehlen.

Inhaber von Sparbüchern der Deutschen Bundespost können mit Rückzahlungskarten (vor Reiseantritt beim Heimatpostamt beantragen) bei italienischen Postämtern Geld abheben.

Postsparkasse

Bei Verlust von Eurocheques und/oder Scheckkarten alarmiere man zur sofortigen Sperrung unverzüglich den rund um die Uhr erreichbaren Zentralen Annahmedienst für Verlustmeldungen von Eurocheque-Karten in Frankfurt am Main; Telefon aus Italien: (004969) 740987.

Sicherheitshinweis

Höchstgeschwindigkeiten

→ Verkehrsvorschriften

Hotels

Die Hotels der gehobenen Kategorien besitzen in den größeren Städten und Urlaubszentren in der Regel den üblichen internationalen Komfort. In abgelegenen Gebieten wird man aber häufig nur einfache Unterkunft finden. In größeren Städten sowie in Kurorten und Seebädern gibt es zahlreiche Pensionen.

Kategorien

Die Hotels (,alberghi', Einzahl ,albergo') sind amtlich in fünf, die Pensionen (,pensioni', Einzahl ,pensione') in drei Kategorien eingeteilt: categoria di lusso (Luxushotels), di prima, di seconda, di terza und di quarta categoria.

Kategorie offiziell	in diesem Reiseführer
L****	L
****	I
***	II
**	III
*	IV

Zusätzlich sind die Luxushotels mit einem * roten Stern gekennzeichnet.

Preise

Die Hotelpreise variieren je nach Jahreszeit erheblich, auch sind sie in Großstädten und renommierten Urlaubszentren wesentlich höher als im Hinterland. Die veränderliche Kaufkraft der Lira wirkt sich ebenfalls spürbar aus.

Hinweis

Zahlungsbelege für Übernachtung und Bewirtung in italienischen Beherbergungsbetrieben sind der Steuerfahndung auf Verlangen vorzuweisen (widrigenfalls Geldbuße).

**Hotels in
Abbadia San Salvatore**

Adriana, II, 69 B.
Aurora, II, 23 B.
Giardino, II, 71 B.
Italia, II, 44 B.
Kappadue, II, 24 B.
Milano, II, 21 B.
Tondi, II, 16 B.
Fabbrini, III, 46 B.
Gambrinus, III, 28 B.
Garden, III, 25 B.
Il Cacciatore, III, 15 B.
Olimpia, III, 29 B.
Roma, III, 38 B.

Arezzo

Continentale, Piazza Guido Monaco 7, II, 137 B.
Etrusco, Via Fleming, II, 160 B.
Europa, Via Spinello 45, II, 81 B.
Minerva, Via Fiorentina 4, II, 216 B.
Astoria, Via Guido Monaco 54, III, 50 B.
Cecco, Corso Italia 215, III, 83 B.
Truciolini, Via Pacinotti 6, III, 46 B.

Milano, Via M. del Prato 83, IV, 48 B.
Roma, Via Vittorio Veneto 46, IV, 55 B.

Lo Spiedo, IV, 10 B.

Asciano

Alberghi Termali, Via del Paretaio 1, II, 20 B.
Silvania, im Ortsteil Lugliano, II, 16 B.
Bernabo, Via delle Terme, III, 10 B.
Bridge, Piazza Ponte a Serraglio 5 A, III, 20 B.
Corona, Via Serraglia 78, III, 33 B.
La Frantoia, Via Tovani 26, III, 19 B.
Svizzero, Via C. Casalini, III, 28 B.
Savoia, Piazza San Martino, IV, 36 B.

Bagni di Lucca

Primavera, Via Cassia 38, III, 46 B.

Barberino Val d'Elsa

Il Ciocco, im Ortsteil Castelvecchio Pascoli, I, 351 B.
La Pergola, Via San Antonio, II, 41 B.
Alpino, Via Mordini 16, III, 16 B.
Gorizia, im Ortsteil Fornaci di Barga, III, 24 B.
Villa Libano, Via del Sasso 6, III, 48 B.

Barga

Brogi, Piazza Mazzoni, II, 28 B.
Amorosi Bei, Via Dovizi 18, III, 32 B.
Giardino, Piazza Palagi, III, 19 B.
Verdi Colli, Piazza Garibaldi 8, IV, 25 B.

Bibbiena

Milano, im Ortsteil Socciglia, III, 42 B.
Il Pescatore, Via I Maggio 2, IV, 16 B.

Borgo a Mozzano

Villa Ebe, im Ortsteil Ferracciano, 16 B.

Borgo San Lorenzo

Il Rustichello, Via del Corniolo, II, 58 B.
Camaldoli, Via Camaldoli, IV, 24 B.

Camaldoli

La Mandola (garni), Via della Mandola 1, I, 130 B.
Da Beppone, Via Assunzione 63, II, 18 B.
Il Saracino, Via Lamberto Cibo 40, II, 54 B.
Residence La Vela (garni), Via Genova 3, II, 44 B.
Residence Milano (garni), Via Vittorio Emanuele 20, II, 36 B.

Capraia

Fonte Galletta, im Ortsteil Fonte Galletta, II, 42 B.
Buca di Michelangelo, Via Roma 51, III, 21 B.

Caprese Michelangelo

Michelangelo, Corso Fratelli Rosselli 3, II, 56 B.
Carrara, im Ortsteil Avenza, II, 73 B.
Da Roberto, Via Apuana 5, III, 21 B.
Dei Marmi, im Ortsteil Avenza, III, 35 B.

Carrara

in Marina di Carrara:
Maestrale, Via Fabbriccotti, I, 120 B.
Mediterraneo, Via Genova, II, 97 B.
Miramare, Viale Cristoforo Colombo 23, II, 68 B.
Panoramic, Viale Cristoforo Colombo, II, 26 B.
Paradiso, Viale Cristoforo Colombo, II, 46 B.
Anna, Via Garibaldi 4, III, 62 B.
Atlantic, Viale Amerigo Vespucci 36, III, 54 B.
La Pineta, Viale Cristoforo Colombo 119 B, III, 31 B.
Margherita, Via Venezia 22, III, 60 B.
Tenda Rossa, Viale Cristoforo Colombo 14, III, 52 B.

Praktische Informationen von A bis Z

Hotel in Castelfiorentino	Lami, Piazza Gramsci 27, III, 35 B.
Castelnuovo di Garfagnana	Da Carlino, Via Garibaldi 15, III, 54 B. Vittoria, Piazza Umberto 6, III, 24 B. La Lanterna, Via N. Fabrizi 26, IV, 18 B.
Castiglione della Pescaia	David, im Ortsteil Poggiodoro, I, 52 B. L'Approdo, I, 96 B. Riva del Sole, im Ortsteil Riva del Sole, I, 328 B. Kinda, II, 48 B. Lucerna, II, 80 B. Miramare, II, 71 B. Piccolo Hotel, II, 44 B. Roma, II, 71 B. Sabrina, II, 68 B. Anfora, III, 46 B. Aurora, III, 37 B. Corallo, III, 32 B. Gli Archi, III, 22 B. Il Gambero, III, 16 B. Iris, III, 35 B. Macchiascandona, III, 17 B. Mirella, III, 40 B. Perla, III, 25 B. Rossella, III, 28 B. Souvenir, III, 30 B. Tirreno, III, 24 B. Villa Gina, III, 22 B. in Punta Ala: Cala del Porto, I, 90 B. Gallia Palace Hotel, I, 170 B. Golf Hotel, I, 346 B. Piccolo Hotel Alleluja, I, 79 B. Il Pozzino, II, 38 B. Punta Ala, II, 30 B.
Castiglion Fiorentino	Park, II, 120 B. La Nave, im Ortsteil La Nave, III, 32 B.
Certaldo	Il Castello, Via della Rena 6, III, 19 B. La Speranza, Borgo Garibaldi 80, III, 25 B.
Chianciano Terme	Alba, I, 113 B. Alexander Palme, I, 125 B. Ambasciatori, I, 190 B. Atlantico Palace Hotel, I, 124 B. Continentale, I, 76 B. Grande Albergo Fortuna, I, 122 B. Grande Albergo Le Fonti, I, 144 B. Grande Albergo Milano, I, 105 B. Grand Hotel Boston, I, 151 B. Grand Hotel Capitol Garibaldi, I, 98 B. Grand Hotel Excelsior, I, 142 B. Grand Hotel Il Club, I, 139 B. Grand Hotel Plaza, I, 91 B. Grand Hotel Terme, I, 118 B. Majestic, I, 100 B. Michelangelo, I, 122 B. Moderno, I, 127 B.

President, I, 132 B.
Quisisana, I, 88 B.
Raffaello, I, 98 B.
Taormina, I, 53 B.
Adriatico, II, 84 B.
Angiolino, II, 60 B.
Ardea, II, 50 B.
Astoria, II, 84 B.
Astra, II, 60 B.
Aurora, II, 60 B.
Bagni, II, 66 B.
Bellaria, II, 71 B.
Bosco, II, 87 B.
Carlton Elite, II, 84 B.
Chianciano, II, 119 B.
Columbia, II, 103 B.
Conte, II, 63 B.
Cosmos, II, 58 B.
Cristallo, II, 143 B.
Cristina, II, 26 B.
Etruria, II, 100 B.
Europa, II, 79 B.
Firenze, II, 54 B.
Giotto, II, 69 B.
Grande Albergo San Marco, II, 108 B.
Igea, II, 65 B.
Iris, II, 56 B.
Irma, II, 110 B.
Italia, II, 38 B.
Kursaal, II, 64 B.
Macerina, II, 150 B.
Margherita, II, 52 B.
Mediterraneo, II, 81 B.
Minerva, II, 98 B.
Miralaghi, II, 50 B.
Montecarlo, II, 43 B.
Panorama, II, 59 B.
Park Hotel, II, 115 B.
Patria, II, 60 B.
Posta, II, 49 B.
Ricci, II, 115 B.
Rossana, II, 73 B.
San Giorgio, II, 52 B.
San Paolo, II, 29 B.
Sanremo, II, 58 B.
Sant' Agostino, II, 30 B.
Santa Chiara, II, 100 B.
Sestriere, II, 42 B.
Sole, II, 128 B.
Susy, II, 63 B.
Tiffany, II, 17 B.
Torino, II, 48 B.
Universo, II, 102 B.
Villa Alda, II, 50 B.
Anna, III, 51 B.
Ariston, II, 53 B.
Bellavista, III, 55 B.
Bruna, III, 56 B.
Casa Immacolata, III, 79 B.
Domus Pacis, III, 50 B.

**Hotels in
Chianciano Terme**
(Fortsetzung)

Praktische Informationen von A bis Z

Hotels in **Chinanciano Terme** (Fortsetzung)	Flora, III, 64 B. Franca, III, 53 B. Giorni, III, 51 B. Le Sorgenti, III, 135 B. Lucy, III, 51 B. Martini, III, 65 B. Massarelli, III, 85 B. Miramonti, III, 60 B. Nanda, III, 63 B. Niagara, III, 50 B. Nisi, III, 69 B. Reali, III, 69 B. Risorgimento, III, 69 B. Rosati, III, 91 B. Salus, III, 50 B. Sant' Antonio, III, 78 B. Santa Caterina, III, 52 B. Suisse, III, 56 B. Villa Gaia, III, 52 B. Villa Maria, III, 62 B. Villa Rosa, III, 84 B. Villa Verde, III, 85 B.
Chiusi	Centrale, im Ortsteil Scalo, II, 29 B. Moderno, im Ortsteil Scalo, II, 23 B. La Sfinge, III, 18 B.
Colle di Val d'Elsa	Arnolfo, II, 47 B. La Vecchia Cartiera, II, 58 B. Villa Belvedere, II, 28 B. Nazionale, III, 39 B. In Monteriggioni: Anna, II, 49 B. Casalta, II, 19 B. San Luigi Residence, II, 81 B.
Cortona	Miravalle, im Ortsteil Torreone, II, 13 B. Oasis, im Ortsteil Le Contesse, II, 69 B. Portole, im Ortsteil Portole, II, 38 B. Sabrina, Via Roma, II, 14 B. San Luca, Piazza Garibaldi, II, 106 B. San Michele, Via Guelfa 15, II, 69 B. Farneta, im Ortsteil Farneta, III, 12 B. Firenze, im Ortsteil Camucia, III, 22 B. Nuovo Centrale, Via I. Scotoni 5, III, 38 B.
Elba	In Portoferraio: Airone Residential Hotel (garni), im Ortsteil San Giovanni, I, 206 B. Biodola, im Ortsteil Biodola, I, 142 B. Fabricia, im Ortsteil Magazzini, I, 120 B. Hermitage, im Ortsteil Biodola, I, 220 B. Picchiaie Residence (garni), im Ortsteil Monte Orello, I, 209 B. Villa Ottone, im Ortsteil Ottone, I, 124 B. Acquabona Golf Hotel (garni), im Ortsteil Acquabona, II, 46 B. Acquaviva Park Hotel, im Ortsteil Acquaviva, II, 38 B. Adriana, im Ortsteil Padulella, II, 52 B. Casa Rosa, im Ortsteil Biodola, II, 58 B. Danila, im Ortsteil Scaglieri, II, 50 B.

Garden, im Ortsteil Schiopparello, II, 99 B.
Il Caminetto, im Ortsteil San Martino, II, 33 B.
La Valdana (garni), im Ortsteil Valdana, II, 46 B.
Mare, im Ortsteil Magazzini, II, 41 B.
Massimo, Calata Italia 23, II, 132 B.
Nuova Padulella, Viale Einaudi, II, 76 B.
Paradiso, im Ortsteil Viticcio, II, 75 B.
Park Hotel Napoleone, im Ortsteil San Martino, II, 118 B.
Residence San Giovanni (garni),
  im Ortsteil San Giovanni, II, 73 B.
Touring, Via Roma 13, II, 53 B.
Villa Ombrosa, Viale De Gasperi 3, II, 89 B.
Al Tramonto, im Ortsteil Viticcio, III, 36 B.
Clara, im Ortsteil Bagnaia, III, 16 B.
Grotte del Paradiso, im Ortsteil Le Grotte, III, 52 B.
L'Ape Elbana, Salita C. de' Medici 2, III, 40 B.
Nobel, Via Magnanaro 72, III, 64 B.
Scoglio Bianco, im Ortsteil Viticcio, III, 34 B.
Tirrena, im Ortsteil Magazzini, III, 32 B.
Villa Mare (garni), im Ortsteil Bagnaia, III, 39 B.

In Marina di Campo:
Iselba Residence Hotel (garni), Viale Etruschi 28, I, 142 B.
Montecristo, Viale Nomellini 11, I, 61 B.
Select, Via Mascagni 2, I, 152 B.
Acquarius, Via Mascagni 23, II, 58 B.
Aviotel Residence (garni), im Ortsteil La Pila, II, 152 B.
Bahia, im Ortsteil Cavoli, II, 79 B.
Barcarola II, im Ortsteil San Mamiliano, II, 56 B.
Barracuda, Viale Elba 2, II, 82 B.
Eden Park, im Ortsteil Lammia, II, 32 B.
Galli, im Ortsteil Fetovaia, II, 38 B.
Hotel dei Coralli, Viale Etruschi, II, 120 B.
Residence Le Formiche (garni), Colle di Cavoli, II, 174 B.
Lilly, Viale Etruschi 53, II, 36 B.
Lo Scirocco, im Ortsteil Fetovaia, II, 32 B.
Marina 2, im Ortsteil Segagnana, II, 140 B.
Meridiana, Viale Etruschi 69, II, 54 B.
Punto Verde, Viale Etruschi 23, II, 53 B.
Residence La Quiete (garni), im Ortsteil Lammia, II, 142 B.
Riva, Via degli Eroi 11, II, 77 B.
Santa Caterina, Viale Elba, II, 80 B.
Tre Colonne, Via Fattori 6, II, 48 B.
Villa Nettuno, Viale Etruschi 30, II, 58 B.
Da Fine, im Ortsteil Seccheto, III, 52 B.
Elba, Via Mascagni, III, 44 B.
La Stella, im Ortsteil Seccheto, III, 44 B.
Lorenza, im Ortsteil Cavoli, III, 50 B.
Montemerlo, im Ortsteil Fetovaia, III, 48 B.
Villa Etrusca, Via Etruschi 19, III, 49 B.

In Capoliveri:
Hotel della Lacona, im Ortsteil Lacona, I, 401 B.
Al Pozzo Residence (garni), im Ortsteil Morcone, II, 28 B.
Antares, im Ortsteil Lido, II, 67 B.
Belvedere (garni), im Ortsteil Castagni, II, 58 B.
Capodistella, im Ortsteil Lacona, II, 81 B.
Capo Sud, im Ortsteil Lacona, II, 76 B.
Costa dei Gabbiani (garni), im Ortsteil Ripalte, II, 164 B.
Drago Residence (garni), im Ortsteil Morcone, II, 74 B.

Praktische Informationen von A bis Z

Hotels auf Elba
(Fortsetzung)

Elba International Hotel, im Ortsteil Naregno, II, 517 B.
Frank's, im Ortsteil Naregno, II, 124 B.
Le Acacie, Im Ortsteil Naregno, II, 186 B.
Residence Fiorenzo (garni), im Ortsteil Salici, II, 36 B.
Residence Punta Morcone (garni),
    im Ortsteil Punta Morcone, II, 45 B.
Stella Maris, im Ortsteil Pareti, II, 120 B.
Villaggio Turistico Innamorata (garni),
    im Ortsteil Innamorata, II, 110 B.
Anfora, im Ortsteil Naregno, III, 54 B.
Baia del Sole (garni), im Ortsteil Lido, III, 104 B.
Da Pilade (garni), im Ortsteil Mola, III, 52 B.
Dino, im Ortsteil Pareti, III, 56 B.
Elba Residence (garni), im Ortsteil Naregno, III, 63 B.
Giardino, im Ortsteil Lacona, III, 50 B.
La Scogliera (garni), im Ortsteil Morcone, III, 82 B.
Le Grazie Est (garni), im Ortsteil Madonna delle Grazie, III, 58 B.
Mini Hotel (garni), im Ortsteil Lacona, III, 40 B.
Romana, im Ortsteil Naregno, III, 55 B.
Villa Rodriguez, im Ortsteil Naregno, III, 62 B.

In Marciana:
Desiree, im Ortsteil Procchio, I, 153 B.
Residenza del Golfo Hotel, im Ortsteil Procchio, I, 176 B.
Brigantino, im Ortsteil Procchio, II, 59 B.
Cernia, im Ortsteil San Andrea, II, 39 B.
Delfino, im Ortsteil Procchio, II, 26 B.
Fontallecchio, im Ortsteil Procchio, II, 40 B.
Gallo Nero, im Ortsteil San Andrea, II, 41 B.
Hotel di Procchio, im Ortsteil Procchio, II, 98 B.
La Perla, im Ortsteil Procchio, II, 94 B.
L'Edera, im Ortsteil Procchio, II, 29 B.
Piccolo Hotel Barsalini, im Ortsteil San Andrea, II, 40 B.
San Andrea, im Ortsteil San Andrea, II, 36 B.
Valle Verde, im Ortsteil Procchio, II, 72 B.
Bel Tramonto, im Ortsteil Patresi, III, 50 B.
Da Giacomino, im Ortsteil San Andrea, III, 44 B.
Da Ilio, im Ortsteil San Andrea, III, 41 B.
Monna Lisa, im Ortsteil Procchio, III, 61 B.

In Marciana Marina:
Gabbiano Azzurro, Viale Amedeo 49, II, 74 B.
La Conchiglia, Via Venti Settembre 31, II, 76 B.
La Primula, Via Carducci 2, II, 135 B.
Marinella, Viale Margherita 38, II, 112 B.
Sainte Claire (garni), Via Aldo Moro, II, 242 B.
Anselmi, Viale Amedeo 37, III, 53 B.
Imperia, Viale Amedeo 12, III, 42 B.

In Porto Azzurro:
Belmare, Banchina Quattro Novembre, II, 52 B.
Cala di Mola, im Ortsteil Mola, II, 219 B.
Lido, im Ortsteil Lido, II, 50 B.
Residence della Luna (garni), im Ortsteil Lo Stipito, II, 35 B.
Due Torri, Viale Venticinque Aprile, III, 40 B.
Gavila's Residence (garni), im Ortsteil Sassi Turchini, III, 40 B.
Plaza, Punta Fanaletto, III, 49 B.
Residence Porto Azzurro (garni), Via d'Alarcon 58, III, 54 B.
Residence Reale (garni), im Ortsteil Reale, III, 84 B.
Residence Sud-Est (garni), im Ortsteil Mola, III, 99 B.

Residence Via Giulia (garni), im Ortsteil Lido, III, 49 B.
Rocco, Via Kennedy 36, III, 54 B.

Hotels auf Elba
(Fortsetzung)

In Rio Marina:
Club Capo d'Arco, im Ortsteil Capo d'Arco, II, 18 B.
Ortano Mare, im Ortsteil Ortano, II, 226 B.
Rio, Via Palestro 31, II, 73 B.

In Cavo:
Cristallo, II, 90 B.
La Pineta, II, 42 B.
Marelba, II, 104 B.
Maristella, II, 48 B.
Pierolli, II, 44 B.
Ginevra, III, 60 B.

In Rio nell'Elba:
La Feluca, im Ortsteil Bagnaia, II, 40 B.
La Ginestra, im Ortsteil La Ginestra, II, 60 B.

Commercio, Piazza O. Ristori 16, II, 35 B.
Il Sole, Piazza Don Minzoni 18, II, 22 B.
Tazza d'Oro, Via G. del Papa 16, II, 90 B.
Maggino, Canto Ghibellino 1, III, 56 B.
Plaza, Piazza Vittoria 11, IV, 32 B.
Vittorio, Via Carducci 105, IV, 16 B.

Empoli

Dino, Via Faentina 329, III, 17 B.

Fiesole

Hinweis: Hausnummern mit r = rot sind nicht identisch mit den
schwarzen Nummern!

Florenz

*Excelsior, Piazza Ognissanti 3, L, 377 B.
*Grand Hotel, Piazza Ognissanti 1, L, 74 B.
*Grand Hotel Villa Cora, Viale Machiavelli 18, L, 97 B.
*Regency Umbria, Piazza d'Azeglio 3, L, 50 B.
*Savoy, Piazza della Repubblica 7, L, 184 B.
*Villa Medici, Via il Prato 42, L, 198 B.
Alexander, Viale Guidoni 101, I, 168 B.
Anglo American, Via Garibaldi 9, I, 219 B.
Astoria Pullman, Via del Giglio 9, I, 157 B.
Atlantic Palace, Via Nazionale 12, I, 86 B.
Augustus & dei Congressi, Piazzetta dell'Oro 5, I, 129 B.
Berchielli, Lungarno Acciaiuoli 14, I, 153 B.
Bernini Palace, Piazza S. Firenze 29, I, 142 B.
Continental, Lungarno Acciaiuoli 2, I, 105 B.
Crest Hotel, Viale Europa 205, I, 184 B.
Croce di Malta, Via della Scala 7, I, 183 B.
De la Ville, Piazza Antinori 1, I, 135 B.
Della Signoria, Via delle Terme 1, I, 40 B.
Executive, Via Curtatone 5, I, 53 B.
Fenice Palace, Via Martelli 10, I, 114 B.
Grand Hotel Baglioni, Piazza Unità Italiana 6, I, 359 B.
Grand Hotel Majestic, Via del Melarancio 1, I, 185 B.
Grand Hotel Minerva, Piazza Santa Maria Novella 16, 198 B.
Jolly Carlton, Piazza Vittorio Veneto 4a, I, 293 B.
Kraft, Via Solferino 2, I, 120 B.
Laurus, Via Cerretani 8, I, 80 B.
Londra, Via Jacopo da Diacceto 18/20, I, 178 B.
Lungarno, Borgo San Jacopo 14, I, 125 B.

Praktische Informationen von A bis Z

Michelangelo, Viale Fratelli Rosselli 2, I, 253 B.
Milano Terminus, Via Cerretani 10, I, 128 B.
Mirage, Via Barraca 231, I, 159 B.
Monginevro, Via di Novoli 59, I, 220 B.
Monna Lisa, Borgo Pinti 27, I, 35 B.
Montebello Splendid, Via Montebello 60, I, 73 B.
Nord Florence, Via Baracca 199a, I, 139 B.
Park Palace, Piazzale Galileo 5, I, 52 B.
Pierre, Via Lamberti 5, I, 78 B.
Plaza Hotel Lucchesi, Lungarno della Zecca Vecchia, I, 172 B.
Principe, Lungarno Vespucci 34, I, 35 B.
Queen Palace Hotel, Via Solferino 5, I, 33 B.
Raffaello, Viale Morgagni 19, I, 276 B.
Relais Certosa, Via di Colle Ramole 2, I, 133 B.
Ritz, Lungarno della Zecca Vecchia 24, I, 50 B.
Rivoli, Via della Scala 33, I, 100 B.
Torre di Bellosguardo, Via Roti Michelozzi 2, I, 20 B.
Villa Belvedere, Via Castelli 3, I, 51 B.
Villa Carlotta, Via Michele di Lando 3, I, 46 B.
Ville sull'Arno, Lungarno Cristoforo Colombo 1, I, 85 B.
Adriatico, Via Maso Finiguerra 9, II, 222 B.
Ambasciatori, Via Alamanni 3, II, 165 B.
Auto Park Hotel, Via Valdegola 1, II, 198 B.
Bonciani, Via Panzani 1, II, 106 B.
Capitol, Viale Amendola 34, II, 141 B.
Caravel, Via Alamanni 9, II, 103 B.
Castri, Piazza Indipendenza 7, II, 127 B.
Cavour, Via del Proconsolo 3, II, 116 B.
Concorde, Viale Luigi Gori 10, II, 146 B.
Corona, Via Nazionale 14, II, 143 B.
Firenze Nova, Via Panciatichi 51, II, 246 B.
Fleming, Viale Guidoni 87, II, 174 B.
Helvetia e Bristol, Via dei Pescioni 2, II, 101 B.
Mediterraneo, Lungarno del Tempio 44, II, 668 B.
Paris, Via dei Banchi 2, II, 103 B.
Porta Rossa, Via Porta Rossa 19, II, 130 B.
Autostrada, Viale L. Gori 31, III, 86 B.
Capri, Via Ventisette Aprile 3, III, 94 B.
Careggi, Via T. Alderotti 43, III, 50 B.
Delle Nazioni, Via Alamanni 15, III, 155 B.
Nuovo Atlantico, Via Nazionale 10, III, 174 B.
Panorama – Angelico, Via Cavour 60, III, 54 B.
Splendor, Via San Gallo 30, III, 52 B.
Firenze, Piazza Donati 4, IV, 85 B.
Residenza Universitaria Fiorentina,
Universo, Piazza Santa Maria Novella 20, IV, 68 B.

*Augustus, Viale Morin 169, L, 117 B.
Adam's Villa Maria, Lungomare Italico 110, I, 73 B.
Alcione, Viale Morin 137, I, 67 B.
Areion, Via Caio Duilio 1, I, 61 B.
Atlantico, Via Torino 2, I, 76 B.
Augustus Lido, Viale Morin 72, I, 36 B.
Byron, Viale Morin 146, I, 54 B.
California Park, Via Colombo 32, I, 72 B.
Grand Hotel, Via Giorgini 1, I, 108 B.
Hermitage, Via C. Battisti, I, 118 B.
Il Negresco, Viale Italico 82, I, 61 B.
La Pineta al Mare, Via G. Mazzini 65, I, 43 B.

Messico, Via Corsica 9, I, 31 B.
President, Via C. Duilio 4, I, 79 B.
Principe, Viale Morin 67, I, 79 B.
Raffaelli Park Hotel, Via Mazzini 37, I, 48 B.
Ritz Forte dei Marmi, Via F. Gioia 2, I, 56 B.
St. Mauritius, Via Venti Settembre, I, 69 B.
Vewrsilia Holidays, Via G. B. Vico 142, I, 68 B.
Acapulco, Via Raffaelli 6, II, 36 B.
Alpemare, Viale Italico 104, II, 49 B.
Astoria Garden, Via Leonardo da Vinci 10, II, 34 B.
Astor Victoria, Via C. Dullio 6, II, 68 B.
Bandinelli, Via Torino 3, II, 88 B.
Belvedere, Via Nove Novembre 5, II, 51 B.
Bijou, Via Salvador Allende 31, II, 48 B.
Etruria, Via Matteo Civitali 13, II, 24 B.
Florida, Viale Morin 44, II, 44 B.
Franceschi, Via Venti Settembre 19, II, 71 B.
Giada, Via Repubblica 7, II, 53 B.
Goya, Viale Carducci 69, II, 90 B.
Ines, Viale Morin 45, II, 59 B.
Kyrton, Viale Raffaelli 14, II, 28 B.
La Primula, Via Venti Settembre 10, II, 34 B.
La Versilia, Via G. Pascoli 5/7, II, 50 B.
Le Pleiadi, Via M. Civitali 51, II, 55 B.
Maria Luigia, Via Crispi 10, II, 19 B.
Marsiliana, Via Nazario Sauro 58, II, 46 B.
Mignon, Via Carducci 58, II, 42 B.
Miramonti, Via Raffaelli 74, II, 70 B.
Nettuno, Viale della Repubblica 3, II, 45 B.
Olimpia, Via Marco Polo, II, 44 B.
Paradiso al Mare, Via Machiavelli 2, II, 106 B.
Patroni, Viale Italico 8, II, 30 B.
Piccolo Hotel, Viale Morin 24, II, 50 B.
Raffaelli Villa Angela, Via Mazzini 64, II, 39 B.
Righel, Via Colombo 19, II, 28 B.
Sonia, Via Matteotti 42, II, 28 B.
Tirreno, Viale Morin 7, II, 106 B.
Villa Mia Cara, Via Crispi 11, II, 30 B.
Viscardo, Via Cesare Battisti 4, II, 38 B.
Bellariva, Via Gabriele d'Annunzio, III, 61 B.
Imperiale, Via Mazzini 20, III, 54 B.
La Pace, Via N. Sauro 15, III, 62 B.
Villa Cristina, Viale Mazzini 153, III, 86 B.

In Campese:
Campese, II, 73 B.
La Marina del Giglio, II, 54 B.
Da Giovanni, III, 26 B.
Giardino delle Palme, III, 25 B.
La Lampara, III, 20 B.

In Giglio Porto:
Arenella, II, 45 B.
Castello Monticello, II, 58 B.
Demo's Hotel, II, 56 B.
Il Saraceno, II, 87 B.
Bahamas, III, 53 B.
Da Ruggero, III, 20 B.
La Pergola, III, 13 B.
Pardini's – Hermitage, III, 16 B.

Hotels in Forte dei Marmi
(Fortsetzung)

Giglio

Praktische Informationen von A bis Z

Hotels in Grosseto
Bastiani, Piazza Gioberti 64, I, 92 B.
Lorena, Via Trieste 3, I, 95 B.
Motel Agip, Via Aurelia, Km. 179, II, 54 B.
Nalesso, Via Senese 35, II, 50 B.
Ombrone, Via Matteotti 69, II, 16 B.
Leon d'Oro, Via San Martino 46, 53 B.
Maremma, Via Fulceri Paolucci, III, 52 B.
Quattro Strade, Via Aurelia Sud, III, 30 B.
Casa dello Studente, Via S. Lavagnini, IV, 48 B.
Tirreno, Via Damiano Chiesa 50, IV, 37 B.

In Marina di Grosseto:
Lola Piccolo Hotel, Via Ventiquattro Maggio, II, 26 B.
Mediterraneo, Via Ventiquattro Maggio, II, 114 B.
Nettuno, Via Ventiquattro Maggio, II, 42 B.
Rosmarina, Via delle Colonie 35, II, 32 B.
Gondoletta, Via Ventiquattro Maggio 82, III, 26 B.

In Princina a Mare:
Principe, I, 100 B.
Grifone, II, 76 B.

In Talamone:
Capo d'Uomo, II, 46 B.
Telamonio, II, 44 B.

La Verna
In Chiusi della Verna:
La Verna, IV, 40 B.

Livorno
Palazzo, Viale Italia 195, I, 220 B.
Atleti, Via dei Pensieri 50, II, 80 B.
Boston, Piazza Mazzini 40, II, 55 B.
Excelsior, Via D. Cassuto 1, II, 105 B.
Gennarino, Viale Italia 301, II, 45 B.
Giappone, Via Grande 65, II, 98 B.
Gran Duca, Piazza Micheli 16, II, 92 B.
Touring, Via Goldoni 61, II, 59 B.
Belmare, Viale Italia 109, III, 36 B.
Etruria, Via Italia 231, III, 16 B.
Giardino, Piazza Mazzini 85, III, 40 B.
Mini Hotel, Via Buontalenti 57, III, 29 B.
Corsica, Corso Mazzini 148, IV, 76 B.

In Antignano:
Rex, Via del Littorale, II, 133 B.
Universal, Viale Antignano 4, II, 41 B.
La Capinera, Via del Castello 32, III, 32 B.

In Montereno:
Montallegro, Piazza di Montenero 3, III, 35 B.

In Quercianella Sonnino:
Il Romito, Via del Littorale 247, II, 24 B.
Villa Margherita, Via M. Puccini 44, II, 42 B.

Lucca
Napoleon, Viale Europa, 1, I, 98 B.
Villa la Principessa, Massa Pisana, I, 83 B.
Celide, Via Giusti 27, II, 93 B.
Universo, Piazza Puccini 1, II, 105 B.
Bernardino, Via di Tigloi 109, III, 26 B.

Di Poggio, Via di Poggio 9, III, 24 B.
Il Giardinetto, im Stadtteil Ponte a Moriano,
Via Nazionale 173, III, 10 B.
Ilaria, Via del Fosso 20, III, 25 B.
La Luna, Corte Compagni 12, III, 50 B.
Moderno, Via V. Civitali 38, III, 22 B.
Stipino, Via Romana 95, III, 42 B.
Villa Casanova, im Stadtteil Balbano, III, 78 B.

Hotels in Lucca
(Fortsetzung)

Galleria, Viale della Democrazia 2, II, 23 B.
Annunziata, Via Villafranca 4, III, 90 B.

Massa

In Marina di Massa:
Excelsior, Via Cesare Battisti 1, I, 138 B.
Daisy, Via Verona 12, II, 40 B.
Eco del Mare, Via Verona 1, II, 33 B.
Giulia, Via Ascoli 15, II, 42 B.
Roma, Piazza Pellerano 16, II, 67 B.
Anna, Via Verona 9, III, 26 B.
Argente, Via Padova 4, III, 21 B.
Bologna, Via Lungofrigido Ponente 3, III, 22 B.
Columbia, Via Cristoforo Colombo 37, III, 32 B.
Cristallo, Via P. Rossi 15, III, 24 B.
Dany, Via del Falasco 4, III, 14 B.
Eucalipto, Via delle Pinete 10, III, 28 B.
Euromar, Via dei Salici 3, III, 78 B.
Fioravanti, Via San Leonardo 458, III, 21 B.
Frisco, Viale Roma 410, III, 28 B.
Gabrini, Via Sturzo 13, III, 80 B.
Lido, Viale Roma 426, III, 42 B.
Luna, Via Tornabuoni 17, III, 16 B.
Matilde, Via Tagliamento 4, III, 28 B.
Michela, Via Vicenza 5a, III, 44 B.
Milano, Piazza Betti 24, III, 44 B.
Miramonti, Via Monte Grappa 7, III, 26 B.
Nevada, Via Podenzana 4, III, 32 B.
Olgadanila, Via Arno 5, III, 23 B.
Parmamare, Via delle Pinete 34, III, 35 B.
Peselli, Via Rocortola 90, III, 77 B.
Piera, Via Casamicciola 77, III, 30 B.
Roby, Via Casamicciola 3, III, 19 B.
Scandinavia, Via Zolezzi 4, III, 64 B.
Sole, Via delle Pinete 106, III, 25 B.
Tiffany, Via Fosdivino 12, III, 50 B.
Tilly, Via Lungofrigido Levante 1, III, 29 B.
Tiziana, Via delle Pinete 106a, III, 42 B.
Virginia, Via delle Pinete 5, III, 36 B.
Villa Serena, Via Mura dei Frati 26, IV, 180 B.

Duca del Mare, III, 30 B.
Girifalco, III, 25 B.

Massa Marittima

Giardino, III, 20 B.
Il Giglio, III, 21 B.

Montalcino

In Porto Santo Stefano:
Filippo II, im Ortsteil Calvello, I, 76 B.
Il Girasole, II, 30 B.
La Caletta, II, 44 B.
Villa Domizia, im Ortsteil Santa Liberata, II, 48 B.

Monte Argentario

Praktische Informationen von A bis Z

Hotels auf dem
Monte Argentario
(Fortsetzung)

Vittoria, II, 54 B.
Belvedere, III, 28 B.
La Lucciola, III, 105 B.
Miramare, im Ortsteil Pozzarello, III, 72 B.

In Port'Ercole:
Il Pellicano, I, 68 B.
Villa Letizia, I, 40 B.
Don Pedro, II, 87 B.
Stella Marina, III, 22 B.

Montecatini Terme

*Grand Hotel Bellavista Palace & Golf, Viale Fedeli 2, L, 183 B.
*Grand Hotel & La Pace, Via della Torretta 1a, L, 230 B.
Ambasciatori Grand Hotel Cristallo,
Viale Quattro Novembre 12, I, 126 B.
Cristallino, Viale A. Diaz 10, I, 89 B.
Du Parc et Regina, Viale Diaz 8, I, 98 B.
Grand Hotel Croce di Malta,
Viale Quattro Novembre 18, I, 189 B.
Grand Hotel Plaza e Locanda Maggiore,
Piazza del Popolo 7, I, 179 B.
Grand Hotel Tamerici e Principe,
Viale Quattro Novembre 2, I, 274 B.
Grand Bretagne, Viale Don Minzoni 3, I, 73 B.
Nizza et Suisse, Viale Verdi 72, I, 189 B.
Panoramic, Viale Bustichini 65, I, 158 B.
Tettuccio, Viale Verdi 74, I, 138 B.
Vittoria, Viale della Libertà 2a, I, 114 B.
Adua, Viale Cavallotti 100, II, 110 B.
Ambrosiano, Corso Matteotti 65, II, 110 B.
Ariston, Viale Manzoni 30, II, 90 B.
Astoria, Viale Fedeli 1, II, 108 B.
Augustus, Viale Manzoni 19, II, 88 B.
Belvedere, Viale Fedeli 10, II, 171 B.
Biondi, Viale Quattro Novembre 83, II, 157 B.
Boston, Viale Bicchierai 16, II, 112 B.
Buonamici, Viale Bicchierai 31, II, 40 B.
Cappelli – Croce die Savoia, Viale Bicchierai 139, II, 94 B.
Centrale, Piazza del Popolo 20, II, 82 B.
Columbia, Corso Roma 19, II, 101 B.
Corallo, Viale Cavallotti 116, II, 96 B.
De la Ville, Viale San Francesco d'Assisi 5, II, 174 B.
Ercolini & Savi, Via San Martino 18, II, 154 B.
Firenze, Viale Bicchierai 68, II, 68 B.
Florida, Via Michelangelo 16, II, 66 B.
Francia & Quirinale, Viale Quattro Novembre 77, II, 188 B.
Hermitage, Via Baragiola 31, II, 58 B.
Imperial-Garden, Viale Puccini 20, II, 144 B.
Impero, Viale Bicchierai 83, II, 97 B.
Lago Maggiore, Corso Matteotti 70, II, 88 B.
La Pia, Via Montebello 30, II, 70 B.
Lido Palace, Viale Quattro Novembre 14, II, 82 B.
Locarno Lugano, Viale Bichierai 13, II, 91 B.
Maestoso, Viale Puccini 63, II, 52 B.
Manzoni, Viale Manzoni 28, II, 96 B.
Margherita, Via Garibaldi 32, II, 44 B.
Massimo d'Azeglio, Corso Matteotti 42, II, 119 B.
Mediterraneo, Via Baragiola 1, II, 54 B.
Metropole, Via Torretta 13, II, 55 B.
Michelangelo, Viale Fedeli 15, II, 121 B.

Minerva, Via Cavour 14, II, 134 B.
Nord America, Corso Roma 97, II, 63 B.
Nuovo Excelsior, Viale Cavallotti 115, II, 63 B.
Nuovo Hotel Felsinea, Viale Bicchierai 67, II, 28 B.
Parma e Oriente, Viale Cavallotti 135, II, 73 B.
President, Corso Matteotti 118, II, 69 B.
Reale, Via Palestro 7, II, 89 B.
Rigoletto, Via Baragiola 5, II, 52 B.
Salus, Viale Marconi 5, II, 60 B.
San Marco, Viale Rosselli 3, II, 106 B.
Santa Barbara, im Ortsteil Macchino, II, 71 B.
Savona, Via Leopardi 10, II, 61 B.
Select-Petrolini, Viale Verdi 15, II, 62 B.
Settentrionale Esplanade, Viale Grocco 2, II, 112 B.
Terme Pellegrini, Piazza del Popolo 34, II, 143 B.
Tonfoni e Mafalda, Via delle Saline 42, II, 53 B.
Torretta, Viale Bustichini 63, II, 92 B.
Universo, Corso Matteotti 51, II, 88 B.
Villa Ida, Viale Marconi 55, II, 30 B.
Zenith, Via Cavour 20, II, 53 B.
Arnolfo, Via Trento 4, III, 45 B.
Brasile, Viale Bicchierai 53, III, 50 B.
Brennero e Varsavia, Viale Bicchierai 72, III, 87 B.
California, Via Trieste 19, III, 57 B.
Casa F.A.C.I., Viale Bicchierai 82, III, 118 B.
Casa Rossa, Viale Fedeli 68, III, 57 B.
Cavallotti, Viale Cavallotti 103, III, 43 B
Concordia, Via della Salute 16, III, 50 B.
Continentale, Via Puccini 18, III, 63 B.
Corona d'Italia, Viale Verdi 5, III, 56 B.
David, Viale Puccini 73, III, 58 B.
Florio, Via Montebello 41, III, 43 B.
Giglio, Viale Bicchierai 99, III, 93 B.
Granduca Leopoldo, Via Venezia 11, III, 45 B.
La Querceta, Via Peloni 19, III, 40 B.
La Quiete – Fabiani, Via Puglie 42, III, 46 B.
Lazzerini, Viale Cavallotti 78, III, 55 B.
Le Fonti, Viale San Francesco d'Assisi 4, III, 54 B.
Londra, Parco della Rimembranza 1, III, 53 B.
Miramonti, Viale Marconi 44, III, 82 B.
Moschini, Via Tripoli 21, III, 52 B.
Niky, Corso Matteotti 96, III, 62 B.
Nuovo Savi, Corso Matteotti 85, III, 72 B.
Paradiso, Via Ventisette Aprile 2, III, 55 B.
Reggio, Via Balducci 16, III, 59 B.
Rinascente, Via Gioberti 10, III, 45 B.
San Giorgio, Via Trieste 23, III, 51 B.
Savoia e Campana, Viale Cavallotti 10, III, 62 B.
Tiffany, Viale Bicchierai 37, III, 44 B.
Touring e Internazionale, Viale Cavallotti 66, III, 69 B.
Trinacria, Via Montebello 47, III, 43 B.
Umbria, Via delle Saline 19, III, 47 B.
Valtorta, Viale Cavallotti 92, III, 94 B.
Villa Anna, Viale Rosselli 33, III, 47 B.
Villa Hermada, Via Torino 10, III, 40 B.
Villa Rita, Viale Marconi 10, III, 47 B.

Il Grifo, II, 80 B.
Palio, II, 51 B.
Panoramic, im Ortsteil Boscatti, II, 46 B.

Hotels in Montecatini Terme
(Fortsetzung)

Montepulciano

Praktische Informationen von A bis Z

Hotels in Montepulciano (Fortsetzung)	Duomo, III, 16 B. Il Borghetto, III, 18 B. Il Marzocco, III, 32 B. Il Poliziano, III, 22 B. La Terrazza, III, 29 B. Tiziana, III, 11 B.
	In San Albino: Tre Stelle, II, 42 B. Villa Ambra, II, 23 B. Ada, III, 16 B. Marvin, III, 24 B. Sangallo, III, 62 B.
Orbetello	I Presidi, II, 112 B. Sole, II, 33 B.
	In Albinia: Corallo, II, 50 B. Da Renato, III, 33 B.
	In Ansedonia: Vincio, III, 15 B.
	In Fonteblanda: Corte dei Butteri, an der Via Aurelia, Km. 156, I, 165 B. Cala di Forno, II, 33 B.
	In Quattrostrade: Il Cacciatore, an der Via Aurelia, Km. 146, II, 41 B. Vecchia Maremma, II, 38 B.
Pescia	Villa delle Rose, Via del Castellare, II, 206 B. Hotel dei Fiori, Via Otto Settembre 9, III, 72 B.
Pienza	Corsignano, II, 63 B.
Pietrasanta	Derby, Via Aurelia 100, II, 10 B. Grappolo d'Oro, im Ortsteil Strettoia, II, 49 B. Da Piero, Via Traversagna 3/5, III, 12 B. Italia, Via Oberdan 9, III, 25 B. Palagi, Via Carducci 23, III, 16 B.
	In Marina di Pietrasanta: *Palazzo della Spiaggia, Lungomare Roma, L, 93 B. Ermione, Viale Roma 183, I, 80 B. Lombardi, Viale Roma 27, I, 69 B. Verdemare, Via Cipro 27, I, 48 B. Airone, Via Catalani 46, II, 45 B. Ambasciatori, Viale Roma 271, II, 54 B. Andrea Neri, Via Catalani 56, II, 48 B. Arianna, Viale Roma 47, II, 51 B. Battelli, Via Versilia 189, II, 62 B. Coluccini, Piazza d'Annunzio, II, 35 B. Eden Park, Piazza d'Annunzio 7, II, 83 B. Esplanade, Viale Roma 235, II, 60 B. Il Caravaggio, Viale Carducci 127, II, 53 B. Il Cavallino, Viale Carducci 204, II, 39 B. Joseph, Via Roma 323, II, 44 B. King, Via Tolmino 14, II, 51 B.

L'Alba Hotel, Via Colombo, II, 22 B.
Le Ginestre, Viale Italia 51, II, 47 B.
Mirage Versilia, Viale Roma 215, II, 29 B.
Mistral, Via Tolmino 5, II, 64 B.
Mondial, Via Ricasoli 18, II, 90 B.
Motel Europa, Via Apua 199, II, 37 B.
Niagara, Via Duca della Vittoria, II, 52 B.
Oceano, Viale Roma 347, II, 67 B.
Poseidon, Via Dalmazia 1, II, 23 B.
Rigatti, Via Livorno 50, II, 43 B.
Ritz, Via Dalmazia 13, II, 47 B.
San Carlo, Viale Roma 161, II, 42 B.
Savoy, Via Italia 1, II, 45 B.
Suisse, Viale Versilia 197, II, 64 B.
Tierre Brasilia, Via Roma 333, II, 82 B.
Tirreno, Via Cavour 7, II, 36 B.
Tiziana, Via Cavour 67, II, 42 B.
Venezia, Via Firenze 48, II, 65 B.
Apuana, Via Leonardo da Vinci 49, III, 30 B.
Azzurra, Via Manzoni 22, III, 36 B.
Cometa, Viale Catalani 52, III, 33 B.
Elizabeth, Via Tagliamento 36, III, 38 B.
Globe, Viale Roma 317, III, 52 B.
Grande Italia, Via Torino 5, III, 40 B.
Happy, Lungomare Roma 291, III, 37 B.
Imperiale, Via Don Bosco 8, III, 40 B.
Le Focette, Via Tripoli 20, III, 48 B.
Le Giraffe, Via Don Bosco 21, III, 59 B.
Le Rondini, Via Duca della Vittoria 53, III, 31 B.
Milano, Via Cortona 11, III, 31 B.
Milton, Via G. Puccini 15, III, 35 B.
Miosotis, Via Savoia 1, III, 62 B.
Naviglio, Viale Roma 77, III, 34 B.
Nettuno, Viale Versilia 193, III, 39 B.
Oasi, Viale Roma 225, III, 37 B.
Orione, Via Carducci 29, III, 31 B.
Patria, Via Roma 185, III, 104 B.
Nuova Sabrina, Via Foscolo 11, III, 38 B.
Villa Alk, Viale Roma 265, III, 32 B.
Villa I Tamerici, Via Don Bosco 31, III, 35 B.
Villa Marzia, Via Corridoni 1, III, 34 B.
Villa Ombrosa, Via Cavour 21, III, 44 B.
Villa Signori, Via Dalmazia 29, III, 40 B.

Centrale, Piazza Verdi 2, I, 62 B.
Collodi, Via Collodi 7, II, 49 B.
Esperia, Lungomare Marconi 27, II, 26 B.
Ariston, Via Ferrer 7, II, 38 B.
Il Piave, Piazza Niccolini 18, III, 21 B.
Italia, Via Venti Settembre 39, III, 35 B.
Tuscania, Via A. Costa 8, III, 29 B.

Cavalieri, Piazza della Stazione 2, I, 142 B.
D'Azeglio, Piazza Vittorio Emanuele 18 b, I, 52 B.
Grand Hotel Duomo, Via Santa Maria 94, I, 165 B.
Ariston, Via Cardinale Maffi 42, II, 57 B.
Arno, Piazza della Repubblica 6, II, 53 B.
Capitol, Via Enrico Fermi 13, II, 30 B.
La Pace, Via Gramsci, Galleria B, II, 126 B.
Mediterraneo, Via Turati 35, II, 158 B.

Hotels in Pietrasanta
(Fortsetzung)

Piombino

Pisa

Praktische Informationen von A bis Z

Hotels in Pisa
(Fortsetzung)

Roma, Via Bonanno 111, II, 50 B.
Royal Victoria, Lungarno Pacinotti 12, II, 126 B.
Terminus e Plaza, Via Colombo 45, II, 89 B.
Touring, Via G. Puccini 24, II, 59 B.
Villa Kinzica, Piazza Arcivescovado 4, II, 54 B.
Bologna, Via Mazzini 57, III, 98 B.
Fenice, Via Catalani 8, III, 50 B.
La Torre, Via Cesare Battisti 17, III, 61 B.
Leon Bianco, Piazza del Pozzetto 6, III, 52 B.

In San Giuliano Terme:
California Park Hotel, Via Aurelia, Km. 338, I, 141 B.

In Tirrenia:
Atlantico, I, 135 B.
Continental, I, 230 B.
Grand Hotel Golf, I, 200 B.
Bristol, II, 66 B.
Florida, II, 60 B.
Il Gabbiano, II, 32 B.
Le Baleari, II, 46 B.
Mediterraneo, II, 39 B.
Medusa, II, 57 B.
Tirrenia Villa Laura, II, 67 B.
Italia, III, 42 B.
Vittoria, III, 43 B.

Pistoia

Il Convento, Via San Quirico 33, II, 42 B.
Le Rose, Viale Adua 89, II, 32 B.
Leon Bianco, Via Panciatichi 2, II, 51 B.
Milano, Viale Pacinotti 10, II, 94 B.
Patria, Via F. Crispi 6, II, 52 B.
Charleston, im Stadtteil Masotti, II, 37 B.
Appennino, Via Venti Settembre 21, III, 46 B.

Pitigliano

Corano, im Ortsteil Corano, III, 47 B.
Guastini, III, 45 B.
Valle Orientina, III, 20 B.

Poppi

In Badia Prataglia:
Bellavista, Via Nazionale 35, III, 61 B.
Bosco Verde, Via Nazionale 8, III, 50 B.
Giardino, III, 72 B.
La Foresta, Via Nazionale 13, III, 45 B.
Mechelli, Via Sassopiano 3, III, 24 B.
Mimosa, Via Nazionale 57, III, 44 B.
Verdeluna, III, 56 B.

Prato

Palace, Via Pier della Francesca 71, I, 145 B.
President, Via Simintendi 20, I, 117 B.
Flora, Via Cairoli 31, II, 55 B.
Milano, Via Tiziano 15, II, 118 B.
Moderno, Via C. Balbo 11, II, 36 B.
San Marco, Piazza San Marco 46, II, 83 B.
Villa Santa Cristina, Via Poggio Secco 58, II, 39 B.
Giardino, Via Magnolfi 2, III, 37 B.
Stella d'Italia, Piazza Duomo 8, III, 33 B.

San Gimignano

Belsoggiorno, II, 48 B.
La Cappuccina, im Ortsteil La Cappuccina, II, 20 B.

La Cisterna, II, 86 B.
La Steccaia, im Ortsteil La Steccaia, II, 65 B.
Leon Bianco, II, 48 B.
Le Renaie, im Ortsteil Pancole, II, 48 B.
Pescille, im Ortsteil Pescille, II, 64 B.

Hotels in San Gimignano
(Fortsetzung)

Bianca, Viale Don Minzoni 38, II, 55 B.
River, Via F. Cervi 10, II, 62 B.

San Giovanni Valdarno

Miravalle, II, 36 B.

San Miniato al Tedesco

Palazzuolo Tuscany Club, II, 19 B.

San Quirico d'Orcia

Borgo, I, 72 B.
La Balestra, Via dei Montefeltro 29, I, 96 B.
Fiorentino, Via L. Pacioli 60, II, 36 B.
Orfeo, Viale A. Diaz 12, III, 30 B.

Sansepolcro

*Park Hotel, Via Marciano 16, L, 137 B.
Athena, Via Masscagni 55, I, 210 B.
Jolly Hotel Excelsior, Piazza la Lizza 1, I, 222 B.
La Certosa, Via di Certosa 82, I, 28 B.
Villa Patrizia Hotel, Via Fiorentina 58, I, 66 B.
Villa Scacciapensieri, Via di Sciacciapensieri 10, I, 52 B.
Castagneto Hotel, Via dei Cappuccini 39, II, 21 B.
Continentale, Via Banchi di Sopra 85, II, 78 B.
Duomo, Via Stalloreggi 38, II, 24 B.
Garden, Via Custozza 2, II, 107 B.
Italia, Viale Cavour 67, II, 130 B.
La Toscano, Via Cecco Angiolieri 12, II, 65 B.
La Minerva, Via Garibaldi 72, II, 86 B.
Moderno, Via B. Peruzzi 19, II, 124 B.
Palazzo Ravizza, Pian dei Mantellini 34, II, 56 B.
Santa Caterina, Via Piccolomini 7, II, 34 B.
Vico Alto, Via delle Regioni 26, II, 82 B.
Cannon d'Oro, Via Montanini 28, III, 42 B.
Centrale, Via Calzoleria 24, III, 40 B.
Chiusarelli, Via Curtatone 9, III, 89 B.
Piccolo Hotel Il Palio, Piazza del Sale 19, III, 34 B.
Villa Terraia, Via dell'Ascarello 13, III, 49 B.

Siena

Astor Hotel, Viale Carducci 54, I, 129 B.
De Russie e Plaza, Viale Manin 1, I, 90 B.
Excelsior, Viale Carducci 88, I, 154 B.
Grand Hotel e Royal, Viale Carducci 44, I, 209 B.
Palace Hotel, Via F. Gioia 2, I, 120 B.
Principe di Piemonte, Piazza G. Puccini 1, I, 194 B.
American Hotel, Piazza Mazzini 6, II, 57 B.
Belmare, Via Carducci 5, II, 51 B.
Bristol, Viale Manin 14, II, 62 B.
Caracas, Via Bertini 146, II, 36 B.
Eden, Via San Martino 1, II, 86 B.
Garden, Viale Foscolo 70, II, 73 B.
Liberty, Lungomare Manin 18, II, 80 B.
London, Viale Manin 16, II, 46 B.
Lukas, Piazza Puccini 5, II, 25 B.
Marchionni, Piazza Puccini 3, II, 71 B.
Miramare, Via Carducci 27, II, 39 B.
San Francisco, Via Carducci 68, II, 50 B.
Stella d'Italia, Via Foscolo 57, II, 65 B.

Viareggio

Praktische Informationen von A bis Z

Hotels in Viareggio (Fortsetzung)	Bella Riviera, Viale Manin 34, III, 48 B. Bonelli, Via Regia 96, III, 56 B. Flamingo, Via Buonarroti 219, III, 54 B. Katy, Via F. Gioia 12, III, 45 B. Kursaal, Via Mentana 19, III, 66 B. Turismo, Via Buonarroti 97, III, 54 B.
Volterra	San Lino, I, 82 B. Etruria, II, 40 B. Nazionale, II, 66 B. Villa Nencini, II, 27 B.

Information

→ Auskunft

Jugendherbergen

Besonders für jüngere Touristen bieten die Jugendherbergen (Alberghi bzw. Ostelli per la Gioventù) preisgünstige Übernachtungsmöglichkeiten. Grundsätzlich haben Wanderer unter 30 Jahren Vorrang. Der Aufenthalt in ein und derselben Jugendherberge ist für Einzelpersonen auf drei Nächte begrenzt, sofern das Haus voll belegt ist. Zur Hauptreisezeit, für Gruppen über fünf Personen grundsätzlich, ist Voranmeldung erforderlich. Eigene Schlafsäcke dürfen nicht benutzt werden; die Gebühr für einen Leihschlafsack ist im Übernachtungspreis enthalten.
Voraussetzung für die Aufnahme in Jugendherbergen ist ein Jugendherbergsausweis des Heimatlandes.

Auskunft

Associazione Italiana Alberghi per la Gioventù
Via Cavour 44, 3. Stock
I-00184 Roma (Rom)
Tel. (06) 46 23 42

Innerhalb der Toskana gibt es Jugendherbergen an folgenden Orten:
Abetone, Arezzo, Cortona, Florenz (Firenze), Lucca, Marina di Massa, Pisa, Siena und Tavarnelle Val di Pesa.

Karten und Pläne

Wer sich auch abseits der großen Fernverkehrsstraßen bewegen will, sollte neben der zu diesem Reiseführer gehörenden Übersichtskarte zusätzliches Landkartenmaterial mitführen. Nachstehend eine Auswahl.

1 : 1 500 000	Shell Reisekarte Italien
1 : 1 000 000	Hallwag Straßenkarte Italien Michelin Straßenkarte Italien (Nr. 988)
1 : 750 000	Große Shell Autokarte Italien

TCI (Touring Club Italiano) Carta Generale d'Italia (4 Blätter)

TCI (Touring Club Italiano) Toscana

Karten und Pläne
(Fortsetzung)
1 : 500000
1 : 200000

Für einen mehrtägigen Aufenthalt in der Hauptstadt der Toskana empfiehlt sich Baedekers Allianz-Reiseführer „Florenz" (mit großem separaten Stadtplan).

Hinweis

Konsulate

→ Diplomatische und konsularische Vertretungen

Kuren

In der Toskana gibt es eine ganze Anzahl von Kurorten. Neben den weitbekannten Thermalbädern Chianciano Terme und Montecatini Terme finden sich kleinere Heilbäder von eher regionaler Bedeutung.
Die staatlich anerkannten Kurorte sind: Bagni delle Galleráie (Prov. Siena), Bagni di Lucca (Prov. Lucca), Bagni di San Filippo (Prov. Siena), Bágnore (Prov. Grosseto), Bagno Vignoni (Prov. Siena), Casciana Terme (Prov. Pisa), Chianciano Terme (Prov. Siena), Cortona (Prov. Arezzo), Equi Terme (Prov. Massa-Carrara), Gambassi Terme (Prov. Florenz/Firenze), Monsummano Terme (Prov. Pistoia), Montecatini Terme (Prov. Pistoia), Rapolano Terme (Prov. Siena), San Carlo Terme (Prov. Massa-Carrara), San Casciano dei Bagni (Prov. Siena), San Giuliano Terme (Prov. Pisa), Terme del Bagnolo (Prov. Grosseto), Terme di Caldana (Prov. Livorno), Terme di Firenze (Prov. Florenz/Firenze), Terme di Montepulciano (Prov. Siena), Terme di Petriolo (Prov. Grosseto), Terme di Saturnia (Prov. Grosseto), Terme San Giovanni (Prov. Livorno).

Kurorte

Mietwagen

Via Borgognissanti 128/R
I-50100 Firenze (Florenz)
Tel. (055) 263010

Avis
Reservierung in der
Bundesrepublik
Deutschland
zum Ortstarif:
Tel. 01 30 77 33

Via Garibaldi 49
I-57100 Livorno
Tel. (0586) 880090

Via Manin 8
I-51016 Montecatini Terme
Tel. (0572) 72946

Aeroporto San Giusto
I-56100 Pisa
Tel. (050) 42028

Via Roma 54
I-50047 Prato
Tel. (0574) 42700

Praktische Informationen von A bis Z

Mietwagen, Avis
(Fortsetzung)

Via Margherita 48
I-55049 Viareggio
Tel. (0584) 46111

Banchina IV Novembre 17
I-5736 Porto Azzurro / Elba
Tel. (0565) 95000

Europcar
Reservierung in der
Bundesrepublik
Deutschland
zum Ortstarif:
Tel. 01 30 31 51

Via Borgognissanti 35R/55R
I-50100 Firenze (Florenz)
Tel. (055) 293444

Aeroporto Galileo Galilei
I-56100 Pisa
Tel. (050) 41017

Via Mentana 33
I-55049 Viareggio
Tel. (0584) 46514

Hertz
Reservierung in der
Bundesrepublik
Deutschland
zum Ortstarif:
Tel. 01 30 21 21

Via Maso Finiguerra 33
I-50100 Firenze (Florenz)
Tel. (055) 298205

Via Mastacchi 59–63
I-57100 Livorno
Tel. (0586) 410515

Via U. Dini 13
I-57025 Piombino
Tel. (0565) 32466

Via Vespucci 106a
I-56100 Pisa
Tel. (050) 40878

Aeroporto San Giusto
I-56100 Pisa
Tel. (050) 44426

Via Cimabue 2
I-50047 Prato
Tel. (0574) 21055

Notrufe

Hinweis

Es ist ratsam, stets einige Telefonmünzen (,gettoni') mitzuführen (erhältlich an Zeitungskiosken, bei Tabakwarenhändlern und in Bars mit Telefon).

Einheitliche Rufnummern
für ganz Italien

Polizei und Rettungsdienste
(Pronto Soccorso) 113
Autohilfsdienst des ACI
(Soccorso Stradale) 116

Deutschsprachiger
Notrufdienst

Telefon in Rom:
(06) 4954730

Besetzt von 0 bis 24 Uhr.	ADAC-Notrufzentrale
Telefon aus Italien: 0049/89/222222	in München
Ambulanzdienst und Telefonarzt:	
Telefon 0049/89/7676-2244	
Telefon aus Italien:	ACE-Notrufzentrale
0049/711/5303-111	in Stuttgart
Telefon aus Italien:	DRK-Flugdienst Bonn
0049/228/233232	
Telefon aus Italien:	Deutsche Rettungsflugwacht
0049/711/701070	Stuttgart

Öffnungszeiten

Sommer: Mo.–Fr. 8.30–12.30 und 16.00–20.00; Sa. nachm. geschl.	Apotheken
Winter: Mo.–Fr. 8.30–12.30 und 15.30–19.30; meist Mo. vorm. geschl.	
Sommer: 9.00–12.30 und 16.00–20.00; Sa. nachm. geschl.	Einzelhandelsgeschäfte
Winter: 9.00–12.30 und 15.30–19.30; Mo. vorm. geschl.	
Für den Publikumsverkehr nur Mo.–Fr. 8.30–14.00	Banken
Mo.–Sa. 8.15–14.00; Hauptpostämter auch ganztags.	Postämter
Tankstellen sind in der Regel von 12.30 bis 15.30 und ab 20.00 geschlossen, im Winter meist ab 19.00.	Tankstellen
9.00 bzw. 10.00 bis 13.00 bzw. 14.00; 14.00 bzw. 15.00 bis 17.00 bzw. 18.00, gelegentlich bis 19.00. Im Winter sind die Besuchszeiten meist kürzer, dafür entfällt die mittägliche Schließung. Alle Museen bleiben am Sonntagnachmittag sowie an gesetzlichen Feiertagen geschlossen, die meisten auch montags oder (seltener) freitags.	Museen

Da unvorhergesehene Schließungen (wegen Personalmangel, Streiks, Renovierungsarbeiten u. dergl.) vorkommen können, erkundige man sich am besten vor dem geplanten Besuch.

Die größeren Kirchen sind meist bis 12.00 Uhr und gewöhnlich auch von 16.00 oder 17.00 Uhr bis zur Dämmerung geöffnet, einige Hauptkirchen auch den ganzen Tag.	Kirchen

Man achte beim Besuch stets auf angemessene Kleidung; ärmellose oder halsfreie Blusen, kurzärmelige Hemden, Shorts usw. sind zu vermeiden (sonst Zurückweisung möglich).

Während des Gottesdienstes sollte man auf die Innenbesichtigung verzichten.

Papiere

→ Reisedokumente

Post, Telefon

Öffnungszeiten	Die Postämter sind im allgemeinen nur von 8.15 bis 14.00 Uhr geöffnet.
Briefmarken	Außer bei den Postämtern kann man Briefmarken auch in Tabakgeschäften (zu erkennen an einem Schild mit einem T über der Tür) kaufen.
Briefkästen	Die Briefkästen in Italien sind rot.
Telefon	In den meisten Bars gibt es Telefonautomaten (erkenntlich an der gelben Scheibe über dem Eingang), wo man mit Telefonmünzen (‚gettoni') Stadtgespräche führen kann. Steht in der gelben Scheibe der Vermerk ‚teleselezione' oder ‚interurbana', so kann man auch direkt ins Ausland telefonieren – natürlich braucht man dazu entsprechend viele ‚gettoni'.
	Seit einiger Zeit gibt es auch Telefonautomaten, die sowohl mit Telefonmünzen als auch mit 100-Lire- oder 200-Lire-Stücken funktionieren.
	Man kann auch auf den Postämtern und beim Staatlichen Italienischen Telefonamt (SIP) telefonieren.
Ländernetzkennzahlen	Bundesrepublik Deutschland: 0049 Deutsche Demokratische Republik: 0037 Österreich: 0043 Schweiz: 0041
	Die Null der nachfolgenden deutschen, österreichischen oder schweizerischen Ortsnetzkennzahl entfällt!
Postsparkasse	→Geld

Reisedokumente

Personalpapiere	Zur Einreise nach Italien genügt für Reisende aus der Bundesrepublik Deutschland, aus Österreich und der Schweiz der Personalausweis.
Fahrzeugpapiere	Der Führerschein und Kfz-Schein des Heimatlandes werden anerkannt und sind mitzuführen; erforderlich ist auch die Mitnahme der grünen Internationalen Versicherungskarte für Kraftverkehr. Kraftfahrzeuge müssen das ovale Nationalitätskennzeichen tragen.
Tiere	Wer Haustiere (Hund, Katze) nach Italien mitnehmen will, benötigt für sie ein amtstierärztliches Gesundheitszeugnis (höchstens 30 Tage alt) sowie ein mindestens 20 Tage und höchstens 11 Monate altes Tollwut-Impfzeugnis. Für Hunde sind Maulkorb und Leine vorgeschrieben.
Hinweis	Es ist ratsam, von den Reisedokumenten eine Fotokopie herzustellen, die bei Verlust die Beschaffung von Ersatzpapieren wesentlich erleichtert.

Reisezeit

Die günstigste Reisezeit ist spätes Frühjahr und Frühsommer (Anfang Mai bis Ende Juni) oder der Herbst (Anfang September bis Ende Oktober). Die Hauptreisezeit bringt sehr großen Andrang (und entsprechende Engpässe im Gastgewerbe) mit sich, und im August (Ferragosto) scheint halb Italien unterwegs zu sein.

Im Hochsommer werden vor allem die Seebäder aufgesucht, zumal im August das Meerwasser mit durchschnittlichen 24 °C am wärmsten ist. Wer zeitlich unabhängig ist, sollte die Zeit der Schul- und Werksferien zumindest dann meiden, wenn die bedeutendsten Zentren des Tourismus besucht werden sollen.

→ Zeit

Uhrzeit

Restaurants

Ristorante Sella	**Abbadia San Salvatore**
Vinicio	**Ansedonia**
Buca di San Francesco, Piazza San Francesco 1 Spiedo d'Oro, Via Crispi 12 Tastevin, Via de'Cenci 9	**Arezzo**
Circolo dei Forestieri, Piazza Verraud La Ruota, 2,5 km außerhalb	**Bagni di Lucca**
Il Cedro, in Moggiona	**Camaldoli**
Buca di Michelangelo Fonte della Galletta, 6 km außerhalb	**Caprese Michelangelo**
Soldaini, Via Mazzini 11 Da Gero, in Marina di Carrara, Viale XX Settembre 305	**Carrara**
Da Romolo, Corso della Libertà 10	**Castiglione della Pescaia**
Osteria del Vicario	**Certaldo**
La Casanova, Strada della Vittoria 10 Al Casale, Via delle Cavine 36 Il Morellone, Strada del Morellone 8	**Chianciano Terme**
La Fattoria, 3,5 km außerhalb	**Chiusi**
Arnolfo, Via Campana 8 Cartiera, Via Oberdan 5 L'Antica Trattoria, Piazza Arnolfo 23	**Colle di Val d'Elsa**
La Loggetta, Piazza Pescheria	**Cortona**
In Portoferraio: Al Braciere La Ferrigna	**Elba**

Praktische Informationen von A bis Z

Restaurants auf Elba
(Fortsetzung)

In Marina di Campo:
Bologna
La Triglia
Da Gianni

In Rio Marina:
La Canocchia

Empoli

Bianconi, Via Tosco Romagnola 70

Fiesole

Trattoria le Cave di Maiano, in Maiano

Florenz
(Firenze)

Enoteca Pinchiorri, Via Ghibellina 87
Sabatini, Via de Panzani 9a
Da Dante / Al Lume di Candela, Via delle Terme 23r
Harry's Bar, Lungarno Vespucci 22r
Gourmet, Via Prato 68r
Lorenzaccio, Via Rucellai 1a
Al Campidoglio, Via del Campidoglio 8r
Barrino, Via de'Biffi 2r
La Posta, Via de'Lamberti 20r
Buca Lapi, Via del Trebbio 1r
La Loggia, Piazzale Michelangiolo 1
Il Paiolo, Via del Corso 42r
Da Noi, Via Fiesolana 46r
13 Gobbi, Via del Porcellana 9r
Buca Mario, Piazza Ottaviani 16r
Pierot, Piazza Taddeo Gaddi 25r
Leo in Santa Croce, Via Torta 7r
Il Profeta, Borgo Ognissanti 93r
Mamma Gina, Borgo Sant'Jacopo 37r
Le Fonticine, Via Nazionale 79r
Paoli, Via dei Tavolini 12r
La Geppia, Lungarno Ferrucci 8
Cibreo, Via dei Macci 118

Forte dei Marmi

La Barca, Viale Italico 3
Lorenzo, Via Carducci 61

Grosseto

Buca di San Lorenzo, Via Manetti 1
La Maremma, Via Fulceri Paolucci de'Calboli 5
Canapone, Piazza Dante 3

Livorno

Gran Duca, Piazza Micholi 18
Il Fanale, Scali Novi Lena 15
La Barcarola, Viale Carducci 63
Hostaria da Norma, Via Provinciale Pisana 60
La Parmigiana, Piazza Luigi Orlando
Gennarino, Via Santa Fortunata 11
La Gargotta del Buongustaio, Via San Carlo 7

Lucca

Buca di Sant'Antonio, Via della Cervia 1/5
Antica Locanda dell'Angelo, Via Peschiera 21
Giglio, Piazza del Giglio

Massa

Manfredi, Piazza della Liberazione 21

Montecatini Terme

Gourmet, Viale Amendola 6
San Francisco, Corso Roma 112
Chez les Amis, Viale Bovio 1a

Il Cantuccio, Via delle Cantine 1/3 — **Restaurant in Montepulciano**

Osteria del Lupacante, Corso Italia 103 — **Orbetello**
Il Cacciatore, in Orbetello Scalo
Da Egisto, Corso Italia 190

Cecco, Via Forti 84 — **Pescia**
La Fortuna, Via Colli per Uzzano 18

Centrale, Piazza Edison 2 — **Piombino**

Sergio, Lungarno Pacinotti 1 — **Pisa**
Ristoro dei Vecchi Macelli, Via Volturno 49
Emilio, Via Roma 28
Buzzino, Via Cammeo 44
Da Bruno, Via Bianchi 12
Da Ivaldo, Via Toselli 11 a

Cucciolo della Montagna, Via Panciatichi 4 — **Pistoia**
La Valle del Vincio, Via di Vignano 1
Rafanelli Sant'Agostino, Via Sant'Agostino 47
Il Boschetto, Via Adena 469

Il Piraña, Via Valentini 110 — **Prato**
Villa Santa Cristina, Via Poggio Secco 58
Tonio, Piazza Nercatale 61
Pietro, Via Balbo 9 a

La Griglia — **San Gimignano**
La Stella

Al Marsili, Via del Castoro 3 — **Siena**
Il Campo, Piazza del Campo 50
Guido, Vicolo Pettinaio 7
Le Campane, Via delle Campane 6
L'Angolo, Via Garibaldi 15
Mariotti / Da Mugolone, Via dei Pellegrini 8
Nello – La Taverna, Via del Porrione 28
Tullio ai tre Cristi, Vicolo Provenzano 1
Al Mangia, Piazza del Campo 42

Il Patriarca, Viale Carducci 79 — **Viareggio**
Tito del Molo, Lungomolo Corrado del Greco 3
Montecatini, Viale Manin 8
Margherita, Lungomare Margherita 30
Da Romano, Via Mazzini 120
Gusmano, Via Regia 58–64
Mirage, Via Zanardelli 12–14

Il Porcellino, Vicolo delle Prigioni 16 — **Volterra**
Etruria, Piazza dei Priori 8
Da Beppino, Via delle Prigioni 15

Jede Gaststätte muß dem Gast eine quittierte Verzehrrechnung ausstellen, die im Umkreis des Lokales auf Verlangen der Steuerfahndung vorzuweisen ist (widrigenfalls Geldbuße). — Hinweis

→ dort — Essen und Trinken

→ Hotels — Hotelrestaurants

Sommerzeit

→ Zeit

Souvenirs

Noch heute kann man in der Toskana beachtenswerte Erzeugnisse des traditionsreichen Handwerks und Kunstgewerbes in großer Vielfalt finden. Es gibt gute Schuhe, Lederwaren und Textilien, ferner bisweilen (vor allem in Florenz) sehr geschmackvollen Gold- und Silberschmuck sowie Korbwaren. Volterra ist berühmt für seine Alabasterwerkstätten. Zwar ist vieles Massenproduktion, aber wer sich umsieht, findet auch geschmackvolle Einzelstücke. Ähnliches gilt für Holzarbeiten (u. a. Olivenholz) und Keramik.

Regionale Spezialitäten sind in Siena Goldschmuck, Schmiedeeisen sowie Tischler- und Töpferwaren; in San Gimignano bemalte Keramikteller.

Empfehlenswert sind auch Süßigkeiten wie Panettone, kandierte Früchte oder die sogenannten ‚Arno-Kiesel' (bunte Dragees). Des weiteren sind Weine (→ Wein) und Spirituosen als Reisemitbringsel beliebt.

Warnung

Vielfach werden von Straßenhändlern angeblich besonders preisgünstige Uhren, Schmuck u. dergl. angeboten. Diese Waren sind so gut wie immer minderwertig; Edelmetallstempel werden häufig gefälscht.

Hinweis

Beim Kauf wertvollerer Waren, bei größeren Autoreparaturen u. a. empfiehlt es sich dringend, die Kaufquittung aufzubewahren, denn diese muß bei den recht häufigen Kontrollen durch die Steuerfahndung vorgewiesen werden.

Straßennetz

Das italienische Straßennetz ist sehr dicht und gut ausgebaut. Es besteht aus Autobahnen, Staatsstraßen, Provinzialstraßen und Nebenstraßen.

Autobahnen

Praktisch alle größeren Städte Italiens sind durch Autobahnen (‚autostrade'; meist gebührenpflichtig) verbunden. Im Bereich der Toskana ist die Strecke von Carrara über Lucca nach Florenz und weiter über Arezzo und Chiusi in Richtung Rom auch für den Durchgangsverkehr wichtig. Für die Region selbst sind die von der Hauptlinie abzweigenden Strecken von Viareggio nach Livorno sowie von Florenz nach Siena von Bedeutung.

Staatsstraßen

Gleichfalls als Fernverbindungen wichtig und meist auch vorzüglich ausgebaut sind die Staatsstraßen (‚strade statali'; SS …). Sie tragen vielfach besondere Namen (teils nach den alten Römerstraßen, z. B. Via Aurelia, Via Cassia, Via Emilia), die bei der Bevölkerung oft bekannter sind als die amtlichen Nummern.

Die Provinzialstraßen ('strade di grande comunicazione') sind ähnlich gut befahrbar, haben aber keine Numerierung.

Straßennetz (Fortsetzung)
Provinzialstraßen

Nahverbindungen werden durch Nebenstraßen ('strade secondarie') hergestellt.

Nebenstraßen

→Verkehrsvorschriften

Straßenverkehr

Telefon

→Post, Telefon

Touristen-Information

→Auskunft

Trinkgeld

Als Regel kann gelten: Trinkgeld ('mancia') gibt man bei ähnlichen Gelegenheiten und in vergleichbarer Höhe wie in Deutschland. Es soll eine Anerkennung für besondere Dienste sein; unverlangte Leistungen braucht man nicht zu honorieren.

Uhrzeit

→Zeit

Unterkunft

→Hotels
→Jugendherbergen

Veranstaltungen

Viareggio, Pisa: Prunkfeste	Karneval
vielerorts: San Giuseppe (Josefstag)	19. März
vielerorts, besonders in Florenz: Palmweihe mit Prozession	Palmsonntag
vielerorts: Mercoledi Santo (Lamentationen, Miserere)	Mittwoch vor Ostern
vielerorts, besonders in Florenz: Fußwaschung, Grablegung des Allerheiligsten	Gründonnerstag
vielerorts, besonders in Florenz: Kreuzesverehrung	Karfreitag
vielerorts, bes. in Florenz: Entzündung des Heiligen Feuers	Karsamstag

Praktische Informationen von A bis Z

Veranstaltung am Ostersonntag	Florenz: Scoppio del Carro
1. Mai	Florenz: Historisches Ballspiel
Mai	Florenz: Maggio Musicale (Musikfestival)
Mai – Juni	Torre del Lago: Puccini-Opernsaison
Himmelfahrt	Florenz: Grillenfest
Fronleichnam	vielerorts: Prozessionen
1. Junisonntag	Pisa: Gioco del Ponte (Brückenfest; historische Regatten)
Mitte Juni	vielerorts: Corpus Domini (Himmelfahrtsprozessionen)
Anfang Juli	Siena: Palio delle Contrade (Reiterspiele, historischer Umzug)
15. August	vielerorts: Assunta (Mariae Himmelfahrt; Prozession und Feuerwerk)
Mitte August	Siena: Palio delle Contrade (Reiterspiele, historischer Umzug, Kerzenprozession)
1. Septembersonntag	Arezzo: Giostra del Saracino (Sarazenenspiel)
Anfang September	Florenz: Rificolone (nächtliches Laternenfest)
2. Septembersonntag	Sansepolcro: Armbrustschießen
Mitte September	Lucca: Luminaria di Santa Croce
Ende Oktober	Montalcino: Sagra del Tordo (,Drosselfest', mit Bogenschießen)
22. November	vielerorts: Santa Cecilia (Cäcilientag)
Mitte Dezember bis Mitte Januar	vielerorts: Weihnachtskrippen
Hinweis	Eine große Rolle im Brauchtum spielen die katholischen Riten, besonders die Kirchweihfeste sowie die Patronatsfeste (fast in jedem größeren Ort). Außerdem finden an vielen Plätzen Passionsspiele und Wallfahrten statt.

Verkehrsvorschriften

Rechtsverkehr	In Italien besteht wie im übrigen kontinentalen Europa Rechtsverkehr.
Gurtpflicht	Sicherheitsgurte müssen während der Fahrt angelegt werden. Motorrad-Anhänger sind in Italien nicht zulässig.
Vorfahrt	Vorfahrt hat der auf der Hauptverkehrsstraße fließende Verkehr, sofern diese durch ein auf die Spitze gestelltes weißes oder gelbes Quadrat mit roter bzw. schwarz-weißer Umrahmung beschildert ist. Sonst gilt grundsätzlich (auch im Kreisverkehr) die Regelung ,rechts vor links'. Auf schmalen Berg-

straßen hat das bergauf fahrende Fahrzeug Vorfahrt. Schienen-
fahrzeuge sind immer bevorrechtigt.

Jeder Fahrbahnwechsel (auch vor und nach dem Überholen) ist
durch den Fahrtrichtungsanzeiger anzukündigen, ebenso das
Anhalten am Straßenrand.

Fahrbahnwechsel

Vor dem Überholen muß außerhalb von geschlossenen Ortschaften gehupt werden, desgleichen vor Kreuzungen, Abzwei-
gungen, unübersichtlichen Kurven und anderen gefährlichen
Stellen; bei Dunkelheit ist die Lichthupe zu verwenden. In größeren Ortschaften besteht Hupverbot (entsprechendes Ver-
kehrszeichen oder Aufschrift ‚zona di silenzio').

Hupsignal

Auf gut beleuchteten Straßen darf nur mit Standlicht, in Tun-
nels und Galerien jedoch muß mit Abblendlicht gefahren werden. Vorsicht ist wegen der zahlreichen Fahrräder geboten, die
meist weder Beleuchtung noch Rückstrahler besitzen.

Beleuchtung

Auf Zebrastreifen sind Fußgänger absolut bevorrechtigt.

Zebrastreifen

Die Beschilderung mit den international üblichen Verkehrszei-
chen ist praktisch überall durchgeführt.

Beschilderung

Seit 1988 ist eine Neuregelung der italienischen Tempolimits in
Kraft.
Auf Landstraßen beträgt die zulässige Höchstgeschwindigkeit
90 km/h; auf Autobahnen an Wochentagen 130 km/h, an den
Wochenenden (samstags und sonntags) nur 110 km/h. Bei
Nichtbeachtung empfindlich hohe Bußgelder!
Pkw mit Anhänger dürfen außerorts 80 km/h, auf Autobahnen
100 km/h nicht überschreiten.
Motorräder mit weniger als 150 cm^3 Hubraum dürfen die Auto-
bahnen nicht benutzen.

Zulässige
Höchstgeschwindigkeiten

Aus Sicherheitsgründen ist es verboten, Reservekanister mitzuführen oder an Tankstellen aufzufüllen.
Benzingutscheine → dort.

Hinweis

→ dort

Straßennetz

Wandern

Die Beckenlandschaften und sanften Hügelketten der Toskana
sind ein gutes Wandergebiet, zumal die sehenswerten Orte re-
lativ nahe beieinander liegen. Das erforderliche Kartenmaterial
erhält man in Buchhandlungen der Provinzhauptstädte und
Touristikzentren.

Wegen der noch immer recht zahlreichen Schlangen ist festes
Schuhwerk anzuraten.

Wassersport

Die Wassersportmöglichkeiten konzentrieren sich auf die Mee-
resküsten des Festlandes und der Inseln. An den Stränden der

Wassersport
(Fortsetzung)

Seebäder besteht allenthalben die Möglichkeit zum Windsur-
fen, bisweilen auch zum Segeln.

Unterwassersportler finden an den felsigen Küsten des Monte
Argentario, bei Piombino und auf den Inseln entsprechende
Reviere. Durch Überfischung und intensive Unterwasserjagd
wie auch durch Verschmutzung im Bereich von Häfen und
Flußmündungen ist allerdings die marine Tier- und Pflanzen-
welt stark dezimiert worden.

Bei Freizeitkapitänen beliebt ist der Toskanische Archipel. Vor
Antritt eines Inseltörns erkundige man sich jedoch nach den
Bestimmungen, denn manche Inseln dürfen nicht bzw. nur mit
amtlicher Erlaubnis angelaufen werden.

Jachthäfen gibt es u.a. in Port' Ercole, Porto Santo Stefano,
Cala Galera und Ansedonia.

Badestrände

→ dort

Wein

Italien ist seit uralter Zeit ein Weinland; heute liegt es mit der
Gesamtmenge seiner Produktion weltweit an der Spitze. Die
Toskana wiederum gehört zu den am besten organisierten
Weinbauregionen des Landes und in den Kreis derer, die bei
der Abfassung des 1963 in Kraft getretenen Weingesetzes ihren
reichen Erfahrungsschatz zur Verfügung stellten.

Chianti
und andere Rotweine

Chianti-Gütezeichen

Der bekannteste Wein der Toskana, ja vielleicht ganz Italiens,
ist der rote Chianti. Der Chianti Classico, aus einem genau defi-
nierten Erzeugungsgebiet stammend, gehört fraglos zu den
besten italienischen Kreszenzen. Der ‚Klassische' ist an dem
schwarzen Hahn auf dem Flaschenetikett zu erkennen; der mit
einem Engelchen gekennzeichnete Chianti Putto steht ihm an
Qualität kaum nach. Doch gerade die Tatsache, daß ‚Chianti'
geradezu ein Synonym für den italienischen Rotwein geworden
ist, hat außerhalb des Kerngebietes teilweise zu einer Massenproduktion geführt, die der Qualität nicht immer zuträglich war.

Kenner schätzen den roten Brunello di Montalcino als ein Spit-
zenerzeugnis (das freilich auch seinen Preis hat). Gute Jahr-
gänge altern ausgezeichnet und entfalten dabei ein elegantes
Bukett. Aus dem gleichen Gebiet stammt der Rosso dei Vigneti
di Brunello, aus derselben Traubensorte, aber von jungen Re-
ben oder aus etwas schwächeren Jahrgängen. Er ist trocken,
samtig sowie bukettreich und wird jung getrunken.

Ein dritter renommierter Rotwein ist der Vino Nobile di Montepulciano aus dem Südosten der Toskana. Er ist granat- bis zie-
gelrot, trocken und mit leichtem Veilchenbukett. Längere Zeit
gelagert und ausgebaut werden nur die ganz großen Jahr-
gänge.

Weißweine

Als ‚Chianti' dürfen eigentlich nur rote Weine bezeichnet werden, doch gibt es in diesem Anbaugebiet auch weiße Weine. Sie
sind im allgemeinen trocken und leicht, können aber bei ent-
sprechender Behandlung auch fruchtig ausfallen.

Östlich von Lucca gedeiht der Montecarlo, einer der besten toskanischen Weißweine. Er wird aus verschiedenen Traubensorten gekeltert, weshalb er je nach Erzeuger unterschiedlichen Charakter besitzt. Er wird im allgemeinen jung getrunken.

Der Vernaccia di San Gimignano ist ein altbekannter Weißwein. Je nachdem, ob er als klarer Most oder mit der Schale vergoren wird, ist er hell, frisch und blumig oder kräftig und dunkler in der Farbe. Auch er wird nur selten längere Zeit gelagert.

Neben diesen Weinen, die es zu überregionaler Bedeutung gebracht haben, gibt es in der gesamten Region Rot- und Weißweine, die am Ort getrunken werden.

Es gibt in Italien praktisch keine Region, in der nicht mehr oder weniger umfangreicher Weinbau betrieben wird. Zahllos sind die lokalen Weinsorten, die meist nur im engen Umkreis ihres Erzeugungsgebietes getrunken werden und durchaus ihre Vorzüge haben, denn sie sind in der Regel naturbelassen – einfach deshalb, weil sich eine intensivere Nachbehandlung nicht lohnt.

Gemäß dem italienischen Weingesetz von 1963 müssen die Weine für verschiedene Qualitätsstufen eine Reihe genau festgelegter Merkmale aufweisen.

‚Denominazione Semplice', die unterste Stufe, entspricht etwa dem deutschen Tafelwein; eine bestimmte Qualität ist nicht vorgeschrieben.

Wein, Weißweine
(Fortsetzung)

Sprache des Weinetiketts

Weinberg im Arnotal

Weinland Toskana
Gebiete
mit intensivem
Weinbau

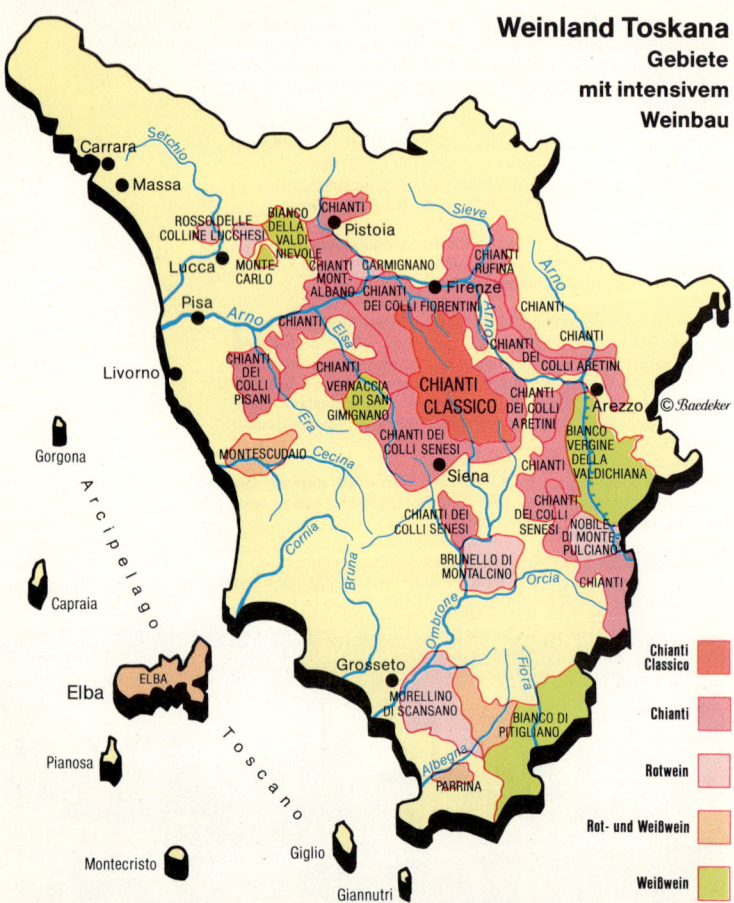

Chianti
Classico

Chianti

Rotwein

Rot- und Weißwein

Weißwein

Wein, Sprache des Weinetiketts (Fortsetzung)	‚Denominazione di Origine Controllata' (DOC) ist das nächsthöhere Prädikat. Es bedeutet die Herkunft aus einem amtlich anerkannten Weinbaugebiet und die Einhaltung bestimmter Qualitätsnormen. Derart klassifizierte Weine müssen zusätzlich mit einem DOC-Etikett versehen sein.
	‚Denominazione di Origine Controllata e Garantita' (DOCG), das höchste Prädikat, wird nur ausgesuchten Weinen einzelner Erzeuger zuerkannt. Der Wein wird von diesen oder anderen Verantwortlichen abgefüllt und die Originalabfüllung durch ein staatliches Verschlußsiegel garantiert.
Hinweis	Aus den in Italien üblichen Bezeichnungen auf dem Weinetikett läßt sich nur sehr bedingt auf die Art des jeweiligen Weines

schließen. Die Namen können Orte oder Rebsorten bezeichnen, sind jedoch häufig reine Phantasieschöpfungen oder Markennamen. Es ist keineswegs selten, daß unter ein und demselben Namen Rot- und Weißweine mit unterschiedlichsten Eigenarten angeboten werden.

Wein
(Fortsetzung)

→ dort

Essen und Trinken

Zeit

In Italien gilt die Mitteleuropäische Zeit (MEZ). Für die Sommermonate (April bis September) wurde die Mitteleuropäische Sommerzeit (MESZ) eingeführt, die in den meisten Ländern der Europäischen Gemeinschaft gültig ist.

Zollbestimmungen

Nach Italien können zollfrei die für den persönlichen Gebrauch bestimmten Gegenstände (u.a. Fotoapparat, Camping- und Sportausrüstung) eingeführt werden. Aus der Bundesrepublik Deutschland, einem EG-Land, dürfen Personen über 17 Jahre 1 l Spirituosen über 22% oder 3 l Spirituosen unter 22% Alkoholgehalt und 5 l Wein, ferner Urlauber über 15 Jahre 1 kg gebrannten Kaffee oder 400 g Pulverkaffee einführen; an Tabakwaren können von Reisenden über 17 Jahre 300 Zigaretten oder 75 Zigarren oder 400 g Tabak mitgenommen werden.

Einreise

Für Reisende aus Nicht-EG-Ländern gelten geringere Freimengen: 500 g Kaffee, 100 g Tee, 200 Zigarren oder 250 g Tabak, ferner 0,75 l Spirituosen und 2 l Wein (Reisende über 16 Jahre). Videogeräte müssen bei der Einreise deklariert werden. Das Mitführen von Fahrten- und größeren Mehrzweckmessern ist untersagt. Personen über 15 Jahren dürfen Waren und Geschenke bis zum Gegenwert von 523 481 Lire einführen. Für Sprechfunkgeräte ist die Rückfrage beim ADAC erforderlich. Auskünfte über die Mitnahme von Waffen erhält man bei den italienischen Konsulaten.

Die Ausfuhr von in Italien gekauften Waren ist bis zu einem Wert von 500 US-Dollar zollfrei; für Kunstgegenstände und Antiquitäten ist eine Bescheinigung der Kunstkammer erforderlich.

Ausreise

Bei der Wiedereinreise sind aus Italien stammende Reiseandenken bis zu einem Gegenwert von 780 DM zollfrei, ferner 1 kg gebrannten Kaffee oder 400 g Pulverkaffee (Reisende über 15 Jahre) sowie 200 g Tee. Reisende über 17 Jahre dürfen ferner zollfrei einführen: 300 Zigaretten oder 75 Zigarren oder 400 g Tabak, ferner 1 l bzw. 3 l Spirituosen und 5 l Wein.

Wiedereinreise in die Bundesrepublik Deutschland

Für Österreich und in die Schweiz, beides Nicht-EG-Länder, gelten folgende Freimengengrenzen: 250 g Kaffee, 100 g Tee, 200 Zigaretten oder 50 Zigarren oder 250 g Tabak, 2,1 l (Schweiz nur 2 l) Wein oder andere Getränke bis 22% Alkoholgehalt sowie 1 l Spirituosen. Nach Österreich darf man Souvenirs bis zu einem Wert von 1 000 öS, in die Schweiz bis zu einem Wert von 100 sfr zollfrei einführen.

Wiedereinreise nach Österreich und in die Schweiz

Zollbestimmungen
(Fortsetzung),
Hinweis

Werden bei der Einreise nach Italien größere Bargeldbeträge mitgeführt, so empfiehlt sich in jedem Falle eine Deklarierung (vgl. → Geld).

Register

Register

Notizen